누가 미래세력인가

누가 미래세력인가

초판 1쇄 인쇄 | 2013년 3월 2일
초판 1쇄 발행 | 2013년 3월 8일

지은이 | 배인준
펴낸이 | 이기동
편집주간 | 권기숙
마케팅 | 이동호 유민호
주소 | 서울특별시 성동구 아차산로 7길 15-1 효정빌딩 4층
이메일 | icare@previewbooks.co.kr
블로그 | http://blog.naver.com/previewbooks
홈페이지 | http://www.previewbooks.co.kr

전화 | 02)3409-4210
팩스 | 02)3409-4201
등록번호 | 제206-93-29887호

교열 | 이민정
디자인 | design86
인쇄 | 상지사 P&B

ISBN 978-89-97201-08-2 03300

누가 미래세력인가

배인준의 바른 칼럼

도서출판 프리뷰

함께 가야 멀리 갈 수 있다
- 자랑스러운 대한민국을 위하여

　대학을 졸업하고 군대를 마치면서 1976년 가을 신문기자가 됐다. 전두환 신군부에 의해 강제 해직돼 언론 밖에서 지내야 했던 1980년 여름~1984년 봄의 공백을 빼고도 33년간 저널리스트의 길을 걸었다. 짧지 않은 세월에 박정희 시대의 종막, 전두환 총부리 정권의 대두, 국민이 절차적 민주주의를 쟁취한 뒤의 노태우 김영삼 김대중 노무현 이명박 정부 탄생, 그리고 대한민국 최초의 여성 대통령 등장까지 언론인의 위치에서 지켜보았다.

　대학생 때는 박정희 유신(維新)체제에 반대하는 데모로 최루탄 연기를 뒤집어썼다. 전두환 신군부의 부당한 언론검열에 반대하며 선배들 틈에서 자유언론 선언문을 낭독했다가 길거리로 쫓겨난 것은 아직 신참기자 시절이었다. 그로부터 4년 뒤 복직(復職)의 기회가 왔고, 그리던 취재 현장으로 돌아왔다. 여기서 말하고 싶은 것은, 독재에 반대하고 언론탄압에 저항했지만 대한민국을 거역한 적은 없다는 사실이다. 기자로서 대한민국의 정체성과 대한민국 역사를 부정하는 세력을 줄기차게 비판해 왔다. 이 순간도 마찬가지다.

　노무현 정부 1년차이던 2003년 동아일보 수석논설위원으로 '배인준 칼럼'을 쓰기 시작했다. 어느덧 10년을 헤아리는 짧지 않은 세월, 2주에 한

번씩 총 240여 편의 기명칼럼을 쓸 수 있었던 것은 저널리스트로서 행운이다. 2003년 8월 5일자 첫 '배인준 칼럼' 〈대통령이 '코끼리를 춤추게 하라'를 읽었다면〉에서는 노 대통령에게 편 가르기를 그만두고 '누가 뭐래도 마이웨이를 가겠다'는 고집을 버리라고 주문했다. 그리고 '코드'가 다른 사람들에게도 국가경영의 길을 물으라고 권했다. 대다수 국민이 '대통령은 그래야 한다'고 공감하는 바를 평범하게 전한 것이었다. 부질없는 상상이지만 노 대통령이 분열과 아집과 독선의 정치가 아닌, 통합과 경청과 포용의 정치를 폈더라면 대한민국 역사와 그 자신의 운명이 어땠을까?

2007년 4월까지 썼던 90여 편의 '배인준 칼럼'에 '대한민국 되찾기'라는 제목을 달아 펴낸 책에서 이런 말을 했다. "자유민주주의, 시장경제, 법치, 그리고 이를 통한 국리민복의 증진, 국가안전의 확보, 이것은 세계의 일류 문명국들이 다 추구하는 가치요, 대한민국의 헌법정신이다. 이는 되물릴 수 없는 국가체제요, 국민생존전략이다. 평화도, 통일도 이 같은 가치를 버리거나 양보하는 것이어선 안 된다. 국가 진로(進路)에 관한 어떤 논쟁도, 토론도 자유민주주의에 대한 국민적 합의 위에서 이루어져야 한다. 나라의 정통성, 정체성, 꼭 지키고 발전시켜야 할 가치관을 되찾아야만 한다." 지금도 같은 생각이다.

고독한 결단으로는 감당하기 벅찬 시대상황

이번에는 첫 칼럼집 출간 이후 6년간 쓴 150여 편 가운데 100여 편을 고르고 재구성해 '누가 미래 세력인가'라는 제목 아래 묶어 보았다. 무엇이 미래이고, 누가 미래 세력인가. 대한민국을 경제와 안보의 위험으로부터 지켜내고, 국가 영속의 기틀을 다져야 한다. 나라는 부강해야 하고, 국민은 자유롭고 행복하며 세계 속에서 당당할 수 있어야 한다. 안으로는 정치 경제 사회를 지속적으로 발전시켜야 하고, 밖으로는 글로벌 '경쟁과 협력'에 다 성공해야 한다. 대한민국과 5000만 국민을 이런 미래로 이끌 능력과 의지, 책임감과 희생정신이 있어야 비로소 미래 세력이다. 그 정점이 대통령이다.

이번 칼럼집의 시대적 배경은 노무현 정부 말기와 이명박 정부 5년, 그리고 박근혜 18대 대통령의 출발선까지다. 지난날 대한민국의 최고 권력들은 대부분 화려하게 등장해 초라하게 퇴장했다. 국민이 대통령에게 너무 큰 기대와 요구를 하는 탓도 있겠지만 그렇더라도 지도자 스스로 져야 할 책임이 가장 클 수밖에 없다.

전직 대통령들은 '버림의 지혜'를 행동으로 옮기는데 실패하는 경우가 많았다. 가장 큰 것을 얻었음에도 소아(小我)에 집착하는 권력 행태, 연고자부터 챙기는 소인배(小人輩) 체질, 그리고 만인지상(萬人之上)의 권력에 도취한 오만과 독선. 이런 것들이 여러 대통령의 적지 않은 업적까지 퇴색시켰다.

박근혜 18대 대통령은 선배 대통령들이 못했던 '자기 극복'에 성공해 본인의 희망대로 5년 뒤 축복받는 퇴장을 할 수 있을까. 대통령에 이르는 험난한 도정에서 숱한 난관을 헤쳐 나왔으니 '내가 옳다'는 생각을 가질 만도 하다. 그러나 혼자 언제나 옳은 사람은 없다. 18대 대통령은 이 점 좀 더 깊이 성찰했으면 싶다.

2012년 미국 아마존 10대 경영서 가운데 하버드 비즈니스 리뷰의 책 《저지먼트 콜즈(Judgment Calls)》가 들어 있다. 국내에선 《최선의 결정은 어떻게 내려지는가》로 번역 출판된 책이다. 이 시대 최고의 경영 구루로 꼽히는 토머스 대븐포드 등 저자들은 "아무리 뛰어난 지도자라도 가끔은 잘못된 결정을 내리며, 최악의 지도자들은 그런 결정을 자주 내린다. 답은 위대한 인물이 아니라 위대한 조직에 있다"고 강조했다. 저자들은 수많은 사례를 검증해서 다음과 같은 메시지를 찾아냈다. "미래의 리더는 중요한 결정을 혼자 내리는 게 아니라 최선의 결정이 내려지도록 조직의 역량을 키우는 사람이다. 특출난 통찰력이나 지능을 갖추고 모든 판단을 혼자서 내리는 대신, 많은 사람의 집합적 판단, 새로운 도구들과 정보의 힘을 받아들이고 최대한 활용하는데 리더의 역할이 있다."

기업 경영이 그럴진대 국가 경영은 더 말할 나위도 없다. 아무리 큰 기업집단의 경영도 대한민국 국가경영의 어려움에는 비할 바 못 될 것이다. 5000만 국민의 삶은 서로 다른 욕구와 갈등으로 뒤범벅이 돼 있다. 지난해 12월의 대선 민의(民意)는 51.6% 대 48%라는 팽팽한 지지와 반대로 양분됐다. 세계 8대 무역대국에 1인당 국민총소득(GNI) 2만 3000달러를 이루었지만 경제는 언제 터질지 모를 '지뢰밭'이라고 해도 과언이 아니다. 김일성 세습 왕조의 어린 3대는 핵과 미사일의 위험한 불장난을 멈추지 않고 있다. 대통령의 '고독한 결단'으로 국가와 국민을 안전과 행복으로 이끌기엔 벅찬 시대상황이다.

혼자 가면 빨리 갈 수도 있지만 함께 가야 멀리 갈 수 있다. 대통령이 국민과 함께 가려면 '나에게 맡기라'는 생각부터 버려야 할 것이다. 모두 7부로 나눈 이 책의 제1부를 '대통령의 길'에 관한 글들로 엮은 것은 언론인으로서 나름의 염려 때문이다. 박 대통령이 대한민국 역사와 세계인의 뇌리에 '철의 여인'으로 남기를 바라는 마음을 숨길 생각이 없다.

올해 1월 하순, 서울 광화문이 바라보이는 세종대로에 자리 잡은 대한민국역사박물관을 찬찬히 둘러보았다. 직접 경험하지 못한 역사를 박물관 소장품 기록물 영상 등을 통해 배우는 어린이가 적지 않았다. 이들을 지켜보면서 미래 세대가 만들 대한민국 역사에도 희망을 느꼈다. 정말 대한민국은 꿈처럼 기적을 이룬 나라다. 박물관을 찾은 어느 80대는 "소싯적엔 한 끼도 못 먹은 적이 많았고, 구두는커녕 짚신도 못 신고 맨발일 때가 많았는데…"라고 말했다. 노년 세대는 가난 이전에 나라를 잃고 이름을 잃고 성(姓)도 이름도 일본식으로 바꿔 불리는 치욕을 견뎌야 했다. 망국의 세월, 광복과 진정한 건국, 동족을 겨눈 김일성의 남침과 전쟁 참화, 그러나 이를 딛고 나라를 번듯하게 세우기까지의 역사는 바로 대한민국 국민 모두의 자화상이다.

세계는 대한민국을 보며 경탄한다. 북한을 보면서는 개탄한다. 같은 민족이니 북한 주민이라고 태어날 때부터 열등할 리 없다. 일제 식민치하에서 해방 될 때만 해도 한반도의 북쪽이 광공업 설비를 비롯해 훨씬 더 산업화돼 있었다. 그런데 지금 인공위성에서 내려다본 한반도는 어떤가. 남쪽은 낮에는 푸르고 밤에는 밝다. 북쪽은 낮에는 누렇고 밤에는 칠흑이다. 대한민국 국민 중에 배고픔보다 다이어트를 걱정하는 사람이 훨씬 많아진 1990년대, 북한 주민 수백만 명이 굶어 숨졌다. 결코 주민들의 탓이 아니다. 김일성 왕조집단은 민족에 씻을 수 없는 죄를 지었다.

우리 대한민국은 눈부신 성공을 했지만 진정한 선진국의 길에는 들어서지 못했다. 법을 만드는 국회의원들부터 자신들의 이익이 걸린 문제에서는 법을 짓밟기 일쑤이고, 사회 곳곳에 떼법과 폭력이 여전하다. 대한민국 역사에 자부심을 갖기는커녕 '태어나지 말았어야 할 나라' 라고 국가 정체성을 부정하는 세력까지 있다. 사람에게 인격이 있듯이 나라에는 국격(國格)이 있다. 먹고 사는 것, 남을 이기는 것을 뛰어넘는 국민의식의 격상이 절실하다. 책의 제2부 '미꾸라지 용 된 나라' 는 대한민국의 양지와 음지에 관한 글들이다.

2012년 대선의 쟁점 가운데 5년 전에는 없었던 것이 '경제 민주화' 다.

경제력 집중과 빈부 양극화에 불만을 느끼고 분노까지 하는 상당수 민심에 부합하는 이슈다. 실패한 사회주의를 무덤에서 꺼내 되살린다고 시장경제를 대신할 수는 없을 것이다. 사회주의야말로 분배권을 장악한 소수권력과 대다수 민중의 삶을 극단적으로 양극화시키는 체제이자 '땀 흘려 경제 하려는 동기'를 말살하는 체제다.

사회주의가 자본주의를 대체할 수는 없다고 하더라도 경제 민주화 요구에 대한 답은 필요하다. 그러나 어떤 답도 시장경제 안에서 나와야 한다. 이 책의 제3부 제목을 '역시 자유시장경제가 답이다'라고 한 이유다. 무주택 서민을 위한다는 정치적 명분 아래 다주택 보유자에게 세금을 과도하게 물리면 결국 무주택 서민이 고생한다. 더 좋은 전셋집을 더 싸게 구할 가능성이 줄어들기 때문이다. 정부가 세금 많이 거둬 그 돈으로 일자리를 만들겠다고 하는 것은 하지하책(下之下策)이다. 경제 민주화라는 미명 아래 대기업을 때린다고 서민의 아랫목이 따뜻해지는 것은 아니다. 진짜로 일자리를 만들고 서민을 도우려면 다시 경제성장에 발 벗고 나서야 한다. 이념으로 국민을 편 가르고 규제로 기업의 투자를 발목 잡는 어리석음에서 벗어나야 한다.

대한민국의 정체성을 부정하는 세력들

이념세력 가운데 '우리 진보 진영'이라고 자칭하는 사람들은 위선(僞善) 덩어리다. 칼럼을 통해 이들의 허구를 따지지 않을 수 없었다. 이들은 도전과 변화를 통한 대한민국의 진정한 진보를 가로막는 '좌파 기득권 수구(守舊) 세력'에 불과하다. 책의 제4부는 이들에게 '진보의 견장을 떼라'는 주문을 담고 있다. 대한민국이 지켜내야 할 가치를 지키는 것, 이것이 보수(保守)라면 정권도 국민도 더 보수를 해야 한다고 믿는다.

한국 정치를 '3류다' '최악이다' 이렇게만 말할 수는 없다. 이 나라 정치는 성숙한 수준의 선거 민주주의를 구현하기에 이르렀다. 정치의 파탄으로 인해 헌정이 중단될지도 모른다는 불안감을 느끼는 국민은 이제 없을 것이다. 진정한 건국, 그리고 산업화와 민주화를 통해 대한민국이라는 '나라 만들기'를 완성하는데 있어서 정치의 역할이 결코 적었다고 할 수 없다. 그러나 작금의 우리 정치는 국민의 기대에 크게 못 미친다. 이에 대해 제5부 '화성 여당, 금성 야당'에서 따져보았다.

해외여행을 해보면 한국이 얼마나 잘살고 얼마나 편한 나라인지 실감할 수 있다는 사람이 많다. 이런 나라를 누가 만들었는가. 전(前) 세대와 현(現) 세대의 우리 국민 스스로 만들었다. 그런 만큼 똑똑하고 위대한 국민이라는 자부심을 가질 만하다. 아직도 정치 경제 사회 문화의 현장 곳곳에 덕지덕지 묻어 있는 후진성과 모순과 불합리는 어찌할 것인가. 이런 문제를 해결해야 할 주체도 결국은 국민이다. 선현들이 말했듯이 깨어 있는 국민이라야 산다. 이런 내용을 담은 것이 책의 제6부다. 세대 간 갈등이 더 구체화하는 상황을 보며 30대 40대를 향한 주문도 곁들였다.

이른바 진보세력 가운데는 북한의 시대착오적 생존방식을 두둔 비호하고 숭배까지 하는 세력이 있다. 종북(從北)세력이다. 이들은 북한에 대한 국론을 분열시켜 우리 정부와 군(軍)의 선택을 어렵게 만든다. 이런 세력에 영합하는 정치인들은 국민의 안보 불감증을 부채질한다. 제주 해군기지는 안보관에 적지 않은 문제가 있었던 노 전 대통령의 임기 중에 확정된 국책사업이다. 제주 해군기지 건설을 반대하거나 방해하는 정치인들의 안보의식은 노 전 대통령보다 더 심각하게 무너졌다고 볼 수밖에 없다.

북한 핵과 NLL(서해 북방한계선)에 대해 북한 입장에 부화뇌동했던 노 전 대통령보다 한 술 더 뜨는 사람들이 이번에 집권했다면 남북관계는 어떻게 될까. 상상만 해도 아찔하다. 박근혜 정부의 대북정책도 안심할 수 있다고 하기 어렵다. 5000만 국민의 머리 위에 북한 모험주의 정권이 존속하는 한, 우리에게 진정한 평화는 없다. 책의 제7부 '평양을 어찌할 것인가'에는 우리 정치권의 대북 인식의 문제점, 평양 정권의 본질 등에 관한 글을 포함시켰다.

이 책이 대한민국을 자랑스러워하고 아끼고 사랑하는 이들의 공감대를 조금이라도 넓힐 수 있기를 바란다.

만 10년 가까이 기명칼럼을 쓰게 해준 동아일보가 먼저 고맙다. 매우 가치지향적인 대한민국 언론 자산으로 2020년이면 지령 100년이 되는 이 신문의 중심에서 일해 온 것이 스스로 자랑스럽다. 도서출판 프리뷰의 이기동 사장과 편집진에게도 고마움을 전한다.

대한민국이 고마운 것은 말할 것도 없다.

2013년 3월
배 인 준

철의 여인

"인물을 알아보는 안목이야말로 국가지도자가 갖춰야 할
첫 번째 자질이라고 해도 과언이 아니다."

가정이 잘 되려면 온 가족이 화목해야겠지만, 가장의 책임이 특히 크다 할 것이다. 기업이 잘 되려면 노사가 화합하고 모든 임직원이 땀 흘려야겠지만, 최고경영자의 리더십이 절대적이다. 국가의 독립과 영토를 보전하고, 헌법을 수호하며, 국민의 자유와 복리를 증진시켜야 할 대통령의 무거운 책임은 더 말할 나위 없다.

이제 막 임기를 시작한 대한민국 18대 대통령 앞에 놓인 안보와 경제 등의 대내외 환경은 결코 호락호락하지 않다. 한국 첫 여성 대통령에 대한 나라 안팎의 지대한 관심은 금세 냉정한 평가로 이어질 수 있다. 코리아의 새 지도자 박근혜 대통령은 제4차 중동전쟁에서 이스라엘 국권 수호의 영웅이 된 골다 메이어 전 총리, 강인한 의지와 추진력으로 영국병(病)을 고쳐낸 마거릿 대처 전 총리, 오늘날 유럽 경제위기 타개를 진두지휘하고 있는 앙겔라 메르켈 독일 총리 못지않은 '철의 여인'으로 성공할까. 그리고 지도자의 성공과 국민의 행복이 함께 하기 위해 박 대통령은 스스로 무엇을 극복해야 할 것인가.

철의 여인

메르켈, 대처, 메이어 뛰어넘을 '아이언 레이디' 가 될 것인가

지난해 상영된 영화 '철의 여인'(The Iron Lady, 2011)은 1979~90년 영국 총리였던 마거릿 대처 스토리다. 대처 역의 메릴 스트립은 정신과 의사가 "요즘 기분이 어떠세요" 하고 묻자 "요즘 정치인들의 문제가 뭔지 아십니까. 대중의 기분만 묻는다는 겁니다. 무엇을 생각하는지는 묻지 않고요"라고 답했다. 음미해 볼 만한 대사가 또 있다. "생각을 조심하라, 말이 된다. 말을 조심하라, 행동이 된다. 행동을 조심하라, 습관이 된다. 습관을 조심하라, 성격이 된다. 성격을 조심하라, 운명이 된다. 우리는 생각하는 대로 된다."

대처는 1982년 4~6월 아르헨티나와 치른 포클랜드 전쟁에서 전시(戰時) 리더십을 발휘했지만 임기를 통틀어 본다면 '평시(平時)의 지도자' 였다. '철의 여인' 칭호는 고복지 · 고비용 · 저효율 · 경제추락으로 요약되는 영국병(病)을 강한 의지와 결단력과 추진력으로 수술해낸 데 대한 시대의 훈장이었다. 포클랜드 전사 속의 대처는 또 다른 '철의 여인' 이었다. 포클랜드는 아르헨티나 대륙부에서 500km, 영국 본토에서는 1만

4000km 떨어진 남대서양의 작은 섬이다. 거기 아르헨티나 군이 상륙하자 대처는 "이역만리에 있지만 그 땅은 우리 땅이다. 아르헨티나의 포클랜드 공격은 영국 본토 공격과 같다"고 잘라 말했다. 절친한 로널드 레이건 미국 대통령이 전화를 걸어 영국의 역공 중단을 권유하자 "알래스카가 적에게 침공 당했고, 탈환을 위해 미국민이 나섰어요. 그런데 누군가 협상을 제안했다면 당신도 이걸 수용하진 않을 겁니다" 하고 되받았다. 대처는 영국군이 사상자를 내며 밀리고 있을 때 "난 그들에게 말할 거예요. 포클랜드에서 헛되이 숨진 대영제국 군인은 아무도 없다고!"라고 외쳤다. 지금은 아르헨티나 여성 대통령 크리스티나 페르난데스가 "영국은 식민주의를 끝내고 포클랜드 섬을 반환하라"고 외교공세를 펴고 있다.

대처 이전엔 1969~74년 이스라엘 총리였던 골다 메이어가 '철의 여인'으로 불렸다. 그는 이스라엘 건국의 주역이자 국권 수호의 영웅으로 남았다. 메이어는 중동문제의 외교를 통한 평화적 해결에 노력했지만 이스라엘 주권과 영토를 겨눈 위협에는 단호했다. 그는 1973년 10월 이집트와 시리아의 기습 선제공격으로 시작된 4차 중동전쟁의 초기 열세를 골란고원 대혈투를 통해 뒤집는 데 강력한 리더십을 발휘했다.

지금 세계에는 여성 지도자 20여 명이 활약하고 있다. 글로벌 영향력 1위의 여성 지도자는 단연 앙겔라 메르켈 독일 총리다. 그는 2005년 집권 이래 독일경제 부활과 유럽경제 위기 진화에 리더십을 발휘해 '독일의 철의 여인'으로 등극했다. 하지만 메르켈도 평시의 지도자다. 독일은 냉전과 동서 분단을 극복하고 이미 1990년 통일을 이루었다. 유럽에선 전쟁의 그림자도 사라졌다. 세계의 다른 여성 지도자 대부분도 안보 위협 앞에 직면해 있지는 않다. 그러나 박근혜 대한민국 18대 대통령 당선인은 '비상시(非常時) 지도자'의 숙명을 헤쳐 나가야 한다.

남북한은 전쟁이 끝나지 않은 휴전 상태다. 북은 핵과 미사일과 군사적 도발을 포함한 비정상 수단으로 살아남으려 할 뿐, 정상 국가로의 자발적 변화를 기대하기 어렵다. 김일성의 딸 김경희는 세습 3대 김정은과 공동 권력으로 박 당선인을 시험하려 한다. 북한-중국 동맹은 한반도에 대한 중국의 정치적 야심과도 결부돼 한미 동맹 이완의 틈새를 응시할 것이다. 중국이 북한체제 보호를 최우선으로 하고, 북핵문제 해결을 위한 6자회담에 불성실한 것은 우연이 아니다. 그런데 한미 동맹은 '예정을 바꾸지 않는다면' 박 당선인 취임 33개월 뒤인 2015년 12월 1일 전시작전통제권 한국 이양 및 한미연합사 해체로 '낮은 단계화' 한다. '더없이 좋은 한미 관계'는 동상이몽이 될 수 있다. 그럼에도 안보 공짜의식과 위기 대응을 발목 잡는 종북적 국론분열 책동이 상존한다. 일본의 독도 망집(妄執)과 군사력 현실화 시도 또한 만만찮은 풍운을 예고한다. 어느 의미에서 대한민국은 사방이 안전하지 않다.

　　설혹 국가 안전에 결정적 위협을 받지 않고 금후 5년을 넘긴다 하더라도 현상유지에 눌러앉으면 자유통일의 길은 더 아득해질 것이다. 섣부른 통일론도 경계해야 하지만, 차기 정부가 자유통일의 기틀을 다지지 못하면 중국이 한반도 운명의 열쇠를 쥐는 날을 앞당길지도 모른다. 대한민국은 평시가 아니고 어제도 오늘도 내일도 비상시다. 박 당선인은 비상시의 지도자로 동아시아의 '아이언 레이디'가 될 것인가. 박 당선인의 지도자 의식 속에는 메르켈도, 대처도, 메이어도 뛰어넘을 '철의 의지'가 자리 잡고 있을까.

'박근혜 예비후보' 와 편집·보도국장들

"비판 아파도 경청해야 좋은 정부"

요즘 시론(時論)을 써서 신문사에 보내오는 교수 지식인 전문가들이 부쩍 늘었다. 내용을 보면 박근혜 대통령 당선인이나 새 정부에 바라는 요망의 글이 많다. '나도 한마디 해야겠다' 는 참여의식과 표현 욕구가 보태졌겠지만, 18대 대통령 정부가 성공하기를 기원하는 충정(衷情)이 느껴진다. 박 당선인이 일독을 했으면 싶은 원고들을 보다가 문득 5년 8개월 전의 일이 생각났다.

2007년 6월 1일 박근혜 한나라당 17대 대통령 예비후보는 제주에서 전국 신문·방송 편집·보도국장 31명을 상대로 두 시간 동안 '대선 주자 언론정책' 을 밝혔다. 마침 나는 사회자로 박 후보 옆자리에 앉아 질의응답을 거들었다. 이날 박 후보는 언론문제 말고도 국정에 관한 소신을 밝혔는데, 떠올려보니 신기하게도 요즘 오피니언 리더들이 주문하는 내용과 많이 겹친다. 그러니까 유식자들이 새삼 쓴소리를 안 해도 이미 박 당선인은 웬만한 국정원칙은 가슴에 새기고 있다는 뜻이다. 당시의 박 후보 어록을 꺼내 몇 부분 소개해 볼까 한다(문법을 떠나 발언 그대로).

"대통령의 가장 중요한 임무가 국권을 수호하는 것인데, 진짜 대통령이 모든 것을 다하겠습니까. 정말 국권을 수호하고, 최고의 능력 있는 인재들을 영입해서 적재적소에 나랏일을 잘할 수 있도록 권한과 책임을 주는 것 이상으로 중요한 것이 없기 때문에 국가지도자는 무엇보다도 관(觀)과 철학이 중요하다고 생각합니다."

"21세기 글로벌 경쟁시대에 경쟁력 있는 나라를 만들기 위해서는 국가 전반에 걸쳐서 자유를 확대해야 합니다. 과거 60~70년대 우리나라는 한정된 자본과 인력, 기술의 효율을 극대화하기 위해서 정부가 국가발전을 주도했고 그때는 그것이 더 효과적이었습니다. 하지만 지금은 대통령과 정부가 개입하고 통제할수록 부작용만 심해질 뿐입니다. 이제는 기업과 국민들이 가지고 있는 역량을 마음껏 발휘할 수 있도록 민간에 자유를 주고…."

"저는 기본적으로 너무 많은 쓸데없는 위원회가 있고, 이것을 줄여야 된다고 생각합니다. 옥상옥(屋上屋)으로 책임 있는 행정이 이루어지지 않습니다. 또 그 위원회 다 먹여 살려야 되니까 우리 주머니 세금이 더 많이 나가고, 규제가 더 많아진다는 얘기가 되기 때문에 저는, 가능한, 우리 미래형 정부는, 정말 꼭 해야 되고 민간에서 할 수 없는 일로 한정해서, 그 대신 그것만은 아주 강력하게 법질서와 공권력을 엄정하게 지키도록, 자기 역할에 충실하도록 해서 작지만 효율적으로 가야 된다는 생각을 갖고 있습니다."

박 후보의 말을 들으면서, 기본적으로 자유주의 시장론자인 나는 언론인이기 이전에 대한민국의 한 국민으로서 고개를 끄덕였던 기억이 난다. 그날의 주제였던 언론정책에 대해 박 후보는 더욱 명쾌하게 생각을 밝혔다. 당시는 노무현 대통령이 기자실 폐쇄, 브리핑룸 통폐합 등으로 언론에 대한 취재 제한을 진두지휘하던 때였다.

"지금이 어느 시대인데 21세기 개명 천지에 아직도 언론을 통제하고 언론의 숨을 죽이겠다는 시대착오적인 발상을 한단 말입니까. 이것은 나라의 수치입니다. 저는 정부의 이번 조치는 자유민주주의를 근본부터 부정하는 것이라고 규정합니다. … 국민으로부터 정보를 가리려고 하는 발상이 잘못되었습니다."

"취재의 자유 없이 어떻게 정부의 부정부패와 밀실 행정을 감시하고 막을 수가 있겠습니까. 공기업 감사들이 남미 이구아수 폭포까지 가서 혁신 세미나를 하겠다면서 국민의 혈세를 낭비한 사실이 브리핑으로 밝혀진 것이 아닙니다. 정부의 각종 예산 낭비와 부패 사건들 역시 기자들의 치열한 취재 없이는 역사의 어둠 속에 묻혀버리고 말았을 것입니다. 그런데 권력 입맛에 맞는 정보와 자료만을 받아 적어서 보도하라는 지금의 브리핑 제도로도 모자라 아예 브리핑룸까지 통폐합하겠다는 것은 취재의 자유와 국민의 알권리를 근본적으로 봉쇄하겠다는 것입니다. … "

"저는 자유 언론의 소중한 가치를 진정으로 고귀하게 여기는 국가 지도자가 되겠습니다. 투명하고 정확한 정보 속에서 국민들이 올바른 주권을 행사하고, 언론과의 건강한 긴장관계 속에서 정부의 책임성을 높여가겠습니다. 언론의 비판이 당장은 아프더라도 이를 경청할 때 더욱 좋은 정부가 되고 국가 발전도 가능하다는 사실을 충분히 인식하면서 취재활동을 오히려 지원하는 정부를 만들겠습니다."

2007년 그날 박 후보는 "언론이 궁금해 하는 것은 국민이 궁금해 하는 것"이라고도 했다. 신문·방송의 야전 사령관인 편집·보도국장 31명은 대화를 마치면서 박 후보에게 큰 박수를 보냈다. 박근혜 18대 대통령 당선인은 이제 실행으로 박수 받을 시간 앞에 섰다.

새누리의 겨울단잠

복지부동은 여당의 직무유기 │ 화초정당 체질 굳어지면 곤란

내년 6월 4일에는 제6회 전국 동시 지방선거가 있다. 박근혜 18대 대통령이 임기를 시작하고 겨우 1년 3개월 뒤이지만 박 정권에 대한 중간평가 성격을 띨 것이다. 박 당선인의 약속 보따리가 작지 않아 많은 국민은 이런저런 기대를 하고 있다. '국민 행복' '중산층 복원'을 체감할 수 없는 상황이 된다면 '박근혜 심판론'이 위력적일 수 있다. 19대 국회의원 총선거를 두 달 앞둔 지난해 2월에는 당명을 새누리당으로, 상징 색을 빨강으로 바꾸며 변화를 어필해서 효과를 봤다. 그러나 내년 지방선거에서 그런 카드를 또 쓸 수는 없다. 1년 안에 다수 국민이 '박근혜 대통령 만들어주기를 잘했다'고 생각하도록 성적을 내야 하는 것이다.

사정이 이러니 박 당선인과 새누리당 갈 길이 바쁘다. 그렇다고 조급증에 빠지거나 정책과 변화가 '부실 날림'에 그친다면 민심을 더 잃기 쉽다. 박 당선인이 아무리 자기 책임의식이 강하다 해도 혼자 또는 극소수 이너서클의 지혜·능력·시간만으로 할 수 있는 일에는 한계가 있을 것이다. 외곬으로 빠져 길을 잃을 우려도 없지 않다. '시대 교체'를 다수 국민이 인정할 만큼 긍정적인 변화를 단기간에 이루려면 정권집단 전체가 최적의 가동상태여야 한다. 새누리당이 신발 끈을 다시 매고 쉼없이 뛰어야 할 절실한 이유다.

지난해 12월 19일 대선 직후 새누리당 일부 인사들의 잠적극(潛跡劇)에는 양면성이 있다. 박 당선인을 편하게 해주겠다는 선의가 앞면이고, 자신의 정치인으로서의 주체성까지도 박 당선인에게 내맡기는 종속성이 뒷면이다. 당선인이 정권 인수를 할 동안 여당이 호흡조절을 할 수는 있다. 하지만 진정 책임감 있는 여당 정치인들이라면 당선인 몫과는 별개로 자신들 앞에 놓인 무겁고 시급한 숙제들에 태클해야 한다.

'정치 쇄신' 하나만 하더라도 여당이 먼저 행동을 취해야 마땅하다. 이것마저 당선인의 처분에 맡겨놓고 복지부동한다면 이야말로 여당의 직무유기요, 국민에 대한 약속 위반이다. 새누리당은 국회의원 특권 내려놓기, 정치 부패를 구조적으로 차단할 수 있는 법제도화 등에서 주도적 역할을 해야 한다. 그것도 하루라도 서둘러, 자기 책임 아래, 자기희생적으로 할 일이다. 이를 회피한다면 새누리당의 '변신'은 지난해 총선과 대선용 속임수가 되고, 박 정권 임기 중의 선거들에서 그 값을 치를 것이다.

2016년 4월에는 20대 국회의원 총선거가 있다. 3년여 남았지만 어영부영 보내면 금세 닥치고 만다. 새누리당은 지난해 4월 19대 총선에서 뜻밖에 승리했다. 민주통합당 졸전의 반사이익이 컸다. 그러나 3년 뒤 총선에서까지 요행과 어부지리를 기대할 수는 없다. 20대 총선에서 패배하면 그 순간 '박근혜 새누리당 정권'이 무력화된다고 봐도 틀리지 않을 것이다. 대통령 레임덕은 두말할 것도 없다.

박 당선인과 새누리당은 지난달 대선을 앞두고 각종 선거의 공천권을 국민에게 돌려주겠다고 약속했다. 내년 지방선거가 첫 시험대가 되겠지만 300명의 국회의원을 뽑는 총선이야말로 공천개혁의 성패를 가를 것이다. 공천권을 국민에게 돌려주는 제도 개혁 하나만도 만만찮은 과제다. 미리미리 하지 않으면 엉망진창이 될 우려도 있다.

18대 대통령이 선출된 지 한 달여밖에 안 됐는데 19대 대선 얘기를 꺼내는 게 성급하게 느껴질 수도 있다. 하지만 새누리당은 적어도 4년 11개월 뒤인 2017년 12월의 19대 대선까지는 시야에 두고 정치를 해야 할 것이다. 박근혜라는 정치적 자산은 2007년 8월 한나라당 대선후보 경선에서 이명박 후보와 박빙의 승부를 벌이고, 또한 깨끗이 승복함으로써 5년 뒤를 시야에 넣을 수 있었다. 그리고 야권의 어느 누구도 1 대 1로 그를 뛰어넘는 인물이 없었기에 '박근혜 18대 대통령'이 가능했다.

그러나 '박근혜 이후'는 예약석의 주인공이 없다. 민주당은 대선에 졌지만 문재인 후보는 1469만 표라는 만만찮은 득표를 했다. 민주당이 지난해 총선과 대선 실패를 거울삼아 당의 정체성을 재정립하고, 적지 않은 인물군(群)이 자유분방하게 경쟁과 협력의 무대를 펼친다면 새누리당의 차기 대선 지형은 매우 곤궁할 것이다.

새누리당의 겨울단잠이 너무 길어지는 것 같다. 잠에서 깨라. 그리고 당의 근육을 다시 키우라. 좀 더 당당하고 강인해져라. 영혼 없는 정치인들이라면 누가 구해주겠는가.

박근혜 당선인의 책임 동반자들

허명의 전문가들 잘 가려내야 | 인사 흐려지면 '국민 행복'도 빈말

박근혜 대통령 당선인은 두 달 뒤면 33년 전에 떠났던 청와대로 다시 들어간다. 감회가 새롭고 옛날 생각도 날 것이다. 22세부터 27세까지 퍼스트레이디 역할을 했으니 그때의 경험이 18대 대통령 국정에 참고도 될 것이다. 그러나 시대가 상전벽해(桑田碧海)라고 할 만큼 변했다. 무엇보다 대통령의 만기친람(萬機親覽)은 여러 면에서 바람직하지 않다. 모든 현안을 직접 챙기는 부지런함보다는 핵심 인사(人事)의 성공이 열 배는 중요하다.

'국정 전문가 시험'이란 것이 있다면 경제 안보 교육 복지 같은 필수과목에서도 대통령이 합격하기는 힘들 것이다. 예를 들어 글로벌 금융시장과 국내 금융시장이 어떤 메커니즘과 시스템과 관행으로 맞물려 돌아가는지, 몇 년 전부터 대통령 수업을 해온 박 당선인도 속속들이 알지는 못할 것이다. 군 운용에 관해서도 국방 요직 출신들로부터 들어 대충 이해는 하겠지만 예컨대 무기체계의 디테일까지 알기는 어렵다. 군에서 반평생을 보낸 장성들조차 정통한 분야가 있고 어두운 분야가 있다. 교육 모순의 현상과 원인에 대해 상식적 진단 정도는 한다고 해도, 공교육 붕괴의 인과(因果)를 밑바닥까지 파악하고 정합성 있는 복합 해법을 찾아내기는 쉽지 않다. 역대 대통령 중에 복지 전달체계의 누수 구조를 손바닥 들여다보듯 파악했던 대통령이 있었는지 의문이다.

어떤 국정 분야건 대통령이 설익은 지식으로 너무 많은 답을 직접 내면 실무 관료들이 꿰맞추느라 국가적 국민적 비용을 더 치를 우려가 크다. 어느 대통령은 기업인들이 초대형 해외 플랜트 사업에 관해 설명하자 군부대 막사 짓는 것과 비교하면서 아는 척을 해 기업인들의 '속 비웃음'을 샀다. 또 어떤 대통령은 20년 전 자신의 경험을 근거로 전혀 다른 현안에 감 나라 배 나라 해 오히려 일을 그르친 사례도 있었다. 물가관리 하나만 하더라도 국민의 삶, 즉 민생과 직결되는 것이지만 개발경제 시대의 방식은 통하지 않는다.

모든 분야에는 전문가가 있다. 해당 영역에 진짜 해박하고 내공 있고 좋은 의미에서 노회하기까지 한 전문가 중에서 사심(私心)이 앞서지 않고 국가와 국민과 정부를 위해 책임질 자세가 되어 있는 인재들을 찾아내 적재적소에 앉히는 것은 '성공하는 대통령'의 조건이다. '인물을 알아보는 안목'이야말로 국가지도자가 갖춰야 할 첫 번째 자질이라고 해도 과언이 아니다.

허명(虛名)의 전문가들도 적지 않다. 박사도 많고 교수도 많지만 국정 현장에선 통하지 않는 지식으로 '구두를 긁는' 경우도 허다하다. 시장과 기업의 작동 실상을 모르면서 처방이랍시고 몇 가지 원론을 내놓는 사람들은 진정한 경제정책 전문가가 아니다. 대통령은 이런 허당들을 잘 물리쳐야 한다. 국내 금융계의 핵심 리더 중에도 금융 고급실무 시험을 보면 낙제할 사람이 있어 보인다. 박 당선인 주변에는 금융 전문가 행세를 하는 '속 빈 전문가'가 없을까.

정말 사람 잘 골라 써야 한다. 꽤 오래전이지만 대형 금융사고에 연루

된 핵심 경제부처 전직 고관이 국회에서 추궁을 당했는데, 비리 여부와는 별개로 금융에 대해 너무 모르는 것을 보고 놀라웠던 적이 있다.

박 당선인이 성탄절에 서민 삶의 현장을 찾고, 이들의 불편과 고통에 대해 직접 듣고, 상처를 어루만지는 일은 의미 있다. 청와대에서 각계와 기획 미팅을 하면서 실무관료들이 미리 교통정리한 이야기를 주거니 받거니 하는 식으로는 민정(民情) 체감이 어려울 것이다. 차기 대통령에게 청와대는 구중심처(九重深處)가 될 수도 있다. 그런 점에서 경호가 가능한 범위에서 가끔 밤에 광화문에라도 나와서 시민들의 눈빛과 손길을 직접 느껴보는 것도 좋을 듯하다.

하지만 대통령이 수도요금 분할징수 문제 같은 것을 다 챙기기로 들면 그야말로 밑도 끝도 없다. 최적의 인물들을 찾아내 국정의 '책임 동반자'로 삼아야 한다. 이들에게 주요 업무와 하위 인사까지 과감하게 위임해 책임행정이 이뤄지게 하는 것이 국정의 요체다. 대통령 인사권은 전리품이 아니다. 국정 성공과 국민 행복을 위해 인사권을 엄정하게 행사해야만 성공한 대통령이 될 수 있다.

박 당선인은 아버지 박정희 대통령 밑에서 일했던 많은 고위관료들의 행태와 표리(表裏)를 적지 않게 알고 있을 터이다. 좋은 약은 입에 쓰고, 감언(甘言)은 귀에 쏙쏙 들어오지만 인사에 흐려져 버리면 대통합도, 민생 대통령도, 국민 행복 시대도, 중산층 70% 복원도 손에 잡히지 않는 종달새가 될 것이다.

승자의 지뢰밭

즉시 직면할 안보 인사 경제 시험 | 현인 찾고, 新성장시대 선언해야

대법원판사를 지낸 정기승 변호사가 올봄 곡우 무렵 붉은 먹으로 쓴 글씨 하나를 보내왔다. 녹사수수(鹿死誰手). 사슴이 과연 누구 손에 잡힐 것인가. 여기서 사슴은 천하의 패권을 뜻한다. 박근혜 문재인 두 후보 중 누가 사슴을 잡을지, 드디어 일주일 뒤면 국민의 답이 나온다.

　그날 밤, 둘 중 한 사람은 활짝 웃을 것이다. 그러나 당선 순간 그가 손에 쥘 권력은 '지뢰밭을 건너야 할 의무' 그것에 다름 아니다. 승리 축하 무대는 곧바로 위기관리의 시험대로 바뀔 것이다.

　꽃다발이 시들기도 전에 김정은이 쏘아올린 미사일이 연기를 내뿜는다면 당선자는 어떻게 대처할 것인가. 평화! 대화! 이런 외마디에 대한민국과 5000만 국민의 안전이 보장되지는 않는다. 이명박 정부와 다른 길을 간다고 딜레마가 풀릴 리도 없다. 김정은에게는 어떤 카드로 대응하고, 오바마 미국 대통령과 시진핑 중국 공산당 총서기에게는 어떻게 다가설 것인가. 국제사회에는 어떤 메시지를 던지고, 한미 동맹과 한중 전략적 협력 동반자 관계는 어떻게 조화시킬 것인가. 새 대통령은 북핵 문제 해결의 의지와 지혜가 있는지도 시험받아야 한다. 김정은이 미사일 실험 뒤에 3차 핵실험까지 강행한다면 지난날의 노무현처럼 '우리가 호들갑 떤다고 무엇이 바뀌냐'라고 할 것인가. 김정은 앞에 엎어지면 평화가 올 거라고 국민을 달랠 것인가.

일본은 나흘 뒤인 16일 총선을 치른다. 과거사 반성을 거부하고 침략주의 근성을 노골화할 정치세력의 득세가 점쳐진다. 새 대통령 당선자는 막무가내의 일본 총리와도 맞닥뜨려야 한다. 박·문 두 사람은 과연 안보 외교의 험산을 넘을 준비가 돼 있는가.

권력 내부 통제는 더 어려울지 모른다. 당선자는 곧바로 정권 인수위를 구성하고 내년 2월 25일부터 가동할 정부 조직에 들어가야 한다. 대통령 인사권은 당선 직후에 특히 강력하지만 이 권력이야말로 정권 성패를 가를 양날의 칼이다. 5년 전 이명박은 반대 세력의 고소영(고대·소망교회·영남)인사 낙인에 한방 먹었고, 그 세력은 여세를 몰아 광우병 촛불 시위로 국정 항로를 흔들어 버렸다. 이번에도 정권 인수위가 충성 분자나 특정 세력의 축배와 웃음소리로 넘쳐나고, 권력을 전리품인 양 나눠먹기에 바쁜 천민정권 행태를 드러낸다면 정권의 안전핀은 그 순간 뽑혀나갈 것이다. 탕평 인사와 대통합 내각 같은 약속이 어떻게 지켜질지 국민의 채점은 매서울 것이다.

대통령은 민심 속의 인사평에 진실로 귀 기울이는 겸허함을 보여야 인사 실패를 줄일 수 있다. 대통령 스스로 '귀에 걸면 귀걸이, 코에 걸면 코걸이' 식으로 자신의 인사를 정당화하려고만 들면 인사에서 비롯되는 실정의 수렁으로 빠져들 것이다. 이것이 역대 대통령, 아니 동서고금의 실패한 권력이 보여준 경험칙이다. 새 대통령이 몇 사람의 현인이라도 찾아내 요직에 앉힐 수 있을지 없을지, 이것이 국정 지뢰밭 통과의 초기 성패를 판가름할 가능성이 높다.

　대선 공약이 춤을 췄다. 두 후보 캠프가 한 항목에서도 지지 않으려고 쏟아낸 약속들은 누가 당선돼도 다 지킬 수 없다. 다 지키려 하면 아무것도 못 지킬 지경으로 나라가 망가질 것이기 때문이다. 2009년 총선 때 포퓰리즘 공약 잔치를 벌여 집권한 일본 민주당은 결국 3년 만에 두 손 들었다. 우리도 실패가 뻔한 실험을 따라할 이유도, 여유도 없다.

　새 대통령 당선자는 글로벌 경제 난세에 우리 경제를 어떻게 지켜내고 발전시킬 것인지 청사진을 내놓아야 한다. 세계경제 난기류를 어떻게 뚫고 어떤 산업, 어떤 시장을 일으켜 국민 먹거리를 만들 것인지 그 답부터 찾아내야 한다. 저성장 탈출에 무능하면서, '복지가 성장을 촉진하고 일자리가 성장을 견인한다'는 경제 괴담이나 늘어놓다가는 일본 민주당보다 훨씬 빠르게 실패한 정권이 되고 말 것이다. 그나마 세계적 우위를 보이고 있는 대기업 경쟁력마저 시들게 하고 '세금으로 만드는 일자리'에 '돌려막기 복지'로 경제기반을 무너뜨리면서 의타적 국민이나 양산한다면 남유럽 실패 국가들의 그림자를 밟게 될 것이다. 당선자는 새 시대에 맞는 신(新)성장이 시대정신이자 국민행복의 필수조건임을 선언하고 성장 총력 체제 구축에서부터 리더십을 발휘해야 한다.

　7일 뒤 유권자들은 지뢰밭을 더 잘 통과할 인물을 선택할 것인가.

누가 미래 세력인가

자유민주 못 지키면 미래 없다 | 신성장 전략 없인 '녹아버릴 사탕'

"자꾸 과거로 가려고 하면 한이 없다. 이제 미래로 가자."(박근혜 후보)
"이번 18대 대선은 과거 세력과 미래 세력의 대결이다."(문재인 후보)

무엇이 미래고, 누가 미래 세력인가. 대한민국을 경제와 안보의 위험으로부터 지켜내고, 국가 영속의 기틀을 다져야 한다. 나라는 부강해야 하고, 국민은 자유와 번영 아래 행복하며 세계 속에서 당당할 수 있어야 한다. 안으로는 정치 경제 사회를 지속적으로 발전시켜야 하고, 밖으로는 글로벌 '경쟁과 협력'에 다 성공해야 한다. 대한민국과 5000만 국민을 이런 미래로 이끌 능력과 의지, 책임감과 희생정신이 있어야 비로소 미래 세력이다. 그 정점이 대통령이다.

후보들이 달콤한 말을 쏟아낸다고 나라와 국민의 내일이 훤해지는 것은 아니다. 모두에게 무엇이든 해줄 듯하는 공약은 국가와 국민의 앞날을 오히려 어둡게 한다. 저출산 문제의 해결이 절실하지만 그렇다고 해서 "아이를 낳아만 주시면 국가가 다 책임져드리겠습니다"고 하는 것은 진정한 미래 세력이 할 수 있는 약속이 아니다. 속 보이는 거짓말이요, 자립심을 퇴화시키는 사탕발림이다.

우리 앞에는 거대한 지뢰밭처럼 경제 악재가 널려 있다. 세계 경기가 끝 모를 침체에 빠졌다. 국내는 투자 부진 · 내수 위축 · 일자리 부족 · 빈부 격차에다 개인 기업 공공을 통틀어 빚의 공포가 다가오고 재정 위기의 경고음이 심상찮다. 한 부분이라도 잘못 건드렸다간 언제 폭발음이 터질지 모를 경제다. 임기 말 대통령 악평이나 늘어놓는다고 풀릴 문제가 아니다. 국가와 국민의 장래를 멀리 내다보고 깊이 통찰하지 않은 채 백지수표 남발하듯 '무한 복지'를 파는 세력은 미래 세력이 아니다. 경제 파탄을 재촉할 위험성이 크기 때문이다.

일자리를 늘려 더 많은 국민이 제힘으로 먹고살게 해주고, 더 많은 국민이 세금 낼 수 있게 하는 것이 최고의 리더십이다. 문제는 성장전략 없이 '있는 것 적당히 나눠' 일자리를 늘리겠다는 '씻나락 퍼먹기 정책'이다. 이는 '국가의 지속가능한 발전'은커녕 경제사회를 시들게 하고 만다. 세금으로 보조금 줘가며 붙잡아두는 정부 일자리는 부가가치를 만들지 못할 뿐 아니라 재정을 악화시켜 경제를 더 위태롭게 한다. 힘센 조직 노동계의 환심을 사려고 그들의 기득권을 굳혀주면 새로운 일자리 창출은 더 멀어진다. 이런 선거운동을 하면서 미래 세력이라고 내세워선 안 된다.

지난(2012년) 봄 프랑스에 사회당 정권이 등장했을 때 영국의 '이코노미스트'는 "평등과 복지를 중시하는 독일과 북유럽도 시장경제 정책으로 성장하는데 프랑스는 거꾸로 간다"며 그런 좌파 정책은 오래 못 갈 것이라고 예언했다. 올랑드 정권은 반년 만에 손을 들고 U턴을 시작했다.

'사회적 경제'를 실험한답시고 자본주의 시장경제가 북돋우는 '경제하려는 동기'를 빼앗고 창의 · 혁신 · 효율을 퇴조시키면 그나마 경제를 지탱하고 있는 기업 경쟁력마저 무너지고 만다. 그러면 민생에도 미래가 없다. 이를 부채질하는 세력은 미래 세력이 아니라 미래 파괴 세력이다. 신성장 주도 세력이 미래 세력이다. 대한민국은 섣부른 실험을 할 여유가 없다.

  그러면 민생에도 미래가 없다. 이를 부채질하는 세력은 미래 세력이 아니라 미래 파괴 세력이다. 신성장 주도세력이 미래 세력이다. 대한민국은 섣부른 실험을 할 여유가 없다. 이 나라는 자자손손 복되게 살아야 할 터전이다. 후손에게 부강한 나라를 물려주고, 세계적 경쟁에서 이길 수 있도록 이들을 유능하고 강하게 키워내야 한다. 그렇게 가르쳐 인재를 양성하는 세력이 미래 세력이다. 많은 국민에게 놀고먹는 샛길이나 찾도록 길들이는 세력은 국가와 후손의 미래를 망친다.

  소수의 왕조집단을 제외한 2000여만 북한 주민은 지옥 같은 삶에 신음하고 있다. 이들에게 자유와 번영의 빛을 쏘아주는 세력이야말로 미래 세력이다. 맹목적으로 김정은의 우군(友軍)이 되려는 세력, 그리고 저들 불량집단을 비호하기 위해 안보의 뿌리까지 흔드는 세력, 김정은 정권과 손잡는 것을 자유민주주의 수호보다 중요하게 여기는 세력은 수구좌파 반동세력일 뿐이다.

  박근혜 문재인 두 후보는 각자가 만들고자 하는 대한민국의 미래가 어떤 것인지 국민 앞에 제대로 밝히고 선택을 기다려야 한다. 누가 국가를 안전하게 지키고 국민을 자유와 번영으로 이끌 것인가. 유권자 판단의 시간이 다가오고 있다.

레이건이 생각난다

허파에 총 맞고도 잊지 않은 유머 | 대선 주자들 표정 언행 메마르다

로널드 레이건(1911~2004년)에 관해 많이 알려진 얘기들이 생각난다. 그는 1981년 70세에 미국 40대 대통령이 됐다. 그리고 1984년 73세에 재선에 도전해 월터 먼데일 후보(당시 56세)와 TV토론에서 만났다.

먼데일=당신의 나이에 대해 어떻게 생각하십니까?
레이건=나는 이번 선거에서 나이를 문제 삼을 생각은 없습니다.
먼데일=그게 무슨 뜻입니까?
레이건=당신이 너무 젊고 경험이 없다는 사실을 정치적 목적으로 이용
　　　하지 않겠다는 뜻입니다.
시청자=폭소!

먼데일은 함께 웃을 수밖에 없었다. 레이건의 고령을 걸고넘어지려다 자신의 경험 부족을 부각시킨 꼴이었다. 레이건이 정색을 하고 '왜 나이를 따지느냐. 나는 건강하다'는 투로 응수했다면 먼데일은 더 파고들 여

지를 포착했을지 모른다.

　다른 장면에서 레이건은 "배우가 어떻게 대통령이 될 수 있느냐"는 질문에 "대통령이 어떻게 배우가 되지 않을 수 있느냐"고 되물었다. 만약 그가 '나는 배우만 한 것이 아니다. 일찍이 1962년에 공화당에 입당했고, 미국 3대주(州)에 드는 캘리포니아 주지사도 지냈다. 그래도 자격이 없단 말이냐'는 식으로 맞받았다면, 사실이긴 하지만 레이건의 매력은 돋보이지 않았을 것이다.

　대통령 레이건이 기자들의 고약한 질문에 시달리다 "개××(son of bitch, S.O.B.)!"라는 말을 입에 담았다. 며칠 뒤 기자들이 'S.O.B.'라는 글자를 새긴 티셔츠를 레이건에게 선물했다. '개××' 발언의 복수를 당한 레이건은 "기자 여러분은 모두 애국자입니다. 예산 절약(Saving Of Budget · SOB)하란 뜻이지요. 충고 잘 새기겠습니다"라고 말했다. 해피엔딩이었다. 모욕을 참지 못하겠다며 권력과 권위로 기자들을 누르려 했다면 대통령과 언론의 불화만 커졌을 가능성이 있다.

　어느 날 레이건은 연설을 이렇게 시작했다. "나에게는 대통령이 될 만한 아홉 가지 재능이 있습니다. 첫째, 한 번 들은 것은 절대 잊어버리지 않는 탁월한 기억력! 둘째, 에 또 … 그게 뭐더라? …" 청중은 박장대소하며 그의 연설을 받아들일 마음의 문을 열었다. 독선이 느껴지는 주장보다 이런 허(虛)와 유머가 정치 지도자에 대한 국민의 신뢰를 높일 수 있다.

　1981년 3월 정신병자 존 힝클리가 노동계 지도자들과 오찬을 하던 레이건을 향해 총을 쐈다. 총알이 심장에서 12cm 떨어진 대통령의 허파를 관통했다. "여보, 난 고개 숙이는 것을 잊었을 뿐이야!" 의식이 깨어난 후 레이건이 부인 낸시에게 한 첫마디였다. 수술실로 들어가면서는 의료진을 향해 "당신들 모두가 훌륭한 공화당원이라는 것을 나에게 확신시켜

주시오"라는 말로 수술 성공을 부탁했다. 비상상황에 국민을 안심시키는 여유, 이것도 중요한 리더십이다.

'다수의 행복은커녕 소수의 특권만 증식시킨' 공산주의를 미국 역대 대통령 중에서 가장 강하게 비판한 인물이 레이건이다. 하지만 그는 목청만 높인 것이 아니라 유머로 공산주의의 허구를 세계에 각인시켰다. "소련의 헌법은 발언의 자유와 집회의 자유를 보장한다. 그러나 미국의 헌법은 발언 후의 자유와 집회 후의 자유를 보장한다."

레이건의 말처럼 대통령은 국민이 바라는 일을 위해서는 배우의 역할도 잘할 수 있어야 한다. 그 이전에, 대통령이 되려는 사람은 자신이 어떤 인물이든 자신을 능숙하게 연기할 줄 알아야 한다. 물론 '연기'도 자신의 생각과 같지 않은 국민의 생각, 그리고 언론을 통해 전해지는 따가운 소리까지 겸허하게 받아들일 때 '가식이 아닌 진정성'으로 국민 가슴을 파고들 것이다.

우리 대선 주자들은, 이미 무대에 오른 사람이나 아직 객석에 숨어 있는 사람이나, 스스로는 소통을 잘하고 있다고 내비친다. 하지만 다들 각자가 친 보호막 속에서 자기에게 편리한 방식의 소통만 할 뿐이다. 대선의 원초적 본질은 권력전쟁이겠지만 그래도 지도자감은 국민에게 따뜻함과 여유와 웃음을 나눠줄 수 있어야 할 텐데, 표정과 언행들이 너무 메마른 감이 있다. 탁 트인 득음(得音)이랄까 득도의 경지를 보여주는 '위대한 소통자'가 그립다.

하기야 국민도 정치인의 유머에 함께 웃고 박수칠 마음의 여백이 부족한 듯하다.

이명박과 박근혜
'5년의 시간여행'

승자독식의 비극 앞에 선 MB | **덧셈의 정치 시험대 오른 박근혜**

2007년 8월 20일. 오후 4시를 지나면서 서울 올림픽공원 체조경기장에서 TV로 생중계된 한나라당 대통령후보 경선 개표상황을 지켜보던 사람들은 숨을 죽였다. 이명박 진영에서는 "아니, 우리가 지는 거야?"라는 신음까지 새나왔다. 마지막 한 표의 검표가 끝나고 박관용 당 선거관리위원장이 마이크를 잡았다.

합산 8만 1084표 대 7만 8632표로 1.5%포인트 차 이명박 신승(辛勝)이었다. 순간 박근혜는 웃었다. 평정을 잃지 않았고 표정은 명료했다. 그리고 "경선 결과에 깨끗하게 승복합니다"라고 말했다. 그 모습이 나로 하여금 '박근혜, 빛났다'(2007년 8월 21일자 동아일보)는 글을 쓰게 만들었다.

그 칼럼을 다시 꺼내 보았다. "박 씨는 한나라당 경선에서 석패하긴 했어도 '한국정치의 자산'임을 공인받았다. …그는 이명박 후보와의 박빙 승부를 통해 여성 대통령에 대한 실감을 불러일으켰다. …우리 정치사에서 일찍이 박 씨만큼 '졌지만 확실한 대주주(大株主)'는 없었다. …'보수(保守)'의 보수(補修)'를 바라는 많은 국민이 그를 기억하고, 그를 부를 날이 있지 않을까. …"

그날 이명박은 후보 수락연설에서 "지금 이 순간부터 저를 지지했든 하지 않았든 우리는 모두 하나입니다. 뺄셈의 정치가 아니라 덧셈의 정치를 하겠습니다"라고 약속했다. 동아일보는 '이명박 후보 본선의 험로'라는 이튿날 사설에서 이렇게 주문했다. "당의 화합 하나 이루지 못하는 후보라면 국민통합을 말할 자격이 없다. 한나라당은 경선 후유증으로 정권을 놓친 전과(前過)가 있다. 이긴 쪽이 승자독식의 유혹을 경계하면서 아량과 인내로 패자에게 손을 내밀어야 한다. 이 후보는 '대통령 후보' 빼고는 모든 것을 버린다는 각오로 임해야 한다."

그러나 이명박 진영은 대선 승리를 위해 박근혜를 비롯한 비이(非李)그룹을 써먹으려고만 했지, 진심으로 끌어안지 않았다. 노무현 정권에 대한 민심 이반이 안겨준 대선 압승을 자신들이 잘난 덕이라 착각하고, 권력과 자리를 전리품인 양 움켜쥐었다.

지난날 어느 대선에서나 승자에게 간 표는 100% 그 한 사람만 지지한 표가 아니었다. 박정희를 따르던 국민도 박정희를 비판했던 김영삼에게 표를 줬다. 이명박이 정동영보다 더 얻은 531만 표 중에는 열렬한 박근혜 지지자들의 표도 많이 섞여 있었다. 그럼에도 이명박은 박근혜를 말로만 동반자라 했지, 실제로는 함께할 수 없는 '그 여자'로 여겼다. 경선 과정에서 깊어진 불신을 해소할 수가 없었다는 얘기는 변명이 안 된다. '통합의 지도자'가 되지 못한 자질 부족을 증명할 뿐이다.

이명박은 국정의 고비마다 박근혜의 도움을 받기는커녕 방해를 받았다. 집권 5년의 많은 실패와 상처들은 덧셈이 아닌 뺄셈 정치의 자업자득이다. 이명박 이상득 정두언 박영준 등이 승자독식의 미망에 빠지지 않고 권력을 나눌 줄 알았다면, 나아가 권력을 버릴 줄도 알았다면 대통령 말고는 모두 법의 칼날 위에 서는 비극을 피할 수 있었을지 모른다.

박근혜는 어제 서울 영등포 타임스퀘어(시간의 광장)에서 18대 대선 출마 선언식을 가졌다. 그 시간 이상득은 법원의 구속 여부 판단을 기다리고 있었다. 5년 사이 운명의 기묘한 엇갈림이다. 이명박 일가는 노무현 일가의 비극에서 왜 교훈을 얻지 못했는가, 이제 와서 땅을 쳐봐야 엎질러진 물이다.

　5년 전에는 이명박이 역사의 새 주인공이었으나 지금은 박근혜 안철수 문재인 김두관 손학규 김문수 김태호 등이 새 주인공 자리를 겨룬다. 이들은 국민에게 꿈과 행복을 안겨줄 연금술사인 양 말하고 웃고 손짓한다. 이들 입에서 나오는 아름다운 언어들은 거의 차별성이 없다. 5년 전 이명박이 '국민성공 시대'를 외쳤던 것과도 다르지 않다.

　박근혜는 어제 연설에서 많은 약속을 했고, 무엇보다도 실천이 중요하다고 스스로 다짐했다. 변화는 기다리는 것이 아니라 만드는 것이라고도 했다. 박근혜가 이명박의 실패와 과오를 답습하지 않고 뛰어넘을지, 이를 위한 자기 변화를 행동으로 실천할지 국민은 지켜볼 것이다. 본인의 운명도 거기에 걸려 있지 않을까. 시간은 이제 박근혜를 시험대에 올렸다. 박근혜가 이명박을 반면교사 삼아 새로운 통합의 리더십을 보인다면 그것만으로도 역사를 바꿀 수 있다.

　이명박 이상득에게 오늘이 다가왔듯이, 안 올 것 같은 시간도 언젠가는 온다. 누가 이번 대선에서 마지막 승자가 되건 그와 그 진영 사람들 또한 '5년 뒤'라는 시간을 피할 수 없다. 득세할 때 위험을 투시할 줄 아는 사람들이야말로 현자(賢者)다.

다음 대통령의 시대정신

박정희는 감언이설은 안 했다 | 효율과 공평을 조화시킬 리더 필요

1948년 우리 국민이 우리 땅에 우리 정부를 갖게 된 명실상부한 건국 이래 박정희만큼 경제적 번영의 씨앗을 많이 뿌린 지도자는 없었다. 박지원은 "박정희가 아니라도 그 정도는 했을 것"이라고 말했지만 국가 흥망성쇠에 미치는 지도자의 영향을 모른다면 정치를 할 필요조차 없다. 양녕대군이 조선 4대 왕이 됐더라도 훈민정음 창제의 위업을 비롯해 조선의 독창적인 학문 과학 문화 진흥에서 '세종대왕 정도는' 했을까.

박정희가 시대를 잘 만난 점은 있다. 만약 중국의 마오쩌둥(毛澤東)이 박정희보다 먼저 개방경제 외자유치 수출진흥 전략을 폈거나, 마오쩌둥이 더 일찍 죽고 덩샤오핑(鄧小平)이 개방 실용노선을 앞당겨 실현했더라면 박정희는 중국을 상대로 훨씬 버거운 경쟁을 했을 것이다. 또한 김일성이 남한보다 우위에 있던 북한의 광공업 기반을 활용하며 박정희 못지않은 개혁개방을 했더라면 남북한의 운명이 달라졌을 것이다.

이처럼 '대외 상황'이 지도자를 더 빛나게도 하지만 근본적으로는 지도자의 자질이 국운을 결정적으로 갈라놓는다. 1963년 제5대 대통령 선거에서 박정희는 윤보선에게 15만여 표 차로 어렵게 이겼다. 윤보선은 대선 전 어느 인터뷰에서 경제정책에 대해 "일단 당선되면 상황을 분석하겠다. 미국에 가서 소매 동냥을 해서라도 국민을 먹여 살리겠다"고 했다. 그때 박정희는 경제개발계획을 조목조목 설명하며 "국민의 땀과 노력과 인내심이 절대로 필요하다"고 했다. 선거 결과가 바뀌었더라도 박지원의 말처럼 윤보선이 '박정희 정도는' 했을까.

박정희는 경부고속도로 건설도, 포항제철 설립도 강한 반대 속에서 관철했다. 박정희는 선거를 목전에 두고 한 표라도 더 얻어야 할 시점에 감언이설 대신 국민의 땀을 요구했고, 대통령이 된 뒤에는 반대론자들이 "부자가 기생 끼고 놀러나 다닐 길"이라고 했던 고속도로 건설을 포기하지 않았다.

물론 시대가 요구하는 리더십은 불변일 수 없다. 박정희 시대는 한 끼 먹던 사람이 두 끼를, 두 끼 먹던 사람이 세 끼를 먹고 싶어 몸부림 친 시대였다. 굶주림에서 벗어나는 것이 무엇보다 급했고 우리도 한번 잘살아 보자는 열망이 그야말로 시대정신이었다. 결과적으로 부자만 더 잘살게 된 것이 아니라 가난한 사람도 더 잘살게 됐다. 배고픔을 면한 뒤에는 더 많은 자유, 마음 놓고 말할 자유와 정부를 선택할 자유 같은 것이 절실했다. 박정희 이후 전두환 노태우라는 단계를 거쳤지만 결국 민주화를 상징하는 김영삼 김대중이 대한민국 지도자가 됐다. 그리고 노무현 시대를 지나 이명박 시대를 통과 중이다. 노무현 이명박 시대는 빈부 격차와 경제 사회적 양극화가 두드러지고 있다. 이는 세계적 현상으로 선진국도 예외가 없을 정도다. 영국 파이낸셜타임스는 지난달 27일 "선진국 중산층의 꿈이 사라진다"고 보도했다. 주요 선진국의 저소득층은 말할 것도 없고 중산층까지도 '임금은 제자리에서 맴돌고 소득 불균형만 심화되는' 고통에 시달리고 있다는 것이다. 반면 미국 최상위 1%의 소득은 1974년 국민총소득의 8%였는데 2008년에는 18%에 이르렀다.

빈부 격차가 세계적 현상이라고 해서 우리 중산층 이하 국민에게 위안이 되지는 않는다. 작년 우리나라 가계저축률은 2.8%로 경제협력개발기구(OECD) 30개국 중 최하위권이다. 월 500만 원을 버는 사람도 저축과 소비의 여력이 별로 없고 오히려 빚이 쌓이는 실정이다. 이들에게는 대기업이 10조 원의 이익을 낸다는 사실이 기쁘기는커녕 반감마저 불러일으킨다. 효율과 혁신, 세계화와 시장 확대의 혜택이 자신들에게는 실제로 돌아오지 않거나, 않는다고 느끼기 때문이다. 이런 사람이 많아질수록 '과잉 복지→재정 악화→경제위기→중산층 붕괴→국민 고통 가중'과 같은 논리적 우려조차 별로 설득력을 얻지 못한다. 이것이 바로 정치적 포퓰리즘이 통하는 토양이다.

국가사회주의 식으로 흐르면 대한민국 경제는 끝내 피폐해지고 말 것이다. 그런 위험한 상태로 빠져들지 않도록 정치사회적 노력을 해야 한다. 남미식 포퓰리즘을 경계하되, 양극화를 완화하고 약자에게 기회를 늘려주는 균형점을 찾는 일이 긴요하다. 다른 각도에서 말하자면 이익을 많이 내는 기업과 부자의 복지 부담을 늘리되, 스웨덴처럼 경제적 자유(규제 완화)와 대외개방을 적극적으로 확대할 필요가 있다.

대한민국의 다음 지도자는 '효율과 공평'의 조화모델을 제시하고, 최대 다수 국민을 설득해 이를 구현할 수 있는 인물이어야 한다.

작은 선거 날에 생각하는 '큰 지도자'

평화는 구걸로 지켜지지 않았다 | 위기관리 리더십 믿을 인물 있나

미국 35대 대통령 케네디는 23세 때인 1940년 '뮌헨에서의 유화정책'이라는 하버드대 졸업논문을 썼다. 영국이 히틀러의 전쟁범죄(2차 세계대전)를 막지 못한 배경을 다룬 이 논문은 '영국은 왜 잠자고 있었는가'라는 책으로도 나와 베스트셀러가 됐다.

1938년 봄, 독일 총통 히틀러는 오스트리아를 병합하고 다음 먹잇감으로 체코를 찍었다. 그전부터 영국에서는 하원의원 처칠이 히틀러의 야욕을 경고하며, 영국 공군이 독일 공군에 대한 우위를 확보해야 한다고 주창했지만 지지자가 거의 없었다. 오히려 히틀러가 유럽 침략을 행동으로 옮기기 시작하던 1938년 9월 영국 총리 체임벌린은 평화를 구걸하는 연설을 했다. 그는 "어떤 사정이 있어도 대영제국을 전쟁으로 끌어넣을 수는 없다. 무력충돌은 악몽이다. 나는 영혼 깊숙한 곳까지 평화 애호자다"라고 외쳤다. 영국 국민은 전쟁을 거부하는 총리에게 박수를 보냈다.

체임벌린은 연설 후 뮌헨으로 날아가 히틀러의 요구를 대부분 들어주고 평화 쇼핑에 성공했다. 영국 국민의 열렬한 환영을 받으며 귀국한 그는 히틀러가 서명한 평화선언문을 가리키며 "여기 우리 시대의 평화가 있다"고 외쳤다. 그때 처칠은 의회연설에서 "총리의 협상 결과는 전면적 절대적 패배"라고 비판했지만 심한 야유를 받아 몇 차례나 말을 끊어야 했다.

그로부터 1년 뒤인 1939년 9월 히틀러는 선전포고 없이 폴란드를 침공해 2차 대전을 일으켰고, 네덜란드 벨기에 등을 거쳐 프랑스를 집어삼키고 영국까지 풍전등화의 위기로 몰아넣었다. 체임벌린이 비싸게 구입한 평화는 '거짓 평화'였다. 1910년대 1차 대전 승전국인 영국과 프랑스는 히틀러의 전쟁 도발을 사전에 견제할 국력이 있었지만 실패했다.

논문에서 케네디는 영국이 히틀러의 패권 야욕을 막지 못한 배경으로 '1차 대전 이후의 간전기(間戰期)에 만연한 평화지상주의'와 '국제기구(당시는 국제연맹)에 대한 맹신'을 꼽았다. 더 근본적으로 영국 미국 같은 민주주의 체제는 위기가 코앞에 닥칠 때까지 강력하고 치밀하게 미리 대응하지 못하는 허점이 있다고 그는 지적했다.

영국은 2차 대전 방지에 실패했지만 처칠이라는 영웅을 낳았다. 그는 1940년 5월 체임벌린의 후임으로 전시 총리가 된 뒤 불굴의 위기관리 리더십을 발휘했다. 총리로서 행한 첫 의회연설에서 처칠은 "나에게는 피와 수고와 눈물과 땀 이외에는 내놓을 것이 아무것도 없다"며 승전 의지를 발산했다. 그는 영국과 세계를 "암흑의 시대로 후퇴시키지 않기 위한 싸움"을 진두지휘했고, 독일군의 폭격에 폐허가 된 도시들을 동분서주하며 자신의 상징이 된 'V' 사인으로 군대와 국민에게 용기를 불어넣었다. 처칠은 연합국의 승리를 이끈 전쟁지도자요, 영국 국민과 세계 자유인들을 히틀러의 손아귀에서 구해낸 위기관리 리더십의 표상으로 남았다.

1930년대 영국의 안보 실패는 '어디서 본 듯한 장면인데…' 하는 데자뷔(기시감·旣視感)를 안겨준다. 2000년 6월 김대중 대통령은 김정일에게 달러를 듬뿍 쥐여주고 '잘못된 통일방안'을 담은 평양선언을 한 뒤 "이제 한반도에 전쟁은 없다"고 했다. 그러나 DJ 재임 중 김정일은 2차 연평해전을 일으켜 우리 군인 6명을 전사시키고, 2차 북핵 위기를 야기했으며, 핵시설 재가동을 선언하고, 동해로 미사일을 발사했다. 퍼주기 포용정책을 승계한 노무현 대통령 시절에도 김정일은 8000여개의 폐핵연료봉 재처리 종료를 선언하고, 미사일 무더기 발사와 1차 핵실험을 했다. 대북 국제공조와 한미동맹 맹신이 위험한 것도 1930년대 유럽을 닮았다.

천안함이 북한군에 의해 폭침된 상황에서 "전쟁을 불사할 각오라야 평화를 지킬 수 있다"고 하면 전쟁세력으로 몰리고, '책임지지도 않는' 평화만 외친 야당이 선거에서 이긴 것도 영국의 1930년대를 연상시킨다. 김정일의 명백한 전쟁범죄인 연평도 포격을 목격하고도 북한 탓보다는 정부 탓을 하는 세력이 판치는 것도 안보 실패의 또 다른 씨앗이 될 것만 같다. 김정일은 이 순간에도 대화카드 뒷장에 비수를 숨기고 있을 것이다. 김일성 김정일 김정은 세습체제가 지속되는 한 변함없을 것이다. 그 체제에 급변사태가 오면 오는 대로 남쪽의 확고한 위기관리 리더십이 절실하다.

5000만 국민은 위기관리 리더십을 믿을 수 있는 차기 대통령을 창출해야 한다. 누가 그런 지도자로 거듭날 것인가. 작은 선거가 있는 날 처칠 같은 큰 지도자를 생각하게 된다.

차기 대통령의 한 조건

화합·신뢰·소통의 리더 누구인가 | 미완의 주자들 변화·발전 보여야

버락 오바마 미국 대통령은 내년(2012년) 11월의 차기 대선을 19개월 앞두고 재선 도전을 선언했다. 중국은 내년 가을 제18차 공산당대회에서 시진핑(習近平) 새 국가주석이 이끄는 10년 기한의 5세대 지도부를 출범시킨다. 미중의 새 지도자를 상대할 한국의 18대 대통령도 20개월 뒤인 내년 12월 19일 선출된다.

동아일보와 서울대 한국정치연구소는 각계 오피니언 리더 100명에게 '차기 대통령이 추구해야 할 국정 가치'를 물어보았다. 많은 응답자들은 '화합 신뢰 소통'을 차기 대통령이 구현해야 할 우선가치로 꼽았다. 바로 이들 가치가 지금 우리나라에 가장 결여돼 있다는 안타까움을 반영하는 것 같다. 그런 점에서 차기 대통령까지 갈 것 없이 일할 날이 22개월 남은 이명박 대통령부터 거듭 새겨야 할 가치들이다.

미국은 2월 로널드 레이건 전 대통령(1911~2004) 탄생 100주년 기념행사로 부산했다. 미국민들은 그를 가장 위대한 대통령으로 칭송했고, 오바마 대통령은 특별성명에서 반대 당 출신의 레이건 전 대통령을 '국민과의 소통에 실패한 적이 없는 굳은 신념가'로 평가했다. 오바마는 "레이건이 소통을 통해 미국인들에게 심어준 확신과 낙관이 지금같이 어려운 시기에 가장 필요하다" 면서 "그는 미국인들에게 근면과 개인의 책임이라는 가치를 다시 일깨워줬다" 는 말도 잊지 않았다. '소통과 굳은 신념'이 위대한 리더십의 두 날개 같다.

그렇다면 이 나라에는 화합 신뢰 소통의 리더십을 잘 보여줄 차기 대통령감이 있는가. 이 질문은 유권자인 국민에게도 많은 상상력을 요구한다. 먹고살기도 바쁜데 그런 것까지 생각하며 대통령을 뽑아야 하느냐고 빈정대는 유권자도 있을 것이다. 그러나 대통령을 만들어놓고 나서 '표 찍은 손가락을 자르고 싶다' '이민 가고 싶다' 하는 건 소용없다. 그러기보다는 선거 전에 후보들의 자질에 깊은 관심을 갖고 요모조모 뜯어보는 투자는 결국 국민 개개인의 이익을 위해 필요하다.

예컨대 화합과 박근혜, 신뢰와 손학규, 소통과 김문수, 또 화합과 유시민이 어울리는 조합인지 따져보는 것이다. 국민이 이런 식으로 대통령 잠재후보들의 자질, 그리고 그간의 행동궤적을 자꾸 뜯어보고 공론화할 이유는 더 있다. 미완의 후보들에게 자신의 한계를 깨는 노력을 더 치열하게 하도록 자극을 줄 수 있다는 점이다. 지난날 후보 시절의 김대중이 '준비된 대통령'이라고 내세운 적이 있지만, 지금 18대 대통령 후보군 중에 '화합 신뢰 소통'의 가치를 충분히 구현할 것 같은 인물은 잘 보이지 않는다.

오바마 미 대통령은 '네이션 빌딩(nation building)'을 자주 강조한다. 세계 최강국인 미국이 입국(立國)도 안 돼 있다는 뜻인가. 미국민이 분열돼 국민통합이 절실하고, 제도 면에서나 물질적으로나 국가기반이 부실하다는 뜻이다. 국민통합과 국가기반 확충이란 점에서 한국은 '네이션 빌딩'의 과제가 더 무겁다. 이제 우리 국민은 짧지만 값진 민주 헌정의 역사 위에서

'네이션 빌딩'의 새로운 비전을 보여줄 지도자를 만들어낼 때도 됐다.

더구나 대한민국은 활자 속의 헌법에서만 '한반도와 그 부속도서'를 영토로 규정하고 있을 뿐, 실제로는 남북의 분단·전쟁(휴전)상태를 지속하고 있어 '진정한 네이션 빌딩'에 다가서지 못한 '실패 국가'다. 대한민국 대통령은 남한만의 국민통합을 뛰어넘어 한반도 전체의 국민통합을 지향해야 한다.

요컨대 차기 대통령은 이승만 윤보선 박정희 전두환 노태우 김영삼 김대중 노무현 이명박이 이루지 못한 자유민주 통일이라는 진정한 네이션 빌딩에 도전해야 한다. 이를 위해서도 우선 남한의 국민통합이 중요하다.

그러나 차기 대통령은 '원칙 있는 화합 비전'을 제시하고 실천해야 한다. 불법에의 굴종까지 화합일 수는 없다. 레이건은 1981년 8월 항공관제사 노조가 파업을 강행하자 복귀명령을 어긴 1만 1345명을 해고하고 조직 자체를 해체시켜버렸다. 그래도 그는 '위대한 소통자'로 불렸다. 그는 또 소련을 '악의 제국'으로 규정하고 소련 몰락을 이끌었지만 그렇다고 레이건을 전쟁주의자라고 매도하는 미국인은 없다.

남한의 풍요에 젖줄을 대고 있으면서도 반인륜적인 북한 지배집단을 돕는 세력, 대한민국의 정통성과 자유민주주의 가치마저 부정하는 악의적 국가분열세력까지 끌어안고 보호하는 것이 국민통합일 수는 없다. 오히려 이들 반(反)대한민국 세력에 단호함으로써 국가적 가치통합을 이뤄내는 것이야말로 자유민주 통일이라는 진정한 네이션 빌딩에 한발 더 다가설 수 있는 길이다.

통일 이끌 대통령이 필요하다

수년 내 갈림길에 설 한반도 역사 | 그랜드 코리아 이룰 인물 찾아야

독자들에게 묻고 싶다. "통일을 이끌 만한 18대 대통령감이 보입니까?"

이명박 정부의 남은 2년, 다음 대통령 임기 5년을 합치면 7년이다. 심장병 뇌졸중 당뇨를 달고 있는 김정일의 진짜 나이는 오늘로 만 70세이다. 그가 숨은 쉰다 해도 북한이 비핵화·개혁개방 없이 깡패외교와 거지 행각만으로 7년을 버티기는 어렵다. 중국도 북한을 통째로 먹여 살릴 수는 없다. 어린 자식들을 양손에 붙잡고 사선을 넘는 아줌마 탈북자가 부쩍 늘었다. 이들은 "아이들의 장래를 위해서!"라고 말한다.

북한의 금후 7년은 무슨 일이 벌어져도 이상할 게 없는 기간이다. 남쪽 5000만 국민과 북쪽 2400만 주민은 7년 안에 역사가 바뀌는 순간을 맞을 공산이 크다. 대한민국 지도자와 국민이 어떻게 대처하느냐에 따라 한반도의 장래가 달라질 것이다. 이 7년 사이에 자자손손의 운명까지 결정될 가능성이 높다. 그래서 우리 국민이 내년 12월에 어떤 차기 대통령을 만드느냐 하는 것은 민족의 사활이 걸린 일이다. 재료비가 2000원도 안 되는 점심을 재벌 손자한테까지 공짜로 주느니 마느니 하는 문제로 시간을 허비할 일이 아니다.

급변이건 아니건 북한의 필연적 정권 변화는 대한민국에 기회요, 위기다. 자유민주 통일을 실현할 절호의 기회이기도 하지만, 잘못하면 통일은커녕 북한과 중국의 일체화를 막지 못하고 남한마저 동북공정의 대상이 될 수 있다. 통일은 전쟁과 평화의 이분법을 깰 수 있는 최상의 길이다. 그러나 핵도 있고 미사일도 있는 북한을 통제하지 못한다면 그것만으로도 위기다.

중국은 미국의 동맹인 한국이 한반도를 자유민주주의로 통일하는 것을 원치 않는다. 재작년 11월 별세한 제임스 릴리 전 주한 미국대사는 생전에 "중국 지도자들은 북한의 절반을 중국 것으로 본다"고 말했다.

중국이 김정일 이후의 북한을 점령하지는 못한다 해도 새로운 친중(親中)체제가 뿌리를 내리면 한국은 그야말로 대륙의 벼랑 끝으로 내몰리게 된다. 미국도 한국의 수호천사는 아니다. 더구나 예정대로 2015년 12월 우리가 전시작전권을 넘겨받고, 한미연합사령부가 해체되면 '통일 없는' 한국의 안보는 끝없는 불안 속으로 던져질 것이다.

국운의 이런 갈림길을 내다보면서 통일비전을 숙성시키고, 통일전략을 가다듬으며, 통일헌법까지 구상하는 차기 지도자감이 지금 이 땅에 있는가. 통일외교는 어떻게 펼치고, 통일을 위한 국민통합은 어떻게 이루며, 통일 전후의 안보와 경제는 어떻게 다질 것인지 잠 못 이루며 고뇌하는 지도자감이 있는가 말이다.

18대 대통령을 꿈꾸는 사람들에게 묻는다. 당신은 과연 자유민주 그랜드 코리아를 현실로 만들 리더십이 있는가. 통일을 위한 의지와 용기와 지혜와 책략과 실천력이 있는가. 민족과 통일을 입에 달고 살지만 실제로는 자유민주 통일을 훼방하는 친북·종북 세력에 단호히 대처하고 대한민국의 통일 컨센서스를 세계에 각인시킬 능력이 있는가. '비겁한 평화라도 좋다. 전쟁은 무조건 싫다'는 사람들에게 안보를 위한 동참과 희생까지 요구하고 설득할 준비가 돼있는가. 당신 스스로가 공북증(恐北症·북한공포증) 환자는 아닌가. 임기가 2년 열흘 남은 이 대통령에게도 같은 질문을 보낸다.

시대를 통찰하고 민족 통일을 이루어낼 예지도, 역사의식도, 사명감도 없는 사람들이 그 무능을 숨기고 오로지 대통령직을 낚기 위해 복지사기(福祉詐欺)나 쳐대는 것을 분별하고 심판하는 일은 유권자의 몫이다. 남미와 유럽의 숱한 나라가 재정을 거덜 내고 민생을 추락시킨 과잉복지를 후회하고 있다. 온 국민을 공짜로 먹여 살릴 듯이 무상을 외치는 것은 사기일 뿐 아니라 경제 파탄으로 통일의 기회까지 날려버릴 반(反)국민 반민족 정치다.

북한 대변(大變)의 한복판에 던져질 18대 대통령이 중국 국가주석, 미국 대통령, 러시아 대통령, 그리고 일본 총리를 상대할 깜냥이 안 된다면 대한민국의 비극이다. 자유민주 그랜드 코리아를 위한 리더십도, 비전도, 용기도, 설득력도 없는 '우물 안 개구리' 정치인은 대통령의 꿈을 제발 접기 바란다. 국민이 안보에 무능하고 통일전략도 없는 대통령을 선택한다면 이는 '통한(痛恨)의 민주주의 실패'가 될 것이다. 결국 국민이 깨어 있어야 한다.

단어 몇 개에 포위된
이명박 정부

정권교체의 의미 살려야 하건만 | 좌파 포퓰리즘 극복 능력 있나

미국산 쇠고기 소동이 진정되더라도 이명박 정부의 앞길이 탄탄대로처럼 훤히 트일 가능성은 적어 보인다. 그렇다고 이 정부가 정권교체의 의미를 살리지 못한 채 우왕좌왕하면 경제 살리기도, 선진국 만들기도 멀어지고 민생 역시 더 피곤해질 것이다.

모든 국민에게 동시에 이익이 되는 정책은 이 세상에 존재하지 않는다. 예컨대 교원평가제는 교사들이 스스로 자질을 높이고 학생들을 더 열심히 가르치도록 하는 데 필요하다. 교육 자율화는 학교 현장의 창의와 경쟁을 북돋운다. 이런 정책들은 좋은 인재 양성, 나라의 인적 경쟁력 강화, 과학기술 및 산업 발전, 국부(國富) 증진, 국민 삶의 질 제고와 선진화라는 선순환을 낳는다. 그럼에도 평등만 외치는 이념세력과 교육계 안주족, 그리고 이들과 연계된 일부 수요자 그룹은 이런 정책에 한사코 반대한다.

국가 보호 아래 독과점적 지위를 누리는 공기업은 시장경쟁이 숙명인 민간기업보다 경영이 비효율적이고 방만하다. 나라마다, 경제발전 단계마다 공기업 존치가 필요한 분야가 없는 것은 아니다. 하지만 시장 활성

화와 경제구조 고도화를 위한 대세는 공기업 민영화다. 이를 통해 국민경제 전체의 파이를 키울 수 있고 궁극적으로 고용과 분배도 개선할 수 있다는 것이 시장원리요, 세계의 경험이다. 그런데도 노조를 비롯한 공기업 기득집단, 공기업을 '인생 이모작'의 온상으로 여기는 관료 등은 공기업 개혁을 갖가지 형태로 방해한다.

　기업을 비롯한 민간 각 부문을 옥죄는 행정규제의 사슬을 최대한 끊어내야 투자와 소비가 촉진되고 일자리가 늘어나며, 자연히 분배 개선효과가 생기고 경제의 국제경쟁력이 높아진다. 반대로 규제가 많을수록 담당할 공무원이 늘고 결국 정부가 비대해져 국민 세금 부담이 무거워지고 민간부문이 위축된다. 행정·입법·사법부는 시장질서 속에서 경쟁이 촉진되도록 적법의 기준만 제시하고, 위법 사례에 대해서는 시장 내의 피해자가 법적 구제를 받도록 해주면 많은 규제를 없앨 수 있다. 그럼에도 관(官)은 온갖 핑계를 동원해 규제권력을 강화하려 한다.

　위에 예시한 교육자, 공기업 종사자, 공무원들과 직간접적으로 이익을 공유하는 국민이 적지 않을 것이다. 그렇더라도 크게 보고 길게 보면 '경쟁과 효율, 큰 시장과 작은 정부'가 다수 국민의 이익에 부합한다. 노무현 정부의 경제 교육 등 주요 정책이 이 같은 원리에 역행한 탓에 국가 성장 잠재력이 약화되고 우리 경제의 대내외 환경 변화에 대한 적응력이 떨어졌다. 이를 체험한 국민은 정권교체를 선택했다.

　하지만 이 정부는 경제 살리기, 선진국 만들기를 위해 내달에 개원하는 18대 국회와 손발을 맞춰보기도 전에 반대 세력의 집요한 공세에 고전하고 있다. 지난날 좌파 정권의 보호를 받던 일부 신문 방송 인터넷매체 등은 보호막이 사라지고 경쟁질서가 재편돼 기득권을 잃을 듯하자 다른 분야의 반(反)이명박 세력과 함께 사사건건 정부 흔들기에 나서고 있다. 광우병 괴담의 생성과 확산 과정을 보더라도 이들 일부 매체가 언론으로서의 책임감을 지키고 있다고 보기 어렵다.

총체적인 국익을 증진시키기 위해서는 많은 국민이 국정 과제들에 대해 더 냉철하게 판단하고 이성적으로 여론을 조성할 필요가 있다. 그에 앞서 좌파를 비롯한 반대세력에 공격의 빌미를 준 정부부터 자세를 가다듬어야 한다. 대선 후 불과 5개월 사이에 국민의 지지도가 반토막 난 데 대해 남 탓은 거두어야 한다. 오로지 자책점만 찾아내 요인과 배경을 하나하나 철저하게 분석하고 실수와 실패를 되풀이하지 말아야 한다. 변명도, 전 정부 탓도 지지도 회복에 도움이 안 된다. 개인이건 정부건 구질구질하면 매력이 없다.

작년 대선후보 토론 때 이 후보 진영은 "말할 시간이 넉넉해야 경험 많고 깊이 아는 MB한테 유리한데, 발언시간이 너무 짧아 우위 확보가 힘들다"고 푸념했었다. 고이즈미 준이치로 일본 전 총리는 '30초 정치'로 5년 집권기간에 인기를 누렸다. 그는 언제나 촌철살인의 한마디로 언론의 눈귀를 잡고, 여론을 흔들며, 정적(政敵)과 반대자들을 제압했다.

지금 이 정부를 괴롭히는 언어들도 장문의 연설이 아니고 강부자 고소영 내각, 미국소 미친소, 국민건강권, 검역주권 같은 단어 몇 개다. 정부는 이런 언어압축 실력이라도 있는가. 이 정부는 좌파 포퓰리즘을 극복할 능력이 있는지 끊임없이 시험당할 것이다.

실전에 강한 정부라야 성공한다

'문화재 보존' 입만으로 하더니 | 난제들의 시험대에 서는 이명박 정부

숭례문 참사를 안타깝게 지켜보면서, 문화재 관리에 관한 당국자들의 빛 좋은 말들에 속이 상한다. 유홍준 문화재청장은 '선조들이 물려준 소중한 문화유산의 온전한 보존, 전승, 활용'을 다짐하고 이를 국가발전의 원동력으로 삼겠다고도 했다.

유 청장은 조선왕릉과 공룡화석지의 세계문화유산 등록협의차 유럽에 갔다가 어제 귀국했는데 '말년 휴가'를 겸한 출장이었다 한다. 작년 5월에는 경기 여주군에 있는 효종대왕릉 재실 앞에서 LP가스통에 불을 피워 숯불구이 오찬을 하고도 "그게 무슨 문제냐"고 되받은 장본인이다. 유 청장의 이런 언행이 '문화유산 보존의 중요성은 가정·학교·사회 교육을 통해 널리 일깨워져야 한다'는 문화유산헌장에 부합하는가.

문화재청 관계자는 어제 숭례문이 처참한 모습을 드러낸 뒤 "이번 화재를 계기로 문화재 전반에 대한 종합적인 방재대책이 필요하다는 것을 다시금 절감한다"고 말했다. 2005년 식목일 산불로 낙산사가 거의 전소되고 보물 중의 보물인 동종(銅鐘)이 녹아 버리자 문화재청 측은 "똑같이

복원하면 큰 문제는 없다"는 뜻을 밝혔다. 한가하고, 무신경하고, 책임감이 실종된 태도가 절묘하게 겹쳐진다.

정부의 문화재 담당조직은 김대중 정부 2년차이던 1999년 문화관광부 외국(外局)에서 문화재청으로 승격됐다. 노무현 정부는 2004년 재난 및 안전관리 기본법을 발효(3월)하고, '효율적인 재난 관리'를 전담할 중앙행정기관으로 격상된 소방방재청을 개청(6월)했으며, 안전관리헌장을 선포(11월)하고, 제1차 국가안전관리 5개년 계획을 발표(12월)했다. 이들 두 청(廳)은 숭례문 피해를 줄이지 못한 책임을 서로 떠넘기기에 바쁘다. 문화재청 당국자는 "문화재청 예산은 4800억 원밖에 안 되고 인원도 750명이 전부"라며 예산과 인력 부족 탓도 했다.

국(局)이 청으로 격상되건, 청이 부(部)로 승격되건 공무원들의 책임의식과 전문성 확보 노력이 없으면 변화를 기대하기 어렵다. 정부 조직이 몸집을 키우는 것만으로 국민 생명과 재산, 그리고 국가 자원을 더 잘 지켜줄 것이라는 생각은 수없이 배신당했다. 숭례문 참사도 그 하나다.

재작년 서울시가 숭례문을 개방한 것은 '국보 1호를 시민 품으로'라는 명분이 없지 않았다. 하지만 그 취지를 살리면서도 안전대책 등 문화재 관리에 만전을 기하는 보완조치를 병행했어야 했다. 설혹 '시티즌 프렌들리' 행정이라 하더라도 선의만으로 부작용과 후유증을 예방할 수 있는 것은 아니다. 숭례문 화재는 국민이 함께 겪은 참변이지만, 이명박 정부에도 엄중한 경종이다.

역대 정부는 국정 원리니, 지표니 하면서 듣기 좋고 그럴듯한 거대담론(巨大談論)을 제시해 왔다. 그러나 모든 정부의 승부는 결국 구체적 각론에서 나고 말았다. 김영삼 정부는 어느 의미에서 독창적인 '세계화'를 선창(先唱)하기도 했고, 부자 나라 클럽인 경제협력개발기구(OECD)에 조기 가입하는 추진력을 뽐내기도 했다. 그러나 1997년 초와 여름에 잇달아 터진 한보그룹 및 기아자동차의 부실화 사태라는 구체적인 '경제 폭탄'을 제대로 다루지 못해 국가부도위기를 재촉했다.

김대중, 노무현 정부의 대북(對北) 햇볕(포용)정책은 평화 지향적이고 '내셔널리즘' 정서에 부합한다. 하지만 두 정부는 북한의 핵개발을 제어하기는커녕 결과적으로 조장함으로써 대북 정책에 실패했다. 재작년 북의 핵실험은 한마디로 포용정책에 대한 사형집행과 다름없다.

이제 이명박 정부 차례다. 경제에서의 시장과 기업 중시, 외교안보에서의 한미동맹 복원과 핵 폐기를 대전제로 한 대북 지원, 교육에서의 자율과 경쟁 추구, 국가 및 사회 운영에서의 법치 확립…. 이런 기본 노선은 다수 국민의 동의를 얻고 있다. 그렇다고 총론에서만 맴돌 수는 없다. 미국의 서브프라임 모기지(비우량 주택담보대출) 사태 여파에 어떻게 대처할 것인지, 공공개혁과 공기업 민영화의 구체적 현안을 적시에 해결할 수 있을지, 미국 중국과의 외교적 거리 조절을 얼마나 유연하게 할 수 있을지 등등 각론의 시험대에서 성공해야 한다.

불이 나도 못 끄는 '입만의 정부' '퍼포먼스 프렌들리 정부'는 국민 누구도 더 보고 싶어 하지 않는다.

규제 관료 이긴 대통령 없었다

제3공화국식 관치 구태 여전 │ 공무원 변해야 경제 선진화 가능

김영삼(YS) 정부가 중반으로 접어들던 1995년 7월 민선 강원지사가 된 최각규 씨는 아이디어맨답게 지역발전사업을 다채롭게 구상해 부하들에게 추진을 지시했다. 성미가 급한 그는 몇 달째 진척 상황을 보고하지 않는 담당국장을 심하게 "조졌다"고 한다. "그랬더니 국장 말이 '실은 계획이 중앙 모 부처 사무관 서랍에서 움직이지 않고 있다'는 거야. 그런 게 (중앙)정부요, 관료들이니 얼마나 한심해."

최 씨는 1991년 2월부터 만 2년간 부총리 겸 경제기획원 장관으로 노태우 정부 경제팀을 이끌던 최고위 중앙관료 출신이다. 그리고 당시 노 정부는 '정권 차원'에서 규제를 개혁하겠다며 총리 직속의 민관합동 규제완화위원회를 가동했다.

YS는 1993년 2월 취임사에서 3대 개혁을 선언했다. 첫째는 부정부패 척결, 둘째는 경제 살리기, 셋째는 국가 기강 바로잡기였다. 그는 경제 살리기와 관련해 "규제와 보호 대신 자율과 경쟁을 보장할 것"이라고 다짐했다. 이틀 뒤 처음 주재한 국무회의에서도 "국민에게 불편을 주는 각종 규제를 대폭 완화해 국민이 새로운 문민 시대를 맞이했다는 것을 피부로 느끼도록 해야 한다"는 어록을 남겼다.

고건 씨는 YS 정부 말기이던 1997년 3월 국무총리가 되자 "규제를 혁파하겠다"고 밝혔다. 당시 동아일보 경제부장이던 나는 '혁파?'라고 혼잣말을 하며 반신반의했던 기억이 난다.

이듬해인 1998년 취임한 김대중(DJ) 대통령은 "기업의 족쇄를 풀어주겠다"며 규제 완화를 더욱 강조했다. 그해 4월 행정규제기본법이 제정되고 국무총리를 위원장으로 하는 규제개혁위원회가 발족해 변화에 대한 기대를 키웠다. DJ는 또 '원스톱 서비스'의 완전한 실현을 선언했다. 투자에 필요한 모든 행정 절차를 '원샷'에 처리해 주겠다는 것이었다. 숫자에 밝은 DJ는 규제 건수를 절반으로 줄이겠다며 실제로 숫자를 외우기도 했다.

하지만 바로 그 DJ 정부가 지나가고 노무현 정부마저 5년을 마감하려는 지금, 기업이 목청 돋워 간청하고 있는 것이 규제 완화다. 세계는 분초 단위로 변한다는데 이 나라의 규제 시계는 정권이 몇 번 바뀌어도 변함없이 캄캄한 밤이다.

노무현 대통령은 비판언론과 열심히 싸우는 (척하는) 관료들을 더 많이 '내 편'에 두기 위해 정책 실패, 행정 실패, 과잉 규제에 한없이 관대했다. 신상필벌(信賞必罰)의 원칙은 무너졌다. 관료들은 정권 코드에 장단 맞춰주는 대가로 시장과 기업에 대한 규제권력을 한껏 휘두를 수 있었다.

특히 공정거래위원회의 대기업집단 출자총액, 기업 지배구조 등에 관한 규제 및 개입은 끈질겼다. 기업 지배구조를 획일적으로 지주회사 형태로 몰고 가려는 것은 정부가 기업을 관리하기 쉽도록 하려는 행정 편의주의에 바탕을 두고 있다. 정부가 관리하기 쉬운 기업 지배구조는 적대적 인수합병(M&A)을 당하기도 쉬운 구조다.

위원장과 원장이 같은 사람인 금융감독위원회와 금융감독원조차 금융기업들을 이중 규제한다. 건전성 감독만 제대로 하면 될 것을, 일상적인 경영관리(매니지먼트)와 운용(오퍼레이션)까지 시시콜콜 현장감사하는 제3공화국식 구태가 잔존하고 있다. 이들이 과연 그럴 만한 안목과 실력을 갖추었는지부터 의문스럽다.

이명박 대통령 당선인은 "나의 정책 약속은 믿어도 된다. 내가 대통령이 되면 공무원들은 다 (나에게) 맞춰서 먼저 변할 것이다"고 말한 적이 있다. 작년 5월 한나라당 대선 예비후보로 한국신문방송편집인협회가 주최한 언론정책 토론회에 참석했을 때였다. '관료는 대나무 같다'는 말이 생각났다. 지조가 있다는 뜻이 아니라 속이 비어서 누가 정권을 잡든 그에 순응하고 따라간다는 뜻이다. 이 당선인도 공무원의 그런 속성을 염두에 둔 것 같았다.

그러나 군인 또는 '민주화 운동가' 출신의 역대 대통령들은 약간씩 시간 차가 있었을 뿐, 결국 관료들에게 동화되는 길로 걸어갔다. 그 중대한 결과의 하나가 규제개혁의 실패였고, 그에 따라 아무도 '경제 대통령'이 되지 못하고 말았다. 갖가지 규제에 직접 고통 받고, 기가 막힌 규제의 폐해를 몸으로 체험했을 CEO 출신 대통령은 정말 다를 것인가.

악동 대통령 모시고 살기

대통령 유지 비용 너무 많이 든다 | '포스트 노무현'은 달라질까

그해 12월 노무현 당선자는 "5년 뒤의 후보가 저와 사진 찍고 싶어 하는 그런 대통령이 될 것"이라고 다짐했다. 이런 장면을 '성공한 대통령'의 증거로 설정했던 그다. 지금, 그와 함께 사진 찍어 득 좀 보겠다는 대선주자는 없는 듯하다. 혹시 남북 정상회담이 호재로 뜨면 그것에 편승할 생각은 있을지라도, 친노(親盧) 무드로는 승산이 없음을 알기 때문이다. 이는 노 대통령이 처한(자초한) 엄연한 현실이다.

정권 안 빼앗기려고 안간힘 쓰는 여권 사람들은 다수 국민 못지않게 '대통령의 깽판'이 지겹다. 특히 친여 매체들까지 반대하는 취재 봉쇄 조치는 여권의 선거전(戰)을 어렵게 한다는 판단이다.

그래서 5년 전 '대통령 만들기'에 공을 세운 여권 원로가 최근 대통령에게 이른바 취재시스템 선진화 방안을 유보해 달라고 간청했다고 한다. 돌아온 반응은 요컨대 '대통령 그만두라는 말씀입니까'였다.

대통령은 한발 더 나갔다. '축하 영상 메시지 하나 보내 달라'는 PD연합회 창립 기념식에 반(半)불청객으로 직접 찾아가 "하고 싶은 말을 할

자리가 없어 왔다"며 예(例)의 장연설(長演說)을 했다. 거기서 그는 "전(全) 언론사가 무슨 성명 내고, 아무리 난리를 부려도 제 임기까지 가는 데 아무 지장 없을 것"이라고 말했다. 취재 봉쇄를 풀라고 모든 언론이 아무리 들고 일어나도 끄떡 않겠다는 호언이다. 여권 원로는 이 얘기를 듣고 "말릴 수 없는 악동이야"라며 안타까워했다는 후문이다.

많은 국민은 노 대통령이 이제 와서 생각을 바꾸건 말건 별 관심이 없는 분위기다. 달래 봐야 소용없고, 다 끝나가지 않느냐는 거다. 문제는 국민이 부담할 '악동 대통령' 유지 비용이 너무 많이 들고 임기 후까지 이월될 것이라는 점이다.

정부에 대한 취재, 공무원에 대한 접근부터 차단하는 조치는 군사정권의 보도지침 강요보다도 질이 나쁜 원천적인 언론 탄압이요, 국민 알 권리 침해이며, 헌법 위반이요, 민주주의 유린이다. 노 정권에 비판적인 언론뿐 아니라 거의 모든 언론, 관련 전문가, 정치권이 한목소리로 이를 지적한다.

친노 TV 출연 등을 통해 정권 편에서 비판 신문을 일방적으로 공격해 온 언론학자조차 이번 취재 통제 방안에 대해 "수십억 원의 혈세만 삼킨 채 6개월용으로 끝날 것"이라고 비판하는 글을 발표했다. 친노 대선 예비후보가 적어도 4명(김두관, 유시민, 이해찬, 한명숙)이나 있는 통합신당이 어제도 오충일 당대표의 입을 통해 취재 봉쇄 조치를 비난했다.

이런 절대적 반대에도 불구하고 대통령은 '아무리 난리를 부려도(내가 무슨 짓을 해도) 임기 채우는 데는 지장 없다'고 어깃장을 놓고 있다. 대의민주주의 나라에서, "국민이 대통령"이라고 스스로 말했고, '참여정부'라는 문패를 걸어 놓은 자칭 민주화 세력 대통령이 이러고 있다. 그러면서 "저를 그래도 편들어 주던 소위 진보적 언론이라고 하는 언론도 일색으로 저를 조진다. PD 여러분께 간곡히 제가 희망을 건다. 잘 부탁한다"

며 이제는 기자와 PD까지 편 가른다.

국정을 생산적으로 운영해 민생이 풀리도록 이끌고, 사회 각계가 이해 충돌을 완화하도록 '포용의 리더십'을 솔선해서 보여야 할 사람이 대통령이다. 진심으로 하고자 한다면 대한민국 대통령에게는 그럴 수 있는 권능과 영향력이 있다.

그럼에도 노 대통령은 생산보다는 파괴, 통합보다는 갈등, 관용보다는 저주를 택했고 법질서를 지키기보다는 헌법에 기반을 둔 사회를 해체하려는 경향마저 보였다. 민주화 세력임을 스스로 부정하는 것이나 다름없는, 오히려 민주화 세력을 욕보이는 반(反)언론 정책은 그 일부일 뿐이다.

그가 5년 가까이 해 온, 대통령으로서는 삼갔어야 할 갖가지 역주행은 국민의 삶 속에 숱한 후유증을 남겼다. '악동'이라는 여권 원로의 말을 전해들은 한 언론인은 "그 말만으로는 부족하다. '악동'은 오히려 미화"라고 반응했다.

스스로 내던지지 않는 한, 그는 물론 임기를 채울 수 있다. 그에게 행인지 불행인지, 국민의 시선은 진작 '포스트 노무현'에 가 있다. '악동 대통령' 모시고 살기가 여간 힘겹지 않다는 기억과 함께….

박근혜, 빛났다

아름다운 패배가 키운 가능성 | 새 역할로 자신과 국민에 희망을

그는 웃었다. 평정을 잃지 않았다. 늘 그랬듯이, 깨끗하게 인정한 패배의 변도 흐트러짐이 없고 명료했다.

박근혜 씨에게 진심으로 위로의 말을 전하고 싶다. 그는 이달 들어 승기를 잡는 듯도 했으나 작년 10월 이후의 열세를 끝내 뒤집지 못했다. 하지만 결코 무의미한 도전은 아니었다. 본인에게나 국민에게나 희망을 남겼다.

지금 이 나라는 국가지도자 인재 풀이 빈약하다. '노무현의 추억' 때문인지, 국회의원에 출마하듯이 쉽게 '대권 도전'을 선언하는 스몰 포테이토가 줄을 잇지만 아무나 대통령을 할 수 있는 것은 아니다. 범여권에는 DJ의 바짓가랑이를 놓고 홀로 서 보겠다는 인물을 발견하기 어렵다.

이런 풍경 속에서 박 씨는 한나라당 경선에서 석패하긴 했어도 '한국 정치의 자산'임을 공인받았다. 그는 경선 과정에서 '원칙적 보수주의자'의 면모를 더욱 확실하게 각인시켰다. 한나라당의 이번 경선 실험은 박 씨와 관련해 중대한 정치사적 의미를 창출했다. 바로 '여성 대통령의 가능성'을 입증했다는 점이다. 그는 이명박 후보와의 박빙 승부를 통해 여성 대통령에 대한 '실감'을 불러일으켰다. 이처럼 국민 의식과 정치문화를 일거에 업그레이드한 에너지가 그에게서 나왔다.

박근혜와 같은 정치적 자산이 존재함으로 해서 정치의 예측 가능성이 커지고, 그것이 정치의 안정을 낳으며, 정치 안정이 국가 발전의 안전판이 되는 선순환을 기대할 수 있다. 이만한 정치적 자산을 확인하게 됐다는 것은 국민에게 행운이기도 하다.

박 씨는 여론조사의 벽을 끝내 넘지 못했지만 당심(黨心)은 이명박 씨가 아니라 그의 편에 기울었다. 이런 선전에는 '규모는 작지만 충성스러운' 선거 캠프가 한몫을 했다고 추측된다. 여론이 불리한데도 기꺼이 뛰어들어 그를 도운 동지가 많았다는 사실 자체가 '박근혜 리더십'의 또 다른 잠재력이다.

경선 기간, e메일 홍보전 등에서 박 캠프는 집요할 정도로 부지런했던 데 비해 이 캠프는 '후보 주변'에서만 요란했던 감이 있다. 이 후보 측은 '큰 캠프'와 구태의연한 세몰이에 매달린 '상상력 빈곤'이 당심 잡기에서 박 후보 측에 밀린 원인이었음을 깊이 새기고 변화를 모색해야 한다. 건방을 떨면 선거는 망친다. 박 씨는 이처럼 승자 측이 자만에 빠지지 못하도록 하는 교훈도 주었다.

그렇다고 해서 승패가 바뀌지는 않는다. 어제 그는 경선의 기억, 패배의 아픔을 "잊어버리자"고 다짐했다. "며칠 몇 날이 걸려서라도…"라고 한 것은 잊기 어려울 것임을 예감하기 때문인 듯도 하다. 그러나 우선 전투 마인드에서 벗어나 평상심으로 돌아가야 한다.

그의 '강한 정신력'이라면 외환위기 앞에서 '구국의 단심(丹心)'으로 정치에 입문한 10년 전으로 돌아가는 것도 불가능하지 않을 터이다. 당시 그는 "어떻게 일으켜 세운 나라인데…, 이대로 주저앉을 수는 없다"며 눈물을 흘렸다고 한다. 그때 그 마음 하나면 그에게도, 국민에게도 미래가 있지 않겠는가.

주변에서 그냥 내버려 두지 않을 것이다. 내년 총선을 앞두고 이 후보 측의 '공천 보복'을 두려워하는 '박근혜 사람들'이 딴살림을 차리자고 조를지 모른다. 경선 막바지부터 그런 조짐이 있었다. 박 씨를 기다리는 위험한 유혹이다.

역사에 가정은 없다지만, 1997년 대선 때 이인제 씨가 당시 신한국당을 탈당하지 않았다면 명실상부한 '차세대 리더'로 2002년엔 대통령이 됐을 거라고 얘기하는 사람이 많다.

우리 정치사에서 일찍이 박 씨만큼 '졌지만 확실한 대주주'는 없었다. 이제 그는 새로운 역할 모델을 만들어야 한다. 당과 지지자들이 그에게 걸었던 기대가 무엇인지를 성찰해 보면 답이 가까이 있을 법하다. 이번 경선까지의 정치 10년을 돌아보면서 '박근혜의 한계'가 무엇이었는지에 대해서도 눈을 뜬다면 더 좋을 것이다. 원칙에는 힘이 있지만, 작은 원칙들에 너무 매달리면 '왜소한 리더십'으로 느끼는 국민이 늘어날 수 있다.

'보수(保守)의 보수(補修)'를 바라는 많은 국민이 그를 기억하고, 그를 부를 날이 있지 않을까. 박 씨는 1952년생이다. 이명박 씨보다 열한 살이 젊다.

미꾸라지
용 된 나라

"선배들이 피땀 흘려 이뤄놓은 역사 앞에 좀더
겸손하자. 선거 때마다 대한민국 역사를 흠집 내
국민 자존심을 긁는 일은 이제 그만하라."

올해 81세인 차피득 한국필름 회장은 몇 년 전 '우리 국민이 우리나라에 대해 더 큰 자부심과 자신감을 갖도록 하는 시민사회운동'에 여생을 바치기로 결심했다고 한다. 그래서 '한국 최고이자 세계 최고'인 것들을 수록한 소책자를 만들었다. ≪미꾸라지 진짜 용 된 나라 대한민국≫이라는 책이다. 차회장은 이 책을 20만권이나 자비로 찍어 보급하고 해외용 영문판도 냈다.

그렇다. 대한민국은 기적의 나라다. 자립의 가망이 없다고 업신여김 받던 거지나라에서 원조를 하는 나라로 도약했다. 젊은 코리언들은 문화 예술 스포츠 등 많은 분야에서 세계를 깜짝깜짝 놀라게 한다. 분열과 갈등을 줄이고 통합을 이루어 5000만 국민의 잠재력을 극대화한다면 21세기의 더 큰 기적도 가능할 것이다.

그러나 갈 길이 멀고 고칠 것이 많다. 선진국이라고 자부하기엔 후진적 문화와 의식과 관행이 질기게 남아있다. 세계인 앞에 부끄러운 국격(國格)의 단면들도 적지 않다. 더 자랑스러운 대한민국을 위해 누가 무엇을 어떻게 해야 할 것인가.

미꾸라지 진짜 용 된 나라

박정희 논쟁 없이는 못하는 정치 | 역사의 잔가지 아닌 숲을 보라

두 책을 소개하고 싶다. 이 시대 최고의 한국정치사학자 김일영(1960~ 2009)이 이승만·박정희 시대를 조명한 《건국과 부국》이 하나고, 차피 득 한국필름 회장이 작년 이후 19만 부를 비매품으로 찍어 세상에 나눠준 소책자 《미꾸라지 진짜 용 된 나라 대한민국》이 하나다.

　김일영이 노무현 정권 3년차이던 2005년에 낸 《건국과 부국》은 객관 성 있는 역사해석으로 이념적 성향을 떠나 학계의 주목과 평가를 받았다. 그는 이 책에서 2012년 대선 정국을 예언이나 한 듯하다. 역사를 정치적 으로 공방하는 데 가담하고 있는 정치권과 정치패거리가 된 일부 먹물들 이 한번 읽기를 권한다. 나이 50을 넘기지 못하고 가버린 '학자다웠던 학 자' 김일영이 너무 아깝다. 김일영의 《건국과 부국》 개정신판 에필로 그(박정희 정권, 어떻게 볼 것인가)를 열어보자.

　'한국 근현대사를 둘러싼 논쟁의 중심에는 항상 박정희가 있다. 현재 (2005년 노무현 집권기) 만들어지고 있는 과거사 관련 법안의 상당 부분 도 그를 겨냥한 측면이 있고, 향후 대권 구도와 관련해서도 그는 여전히 중요한 변수로 남아 있다.

　죽은 지 25년(지금 기준 32년)이 넘었음에도 여전히 박정희가 현실정치의 중심에 있다는 바로 그 사실이 그를 둘러싼 논쟁이 보다 학문적이고 객관적으로 진행되는 것을 방해하고 있다. 그가 관련되는 논쟁은 아카데믹한 차원에서 시작되었어도 어느새 현실 정치세력의 정파적 이해관계에 침윤되는 수가 많기 때문이다. 박정희 정권의 수혜자와 피해자가 아직 다수 남아있다는 점도 박정희에 대한 객관적 평가를 방해하는 요인이다.

　흔히 영국은 시민혁명과 산업혁명이라는 정치발전과 경제발전의 획기적 사건을 순차적으로 겪으면서 양자를 조화 있게 발전시켜 온 대표적 국가로 간주되고 있다. 그러나 영국이 민주화와 산업화를 동시적으로 수행하지 않았다는 점이 증명되었다. 실제 영국의 경험은 산업화를 거쳐 민주화로 나아갔다는 점에서 그 후의 대부분의 국가들의 경험과 별반 다르지 않다. 이 점에서 영국은 병행발전이 쉽지 않음을 보여주는 '선구적 예'로 보는 것이 타당하다.

　산업화 초기 단계에 민주주의에 의거해 경제를 도약시킨 사례를 찾기는 정말 어렵다. 독일 이탈리아 일본 등의 후발 산업화 국가들뿐 아니라 사회주의적 방식의 산업화를 추진한 구소련이나 동구권 국가들, 그리고 최근의 동아시아 신흥공업국에 이르기까지 산업화의 초기 단계에서 민주주의와 경제발전을 성공적으로 병행시킨 나라는 없었다. 이 점에서 박정희 정권하에서 일어난 권위주의적 경제발전은 영국을 '선구적 예'로 하는 일반적 경험에서 보아 크게 일탈된 것이라고 보기 어렵다. 실존하지도 않았던 영국 모델을 근거로 한 '민주주의와 경제발전의 병행론'을 가지고 박정희 시대를 비판하는 일도 이제는 그쳐야 한다.

　이렇게 산업화 과정의 불가피한 희생의 측면을 고려했다고 해서 박정희 정권에 대한 여러 비판이 의미를 잃는 것은 아니다. 다만 산업화가 호오(好

惡)의 가치판단을 떠난 피할 수 없는 운명과도 같은 과정이라는 점과 그러한 운명적 과정을 떠맡아 추진한 박정희 정권에게 그 시대의 모든 문제를 귀속시키는 오류를 범하지 말자는 것이 필자가 말하고자 하는 요체이다.'

올해 80세인 차피득 회장은 ≪미꾸라지 진짜 용 된…≫이란 책의 표지에 '나라를 사랑하는 마음으로 꼭 읽어주세요' 라고 썼다. 그는 이 책에서 '덜 여문 보리 이삭을 미리 잘라다 허기를 면하던' 시절을 회상하고, '이 지구상 그 많은 나라 중에 하필이면 한국에서 태어나 이 고생을 하나' 한탄했다고 털어놓았다. 차 회장은 바로 그 대한민국이 2차 세계대전 후에 식민지에서 독립하거나 새로 탄생한 85개국 가운데 유일하게 산업화와 민주화에 모두 성공한 것을 '미꾸라지 진짜 용 된 나라' 라고 쉽게 표현했다. 그러면서 한국 최고가 세계 최고로 된 사례를 수없이 열거했다.

이런 내용도 있다. '만약 우리나라가 일본으로부터 독립한 후 지금까지 북한처럼 굶어죽고 못사는 나라로 남아 있었더라면, 일본의 기만적 한일합방은 일본 주장대로 정당화되어 일본 사람으로부터 거봐라 라고 조롱을 받을 뻔했다. 우리도 이제 우리나라의 자랑스러운 인물 이승만 박정희 정주영 이병철 박태준 같은 인사들을 교과서나 위인전에 올려 자라나는 어린이들에게 희망을 주고, 또 긍지를 갖게 하고, 우리 민족의 우월성을 널리 알릴 때가 되었다.'

김일영, 차피득 두 사람의 글을 소개하며 나는 이런 말을 덧붙이고 싶다. 역사의 잔가지가 아닌 숲을 보자. 외눈이 아니라 두 눈으로 역사를 보자. 선배들이 피땀 흘려 이뤄놓은 역사 앞에 좀더 겸손하자. 선거 때마다 대한민국 역사를 흠집 내 국민 자존심을 긁는 일은 이제 그만하라.

올림픽은 말한다

땀은 역시 아름답다 | 나의 '한계'도 경신할 수 있을까

홍명보 축구팀의 전력이 영국 대표팀보다 우위라고 믿는 사람은 없다. 한국의 승리는 확률 낮은 이변이다. 하지만 이변이라고 해서 그런 결과를 부정한다면 세상 이치를 모르는 거다. 의외성은 인간사의 빼놓을 수 없는 요소다. 그것은 때로는 행운을 낳고, 때로는 불행을 만든다.

영국은 홍명보 팀을 얕잡아봤다. 브라질과 격돌하기 전에 몸 푸는 상대쯤으로 한국을 대했다. 그 지점에 우리가 비집고 들어갈 틈이 생겼다. 아마추어인 나 같은 사람도 경쟁자들을 슬쩍 깔보는 순간 실수를 하고 점수를 잃는 경험을 한다. 교만은 집중의 적(敵)이다.

역전, 패자부활, 기사회생, 사라진 가능성에 생명을 불어넣은 승리! 스포츠뿐 아니라 인간 만사에 존재한다. 지금 힘든 사람들도 용기를 내보면 어떨까. 그러나 땀 안 흘리고 이기는 요행을 바란다면 도박장에서 일확천금해 '인생 역전' 하겠다는 사람들만큼 어리석다.

그제 런던 올림픽스타디움을 누빈 우사인 볼트는 여유만만한 '번개'였다. 타고난 신체조건과 체력을 신이 선사했기 때문이라고 시샘하는 사람도 있을지 모른다. 하지만 그가 얼마나 혹독한 훈련을 하는지, 그래서 '도망가고 싶다'는 생각을 얼마나 자주 하는지, 그를 8년간 조련시켜 온 글렌 밀스 코치가 순둥이 같은 표정과는 딴판으로 얼마나 무섭고 집요한지 알게 되면 질투를 포기할 수밖에 없을 것이다. 3년 전 볼트는 100m 9초40 기록을 목표로 밝히면서 "내 땀방울이 해낼 것"이라고 했다.

우리의 작은 영웅 양학선은 태어날 때 체중이 2.3kg이었다. 그가 한국체조 첫 올림픽 금메달을 거머쥔 것은 '탁월함을 향한 구도(求道)'의 결과다. 뜀틀에서 1080도 공중회전 기술인 '양학선(양1)'을 창조하고 완성하기까지 하루 수백 번, 10년 수만 번 뜀틀을 넘었다. 그는 노력가 이상의 혁신가다.

양학선도 볼트도 '노력하는 사람이 곧 능력 있는 사람'임을 웅변한다. 훈련과 공부와 일의 고통을 이겨내는 지구력은 승리와 성공을 위한 능력의 ABC라 할 것이다. 땀은 역시 아름답다.

그토록 땀 흘렸음에도 신아람, 조준호, 그리고 박태환은 오심의 희생양이 됐다. 국민도 분하다. 이들에게 위로의 말을 전하면서 "그래도 여러분의 억울함은 세계가 지켜봤고 알고 있다. 세상에는 타인의 오판이나 오해 때문에 눈물 흘리는 사람이 참 많다. 이들을 생각하면서 상처를 달래고 다시 꿈을 꾸라"고 덧붙이고 싶다.

사격 2관왕 진종오의 '마지막 한 발'은 무얼 말해주는가. 자신감과 집중력이 경쟁자를 압도했기 때문에 역전이 가능했다. '마음 비운' 집중력과 자기 신뢰는 어디서 나오는가. 선천성도 전적으로 부정할 수는 없지만 '타고난 강심장'이라는 한마디로 선수들의 절차탁마(切磋琢磨) 노력을 과소평가해선 안 된다.

아마추어도 '이 순간, 이 부분에 집중하면 적중시킬 수 있다'는 자신감을 연습을 통해 키울 수 있음을 경험한다. '의지력도 훈련으로 강화할 수 있다'는 실험 결과는 오래전에 나왔다. 모든 스포츠에서 멘털(정신력)이 중요하지만 이 또한 노력에 크게 좌우된다.

양궁의 기보배는 멕시코의 아이다 로만과 슛오프(연장전)까지 가서야 승부를 갈랐다. 기보배의 마지막 8점은 몇십 초 사이 국민을 낙담과 환호의 극적 반전으로 몰아넣었다. 70m 거리에서 쏜 화살의 2cm 차! 이런 간발의 우열승패는 실은 다른 경쟁의 세계에도 허다하다. 승부의 비정함이라고도 하지만 이 또한 인간 세상의 진면목이다. 피한다고 이길 수 있는 것이 아니라면 더 당당하게 승부와 대면할 일이다. 눈을 감거나 등을 돌리면 지는 거다.

스포츠에서는 극적이고 짜릿한 승부를 기대하면서 다른 현실 공간에서는 경쟁 없는 세상을 바라는 것은 자기모순이다. 경쟁 없는 세상을 만들어줄 것처럼 떠벌리는 부류가 있더라도 그런 거짓말에 속으면 경쟁의 기회만 놓치고 낙오자가 되기 쉽다. 제 자식은 고액 사교육, 특목고, 해외 유학으로 출세시키면서 사회를 향해선 '경쟁 없는 교육'을 외치는 정치인과 교육자는 위선자다.

스포츠의 0.01초 기록 경쟁은 인간의 한계지점을 끝없이 갈아 치운다. 나 같은 중노년의 보통 인간도 신체적 정신적 한계점의 경신이 가능할까. 지금이라도 뭔가 찾아서 한번 도전해 볼까. 런던 올림픽에서 멋지게 싸우는 대한의 아들딸들이 이런 발심(發心)을 해보게 만든다.

퇴장하는 장미란에게 가장 큰 박수를 보내고 싶다. 누구나 언젠가는 정상에서 내려와야 한다. 볼트도 그럴 것이다. 영광을 뒤로하고 내려온 뒤 '잊혀지는 것'에 대해서도 연습이 필요할지 모른다. 인간은 쓸쓸한 퇴장을 피할 수 없다. 그것이 인생이다.

쇠고기 · 4대강 · FTA···
반대 반대 반대

광우병 광란 닮은 FTA 무효 투쟁 | "진보의 개방 반대론 맞은 게 없다"

"저 아직 15년밖에 못 살았어요!" 여중생들이 미국산 쇠고기 먹고 죽기는 싫다며 거리로 뛰쳐나왔던 광우병 광란이 잊혀질 만하자 이번엔 '나라 팔아먹는 한미 자유무역협정(FTA)' 무효 투쟁이다. 한미 FTA 때문에 미국의 식민지가 된다는 절규다.

연간 무역액 1조 달러, 수출 세계 7위의 통상(通商) 강국에서 벌어지는 일이 맞나 싶어 어안이 벙벙하다. 10년 전 브릭스(BRICs · 브라질 러시아 인도 중국)의 급부상을 예측해 적중시켰던 짐 오닐 골드만삭스자산운용 회장이 사흘 전 MIKT(멕시코 인도네시아 한국 터키)의 약진을 예고했지만 한미 FTA 반대세력에게 한국은 "통상 주권을 잃은 나라"일 뿐이다.

2008년 진보신당 소속의 심상정 전 의원은 한미 쇠고기 협상 당국자인 농림 · 외교부 장관, 농림부 차관보, 통상교섭본부장, 대통령외교안보수석 비서관을 '광우병 5적(賊)'이라고 딱지 붙였다. 지난달 민주당 소속 정동영 의원은 한미 FTA 협상 주역인 김종훈 통상교섭본부장을 '낯선 식민지로 끌고 가는 옷만 입은 이완용'으로 묘사했고, 민주당 민노당 등 야 5당은 어제 드디어 김 본부장을 직무유기 혐의로 검찰에 고발했다.

3년 반 전 서울 도심을 뒤덮었던 광우병 시위자 가운데 요즘도 쇠고기를 미국산인지 아닌지 따져가며 먹는 사람이 있는가. '미국산 쇠고기는 양잿물보다 위험하다'는 괴담을 퍼뜨리며 "국민 생명권 사수"를 외치던 사람들이 지금은 국민 생명권이란 말을 입 밖에 꺼내지도 않는다.

광우병 촛불시위가 본격적으로 시작된 것은 2008년 5월 2일이었다. 그에 앞서 4월 26일 북한의 대남혁명 전위조직인 반제민전은 자체 웹사이트인 '구국전선'에 '미국산 쇠고기 수입과 관련하여'라는 대남 선동문을 띄웠다. 북은 촛불시위 투쟁지침까지 잇달아 '하달'하면서 "더욱 과감한 투쟁으로 이명박을 제때에 매장해야 한다"고 남측 시위꾼들을 채근했다.

요즘 북한은 한미 FTA를 '망국조약, 살인협정'이라고, 정부여당을 '이완용, 사대(事大) 매국노'라고 낙인찍는 대남 선동에 매진하고 있다. 비준에 찬성한 한나라당 의원들의 정치생명을 끝장내야 한다고 부추긴다. '통상주권 상실, 미국경제 편입'을 입에 올리는 국내 일부 세력의 주장과 참 비슷하다.

지금은 세계 최빈국으로 추락했지만 1970년대 초반까지만 해도 북한은 남한보다 잘살았다. 현재 남한의 1인당 국민소득이 북한의 20배 이상이고, 국민총생산은 40배를 넘는 극단적인 경제 격차는 바로 개방과 폐쇄의 결과다. 쇄국(鎖國)으로 이천수백만 주민을 굶기면서 개방경제를 한 단계 업그레이드시킬 한미 FTA를 "을사늑약과 똑같다"고 하는 저들이 측은하다. 광우병 시위 때도 북한은 썩은 쇠고기조차 없어서 못 먹는 주민들을 외면한 채, 미국산 쇠고기 먹으면 광우병 걸린다며 우리 국민을 걱정했다. 이번엔 우리가 미국과 FTA 맺은 걸 걱정해준다. 넉살도 좋다.

나는 언론인으로서 노무현 전 대통령과 불화(不和)한 편이다. 하지만 2007년 6월 칼럼집 ≪대한민국 되찾기≫를 내면서 머리말을 이렇게 시작했다. '2007년 4월 2일은 역사적인 날이다. 한국과 미국 정부가 자유무역 협정 협상을 타결한 것이다. 교섭의 시작도 마무리도 노무현 대통령이 주도했다. 이 사실은 노 대통령이 개방, 경쟁, 자유시장경제의 중요성을 인식하고 있음을 말해준다.'

노 전 대통령은 2009년 발간된 저서 ≪성공과 좌절≫에서 다음과 같이 썼다. "개방문제와 관련해서 진보주의자들의 주장이 이후에 사실로 증명된 것이 없습니다⋯WTO(세계무역기구) 가입도, OECD(경제협력개발기구) 가입도 반대했는데 가입하지 않았더라면 한국이 어떻게 되었을까요? 외국 자본이 들어와 한국 자본을 지배해서 한국 국민들을 노예화한다는 논리가 결국 다 바뀌지 않았습니까?"

민주노총을 기반으로 하는 민노당이 한미 FTA를 가장 극렬하게 반대하는 것도 자기모순이다. 한미 FTA로 수출이 늘면 다수의 민노총 산하 노조원들이 그 수혜자가 된다. 그럼에도 한미 FTA 무효 투쟁에 앞장서는 것은 노조원들을 위해서가 아니라 반미(反美) 반정부를 위해서일 것이다.

한미 FTA 반대세력은 국가 이익이나 절대 다수 국민의 이익 이전에 자신들의 진영 결속과 정권 탈환만 생각하는 사람들이 대부분이라고 나는 단언한다. 이들이 이명박 정부를 겨냥해 벌인 광우병 투쟁, 4대강 투쟁, FTA 투쟁은 '잘못된 3대 반대'로 역사에 남을 것이다.

이포보는 말한다

눈으로 확인한 4대강 사업 효과 | '반대를 위한 반대'의 악습 끊어야

안철수씨가 자신의 인기를 박원순씨에게 얹어주면서 서울시장 불출마를 밝히던 어제 오후, 나는 경기 여주 남한강 이포보(洑) 주변을 둘러보았다. 30년에 한 번 올 만한 한강 홍수를 막을 수 있는 저류지가 서울 여의도의 3분의 2 크기로 생겨 있었고, 생태공원 운동장 캠핑장 산책로 자전거길 테마광장 같은 친수공간이 터 잡고 있었다.

공사가 90%쯤 끝나 있었는데, 완공되면 강변이 훌륭한 생활레저 공간으로 탈바꿈할 것 같았다. 가로수 길은 잘 생긴 메타세쿼이아를 비롯한 교목(喬木)과 수백만 그루의 키 작은 나무, 그리고 풀꽃이 어우러져 몇 년 뒤에는 명품이 되지 싶었다.

해마다 범람했던 지천이 본류 하상을 평균 3m 준설한 덕에 올여름엔 끄떡없었다고 한다. 지겹도록 비가 많이 왔지만 본류의 수위가 준설 전에 비해 2.6m 정도 낮아져 지천 물도 잘 빠졌던 것이다.

무분별하게 널려 있던 비닐하우스와 마구 버려진 생활 쓰레기로 오염됐던 인근 일대를 정비하고, 샛강 습지 같은 하천 생태계를 복원한 결과

환경도 좋아졌다. 일부 환경단체와 언론은 공사 때문에 여주 습지에서 자생하는 국화과의 다년생초 단양쑥부쟁이가 멸종할 것이라며 사업에 반대했지만, 그런 일은 일어나지 않았다. 몇 년 전 어느 스님이 경부고속철 건설 때문에 경남 천성산의 도롱뇽이 사라질 것이라며 단식을 하는 바람에 공사가 지연됐지만, 고속철이 개통된 뒤에도 도롱뇽은 번성하고 있다는 소식이 전해졌던 일이 떠올랐다.

4대강 사업을 끈질기게 반대해 온 어느 야당 의원은 며칠 전에도 외국인까지 대동하고 이포보를 찾아와 반대 행동을 하려다 주민들의 항의를 받고 물러갔다고 한다. 작년 7, 8월 공사 중이던 이포보 위에서 40여 일간 농성을 벌였던 환경단체 회원들과 이들을 찾아가 응원했던 야당 정치인들은 "보를 세우면 물이 썩고 환경이 오염된다"고 했다. 그러나 세계 최첨단 기술을 활용해 승강(상하이동)식으로 멋지게 만든 이포보는 그럴 걱정이 없어 보였다. 4대강 사업으로 새로 들어선 여러 보는 회전식 승강식 전도식 등 저마다 형태는 다르지만 물을 비축하고 홍수를 막으며 환경을 개선하는 데 한몫할 것이다. 소규모이긴 해도 수력발전까지 가능해 에너지를 덤으로 얻게 됐다.

어제 오후 이포보에는 4대강살리기추진본부의 차윤정 환경부본부장도 와 있었다. 생태 전문가인 그는 "사업이 본격화한 지난 1년여 동안 혹시나 환경 문제가 생기면 어쩌나, 때론 불안하기도 했지만 이제 마음의 짐을 내려놓았다"며 웃었다. 강은 생태계의 중요한 기반이다. 물이 풍부하고 수질이 좋으면 우선 천변 생태계가 건강해진다. 그런데 우리 강들은 그동안 많이 메마르고 병들어 있었다. 이번 4대강 사업이 물난리를 줄이고 수자원을 늘리며 생태계 복원까지 도울 것이라고, 물고기 떼를 보면서도 믿게 된다고 차 부본부장은 말했다.

아직 완공은 안 됐지만 며칠 뒤 추석 연휴 기간에 이포보와 그 상류의 여주보 강천보 일대를 일시 개방한다고 이충재 서울지방국토관리청장이 알려줬다. 4대강 반대운동을 해온 사람들도 고향 오가는 길에 한 번쯤 들러 조금은 따뜻한 눈으로 변모한 강을 바라봐 주었으면 싶다.

아쉽게도 낙동강은 좀 더 기다려야 할 모양이다. 정부는 원래 한강 금강 영산강 낙동강 사업을 10월 중순까지는 다 끝낼 계획이었다. 하지만 작년 7월 취임한 김두관 경남지사는 워낙 강경하게 낙동강 사업에 제동을 걸었다. 결국 정부가 사업권을 회수했지만 한강 금강 영산강에 비해 공기(工期)가 두 달 정도 지연됐다. 시간이 돈이고, 이 돈은 국민 부담인데 김 지사는 이런 결과에 책임을 느끼고 있는지 궁금하다.

4대강 사업에는 22조 원이 든다. 야당은 이 사업만 안 해도 복지를 늘릴 수 있다고 주장했다. 그러나 이들은 홍수 때문에 국민이 부담한 세금이 2002~2006년 5년간만도 34조 원을 넘었다는 사실은 말하지 않았다. 다른 얘기지만 과거 좌파 정권들이 북한에 8조 원 이상을 퍼주지 않았더라면 국민이 세금을 덜 내거나 그 돈으로 복지를 확대할 수 있었을 것이다. 퍼주기 햇볕정책은 북한 주민의 삶은 개선시키지 못한 채 김정일 김정은 세습정권의 안정과 핵 개발만 도왔다.

나는 작년 7월 '강은 다음 정권에서도 흘러야 한다'는 칼럼에서 이 강토의 젖줄이 건강해지도록 4대강 사업을 돕지는 못할망정 방해만이라도 말아 달라고 반대 세력에게 주문했다. '반대를 위한 반대'의 악습은 이제 끊어낼 때도 됐다.

코리안 웨이브, 아시아를 휩쓴다

자랑스러운 세계 속 한류 영웅들 | 규제 풀면 교육–의료 한류도 가능

지난해 11월 말레이시아 수도 쿠알라룸푸르에서 동남쪽으로 80km 떨어진 세렘반 지역에 있는 삼성 3개사(전자·SDI·정밀소재) 생산단지를 볼 기회가 있었다. 현지 종업원은 5000명으로 말레이시아 인구 2800만 명의 5600분의 1이지만, 이들이 이 나라 국내총생산(GDP)의 2%를 창출한다는 설명이었다. 20년 전 삼성SDI 공장이 들어서기 전까지 세렘반은 야자수 농장만 있는 낙후된 농촌이었다.

　종업원들은 참 순박해 보였다. 이들은 일감이 많으면 잔업도 열심히 한다. 그런데 잔업 인원이 눈에 띄게 줄어드는 날이 있었다. 현지 TV에서 한국의 인기 드라마를 방영하는 날이었다.

　미국 CNN은 지난해 12월 31일 '대중문화의 한류(Korean Wave)가 아시아를 휩쓸고 있다'고 보도했다. 방콕의 화장품 가게들은 '한국인과 닮게 해주는 화장'으로 젊은 태국 여성들에게 인기를 끈다고 한다. TV드라마로 시작된 한류는 어느새 'K-pop'으로 불리는 대중가요에서도 젊은 세대를 매료시키는 신(新)한류로 진화했다. 한류는 영화 비디오게임 등

다른 문화산업 분야로도 확산되고 한국스타 닮기, 한글 배우기, 한식 먹기, 한국제품 갖기, 한국패션 따라하기, 한국 여행하기로 이어진다. 한류 열풍이 센 나라에서는 '메이드 인 코리아' 제품의 선호도 역시 높다.

신승일 한류전략연구소장은 "한국이 아랍에미리트(UAE) 원전을 수주한 것도 2005년부터 한류 드라마가 UAE에서 선풍적인 인기를 모은 것과 무관하지 않을 것"이라고 했다. 두바이 공주 셰이카 마이타는 현빈의 열렬한 팬이라고 한다. 수년 전 터키의 한 요인은 한국의 수출기업이 사업상 애로를 털어놓자 "대장금의 이영애를 한번 보게 해주면 도와주겠다"고 농반진반(弄半眞半)으로 말했다는 일화도 있다. 최재철 모로코 주재 대사는 아프리카 대륙의 모로코에도 한국드라마를 비롯한 한류 바람이 불고 있다고 작년 말 국내 언론에 소개했다. 남한 인구는 세계 인구의 140분의 1이다. 국토는 더 작다. 이런 나라가 아시아뿐 아니라 중동과 아프리카에까지 한류 붐을 일으키고 있다니 경이로운 일이다.

일본 공영방송 NHK는 지난해 8월 25일 밤 톱뉴스로 한국 걸 그룹 열풍을 5분간 보도했다. NHK는 그룹 '카라'를 예로 들어 "외모 댄스 가창력 등 모든 면이 일본 아이돌 이상"이라며 수년간의 연습생 생활을 통해 확실히 훈련돼 있다고 소개했다. 일본 팬들은 '소녀시대'의 그룹댄싱에 감탄하며 단순한 아이돌이 아니라 아티스트로 바라본다.

음악 프로듀서 출신인 신경과학자 대니얼 레비틴은 한 분야에서 최고의 경지에 오르려면 1만 시간의 노력이 필요하다는 이른바 '1만 시간의 법칙'을 내놓았다. 대성한 한류 스타들은 보통 사람들이 견디지 못하는 것을 참으며 기량을 갈고닦은 끝에 그 자리에 섰다. 요행은 안 통한다. 한국이 세계 7위의 수출대국이 된 데도 한류 스타들의 피땀이 밑거름이 됐다.

코리안이 어떻게 이토록 위풍당당해졌는지 꿈만 같다는 생각이 든다.

불과 13년 전까지만 해도 일본 대중문화에 점령당할 것이 두려워 대일(對日) 문화개방을 하지 못한 나라다. 그게 오히려 일본 문화에 대한 동경심을 키웠다. 1998년의 1차 개방 이후 2004년의 4차 개방까지 일본 문화에 빗장을 열어줬지만 오히려 한류가 일본에서 더 큰 위력을 발휘하고 있다. 제품 수입개방을 했기 때문에 우리 제조업들이 더 악착같이 살아남아 세계적 경쟁력을 확보한 것과 비슷하다. 한국 제조업, 스포츠, 대중문화의 세계적 강세를 보면서 다른 분야의 우물 안 개구리 체질도 바꿔냈으면 싶다. 스스로를 얽어매는 규제를 풀면 교육 한류, 의료 한류도 불가능할 리 없다.

정치가 30년 전의 '독재 대(對) 반독재' 프레임에 갇혀 있는 현실이 개탄스럽다. 독재 국가가 세계 7위 수출국이 되는 건 불가능하다. 이코노미스트가 발표한 2010 세계 민주주의 지수에서 한국은 영국 바로 다음이고 일본보다 앞선 20위로 '선진 민주국가'다. 이런 나라에서 아직도 "독재타도" 구호로 정치를 하고, 시대착오적 이념으로 '한국인이 특히 잘할 수 있는 분야'의 규제를 고집하는 것은 서글픈 일이다. 한미 자유무역협정(FTA)도 다분히 이념적 편 가르기로 반대하는 세력이 설친다. 진취적이고 글로벌화 된 세대가 나라의 희망이다. 북한에도 한류가 스며들면서 밑에서부터 변화가 일어나고 있다는 소식이다.

서울의 G20과
평양의 김정일 부자

코리아 성취의 증거 '이명박 의장' ┃ 아시아 시대, 기회 다 팽개치는 북한

이 아침에 자랑스러움과 부끄러움이 겹친다. 오늘(2010년 11월 11일) 대한민국은 지구 차원의 행사 삼관왕이 된다. 88 서울 올림픽, 2002 한일 월드컵, 그리고 G20 서울 정상회의다.

88 올림픽은 빌어먹던 나라 코리아가 산업화와 민주화의 성공을 세계에 공인받고 자축하는 축제였다. 35년 망국민(亡國民)이 이렇게 부활한 것은 유례가 없는 눈물과 땀의 기적이다. 축구가 꼭 국력의 상징은 아니고, 그것도 반쪽 월드컵이었지만 그때 우리는 목줄이 터져라 '대한민국'을 외치며 하나가 됐다.

이번에는 세계 총생산의 85%를 차지하는 주요 20개국(G20) 정상들이 서울에 모였고, 그 의장석에 이명박 대통령이 앉았다. 한국은 미국, 영국, 미국, 캐나다에 이어 5번째 G20 정상회의 주최국이자 신흥국으로선 첫 개최국이다. 강대국들이 만든 규칙에 따라야만 했던 나라가 강대국들의 이해를 조정하고 규칙을 새로 만드는 주역으로 격상했다. 이런 한국이 자랑스럽다.

1960~2008년 세계경제는 평균 5.8배 성장했다. 그 사이 한국경제는 28배나 컸다. 세계지도를 펼쳐보면 참으로 작은 나라, G20 중에서도 가장 작은 나라가 이렇게 달려 여기까지 왔다. 러시아 국토는 남한의 172배, 미국은 97배, 중국은 96배다. G20 가운데 우리 다음으로 면적이 좁은 영국도 2.4배다.

G20 서울 정상회의 결과는 내일까지 봐야 안다. 주요국의 첨예한 이해 대립을 충분히 해소하기는 어렵다. 그러나 한국은 적극적 아이디어와 중재노력으로 환율 문제 같은 난제들의 접점 찾기에 적지 않은 성과를 이끌어냈다. 정부는 특히 모범적 경제개발 경험을 바탕으로 선진국과 개도국의 가교를 자임하며 '개발 의제'를 주도했다. 이는 선진국이 하기 어려운 역할로 장래에도 우리가 리더십을 발휘할 여지가 많은 분야다. 한국은 이번 회의 결과를 사후 점검하면서 내년의 파리 회의까지 의제 협의 등에서 상당한 역할을 할 수 있다.

그럼에도 성취의 열매는 함께 따먹으면서 G20 회의건, 자유무역협정 (FTA)이건 정부가 하는 일이면 무조건 재를 뿌리는 세력이 있다. 이들은 한미 FTA 추가 협상의 최종 결과도 나오기 전에, FTA 전체에 대한 구체적 종합적 득실 분석도 없이 '반대 투쟁'부터 외치고 나선다. 최종 결과가 국가 경쟁력 향상, 수출과 투자 증대, 일자리 창출 등에 총체적으로 도움이 된다면 수용하는 것이 국익이다. 시간을 허비하면 이익은 줄거나 사라진다. 한미, 한-유럽연합 FTA는 우리나라 수출의 중국 의존도가 40%로 지나치게 높아진 상황에서 중국발(發) 영향과 충격을 완충하기 위해서도 긴요하다.

한국은 작은 나라지만 남북을 합친 22만 km²는 영국의 24만 km²에 근접하고, 인구는 7400만 명으로 영국의 6100만 명보다 많다. 그 정도 규모의 영국이지만 20세기 초까지만 해도 '해가 지지 않는 대영제국'으로 불린 세계 슈퍼파워였다. 남북한 합계 인구는 선진 7개국(G7) 가운데 프랑스(6200만) 이탈리아(6000만) 캐나다(3300만)보다도 많다.

그런데 한국에 세계의 지도자들이 모여들 때 북한은 김정은이 나무를 심으면 세계에서 유일하게 바로 열매가 맺힌다는 잠꼬대 같은 우상화 쇼나 벌이고 있다. 이산가족을 만나게 해주는 대가로 쌀과 비료를 내놓으라고 남측을 협박하는 것 말고는 경제를 살릴 능력이 없는 김정일 부자를 세계는 비웃고 있는데 말이다.

인공위성에서 찍은 사진을 보면 남쪽은 하얗게 밝고 북쪽은 칠흑 같다. 북한 유일의 국제선 공항인 평양 순안공항에서 뜨는 항공편은 일주일에 9편이다. 한국은 지방 국제공항들을 빼고도 인천공항에서만 순안공항의 233배인 주 2095편이 뜬다. 북한경제는 주민 소득통계가 무의미할 정도로 극소수 특권층만 배를 채우며 개혁도 개방도 거부하는 경제다.

아시아가 세계 경제파워의 주역으로 떠오른 시대, 한국이 G20 정상회의 초청국이 된 시대에 북한은 어떤 기회도 살리지 못하고 있다. 북쪽 주민 2400만은 남쪽의 5000만 국민과 똑같이 우수한 우리 민족이다. 이들의 잠재력을 말살하고 고통만 안기는 김일성 왕조는 참으로 시대착오적이고 반민족적이다. 그럼에도 남쪽의 일부 세력은 북한을 변화시키려 하지 않고, 기적을 이룬 남쪽 역사를 오히려 '기회주의가 득세한 역사'라며 부정한다. 이런 북한과 남쪽의 김정일 추종세력이 부끄럽다.

강은 다음 정권에서도 흘러야 한다

복원 반대, 환경 빙자한 자연 학대 | 강 버린 조상, 후손들이 우러를까

40대 후반의 직장인 H 씨는 토요일이면 경기 성남시 분당에서 서울 여의 도까지 자전거를 탄다. 매주 왕복 50여 km를 달리다 보니 하체가 탱탱해 졌다고 자랑한다. 2, 3km 산책하는 정도지만 나도 한강의 혜택을 누리는 사람이다. 강바람, 수변의 풀과 꽃, 멀리 문득 변하는 산색을 통해 느끼는 봄 여름 가을 겨울의 맛을 포기하기 어렵다.

그저 물이 흐르는 강에서 사람이 함께 노니는 강으로 탈바꿈한 것은 1982~86년의 한강종합개발 덕이다. 한강공원과 둔치 산책로 자전거길 꽃밭길에서 걷고 뛰고 공도 차고 데이트도 하고 결혼행진곡도 울리는 것 을 자연 파괴의 결과라고 말할 수는 없다.

서울을 관통하는 한강 일부만 문화 스포츠 레저 경제 복합공간으로 잘 가꾸어진 것을 멀리 떨어져 사는 국민은 배 아파할지도 모르겠다. 낙동강 금강 영산강에다 섬진강까지, 그리고 한강도 강원 경기 충청 지역까지 '사람과 자연이 더 친화할 수 있는' 공간으로 가꾸어주는 게 균형발전과 형평의 논리에도 맞다.

'빈곤의 경제학'으로 유명한 영국 옥스퍼드대 폴 콜리에 교수가 두 달 전 파이낸셜타임스에 '새로운 자연의 윤리를 향해'라는 글을 기고했다. 그는 "자연이 착취되고 있다고 하지만 발달된 최신 테크놀로지를 활용해 자연을 제대로 보호하지 않는 것이 더 심각한 문제"라고 지적했다. "낭만적 환경주의자들은 자연보전이 미래 세대를 위한 도덕적 의무라고 주장한다. 그러나 자연이 중요한 것은 그 자체의 순수성 때문이 아니라 활용 가치가 있기 때문이다. 미래에 대한 우리의 의무 역시 자연자원을 있는 대로 두는 것이 아니라 더 생산적인 자원으로 바꿔 그 가치를 물려주는 데 있다. 자손들도 조상이 그러기를 바랄 것이다."

　우리나라에서는 미래 세대까지 갈 것도 없이 당장 현재 세대가 병든 강 때문에 막대한 재산과 인명 피해를 입고 있다. 2002~2006년 사이만 보더라도 홍수 피해액이 총 13조5000억 원이었고 피해복구비로 21조 원을 퍼부어야 했다. 이 5년간에 국민이 감당한 '홍수 세금'만도 지금 진행 중인 4대강 살리기 예산 22조 원의 1.6배다. 퇴적토사가 쌓이고 바닥이 허옇게 드러난 강을 치료하는 사업을 미루면 미룰수록 혈세 부담은 늘어날 수밖에 없다.

　반복되는 재해로 인간과 자연이 함께 상처 입는 현실을 방치하는 게 옳은가, 인간이 자연을 살려내고 그 속에서 삶의 질을 높이는 게 옳은가. 사람의 막힌 혈관도 피가 흐르도록 뚫어주는 것이 생명을 살리는 길이듯이, 썩고 말라버린 강을 물이 제대로 흐르도록 바꿔주는 것이 생명존중이요, 진정한 환경주의 아닌가. 물 부족 시대에 수량을 늘리려면 토사를 준설해야 할지, 높아진 강바닥을 팽개쳐 놓아야 할지 답은 분명하다.

　울산 태화강이 입증하듯이 한국은 이미 크고 작은 '강 개선사업'을 성공시킬 능력을 갖췄다. 한국의 테크놀로지는 한강종합개발을 시작한 28년 전과는 비교가 안 될 정도로 고도화했다. 회전식 승강식 전도식 등 다

양한 방식으로 조절하는 보(洑)는 물 비축, 홍수 방지, 환경 개선에 효자
노릇을 할 수 있다.

지금 하는 공사로는 낙동강 상류 수심이 사업 후에도 2~4m밖에 안 된
다. 이걸로는 대운하가 될 수 없다. 강의 곡선은 거의 그대로 살고, 생태
하천 생태습지 물고기 서식처 조성으로 동식물 종(種)도 늘었으면 늘었
지 줄지는 않을 것이다. 대규모 공사 과정에 일시적 또는 부분적 피해가
생길 수는 있지만 이를 침소봉대해 사업을 중단시키는 것은 국익에도 민
익(民益)에도 어긋난다.

4대강 살리기는 이명박 정부가 하건, 그 전에 김대중 노무현 정부가 했
건 그 혜택을 모든 국민이 함께 누린다는 점에서 다를 바 없다. 강물은 친
이(親李)도, 반이(反李)도 아니다. 정권에 대한 호오(好惡)를 다른 명분으
로 포장해 4대강 살리기를 누더기처럼 만드는 일은 그만하고, 이 강토의
젖줄들이 정말 건강하고 아름답게 복원되도록 최소한 방해만이라도 않는
것이 후손들에게 덜 부끄러울 일 아닐까. 종교도 정치에서 스스로 벗어나
야 진정한 자비와 사랑이 깃들어 있다고 할 수 있다.

북한은 지난 18일과 22일 황강댐 물을 방류했다. 그때 임진강 중하류에
피해가 없도록 수량을 조절한 것은 지난달 완공된 연천군 군남 홍수조절
지(댐)다. 댐 건설이라면 기를 쓰고 반대하는 환경원리주의자들 때문에
'댐을 댐이라 부르지 못하고' 홍수조절지라 부르는 나라가 대한민국이다.

자부심을 갖되 자만하지 말자

13년 전의 '경제 국치' 잊으면 안 돼 | 중국도 일본도 넘기 어려운 벽

일본의 고전과 한국의 선전이 자주 화제에 오르는 요즘이다. 일본 언론은 "한국을 배우자"고 하고, 한국 언론은 '그늘 드리운 일본' 을 전한다. 밴쿠버 올림픽 뒤끝이라 더 그런 것 같다.

'한국을 치켜세우는 달콤한 말에 담긴 거품부터 빼야 한다' 는 생각이 스친다. 그리고 '일본은 아직도 강하다. 만약 중국 경제가 일방적으로 팽창하는 가운데 일본이 더 위축된다면 한국도 편할 수 없다' 는 말을 하고 싶다.

각국의 경제 부침사(浮沈史)는 지구상에 자만할 수 있는 나라는 없음을 일깨운다. 우리 국민은 1970, 80년대 고도성장기를 거치면서 외국에 나가 돈 쓰는 맛도 알게 됐고, 중국 동남아 등에선 팁의 단위를 높여놓았다. 그런 거품을 물고 우리가 맞은 것이 1997년의 환란(換亂)이다. '한강의 기적' 은 온데간데없고 외환위기로 국가부도의 벼랑 끝에 매달려 있는 우리를 발견했을 때 참으로 암담했다.

한국인이라면 잊지 말아야 할 것은 100년 전 일본에 국권을 빼앗긴 경술(庚戌) 국치만이 아니다. 13년 전 그해 12월 3일, 570억 달러를 지원받

기 위해 국제통화기금(IMF)에 경제정책의 조종간을 맡겨야 했던 '경제 국치'를 망각해선 안 된다. 역시 조금 잘나간다 싶을 때 더 조심해야 한다.

모리타 아키오 소니 창업자와 이시하라 신타로 현 도쿄도지사가 ≪노(No)라고 말할 수 있는 일본≫이라는 책을 낸 것은 1989년이었다. 그때 일본의 기세는 새로운 패권국가의 등장이 눈앞에 다가온 것 같은 착각마저 불러일으켰다. 일본이 미국의 자산을 무더기로 사들이던 모습은 승전국 미국에 복수라도 하는 듯했다.

1993년 오자와 이치로 당시 집권 자민당 간사장이 '일본개조계획'이란 책을 쓸 때만 해도 일본이 세계 2대 경제대국의 자리에서 내려올 날이 있으리라는 상상은 못한 것 같다. 그는 일본이 '경제 빅2'에 걸맞은 나라가 명실상부하게 돼야 한다고 설파하면서 패전의 족쇄를 끊어낸 '큰 보통국가 일본'을 그렸다.

그 오자와가 작년 12월엔 집권 민주당의 간사장으로 국회의원 143명을 비롯해 무려 630명의 초대형 방문단을 이끌고 중국에 갔다. 초중학생 수학여행단도 아니고 명색이 아시아 유일의 고도선진국 집권당이 중국을 향해 이런 '애교 만점의 퍼포먼스'를 보인 것은 중국의 힘 때문이다. 오자와는 "일중(日中) 친선을 위한 우리의 노력을 중국 측도 알게 됐을 것"이라는 말을 남기고 중국을 떠나 한국으로 건너왔는데, 방한 일행은 비서관 경호원 등 수행원 3명이 전부였다.

오자와에 뒤이어 중국의 차기 권력 시진핑 국가부주석이 한국에 왔다. 우리 정부는 중국 현재권력 서열로는 6위인 그를 국빈 수준의 의전과 예우로 맞았다. 거기에도 중국의 힘이 실려 있었다. 우리가 외환위기를 맞기 1, 2년 전까지만 해도 중국은 한국한테서 배울 게 있다며 가끔 머리를 숙였다. 당시 우리 당국자들이 중국 측에 '외환의 적정관리'에 관해 강의까지 한 적도 있다. 나중에 보니 낯 뜨거운 자만이었다.

국내 일부 전문가는 "그래도 첨단 분야에서는 중국이 우리를 따라오는 데 시간이 걸릴 것"이라고 말한다. 하지만 먼먼 옛날 쌀 한 톨을 잘라 그 위에 반야심경 글씨를 다 새겼다는 중국이다. 드디어 올해는 후진타오 국가주석과 원자바오 총리 등 지도부가 '제조(製造)의 중국'을 넘은 '창조(創造)의 중국'을 경제정책 비전으로 내세우기에 이르렀다. 자주창신(自主創新·모방에서 탈피해 스스로 새로운 것을 창조함)에 대한 자신감이 배어 있다.

일본도 밴쿠버 빙상에선 아사다 마오가 김연아에게 졌지만 무역에선 한국에 대한 흑자를 끝없이 쌓고 있다. 우리가 올림픽에 취해 있던 지난 2월에만도 대일 무역적자는 30억 달러에 이른 것으로 추정된다.

그런가 하면 우리는 일본의 정체(停滯)와 퇴보를 낳는 요인들도 비슷하게 끌어안고 있다. 수출은 잘하는데 내수는 키우지 못하는 체질, 재정 악화 패턴, 저출산과 고령화, 비정규직을 양산하는 고용구조, 워킹푸어(일은 한다지만 가난은 못 벗는) 계층의 확대 등이 그렇다.

작년 시진핑이 방한했을 때 그의 인생훈(訓)이 무언지 알게 됐다. 첫째는 '자부심을 갖되 자만하지 말자'이고, 둘째는 '의욕을 갖되 떠벌리지 말자'이며, 셋째는 '일에 힘쓰되 경솔하지 말자'라고 한다. 누구나 그 정도는 알 만하다 해도, 개인이나 국가나 이런 평범한 교훈을 잊는 바람에 사고도 치고 경제도 망친다.

선진국은 멀다

부패, 정치 후진성, 기초질서 혼란 | 李 정부, 3개 과제 정면 태클해야

이명박 대통령 취임 2주년을 맞으며 윤증현 기획재정부 장관은 "이 정부의 남은 3년 동안 우리가 합심 노력한다면 선진국을 따라가는 수준을 넘어서서 한국형 선진국 모델을 만들어나갈 수 있으리라 믿는다"고 말했다. 미국, 유럽 주요국, 일본 등은 선진국이지만 각각 약점도 있으므로 우리는 이들의 장점만 선별적으로 취하면서 우리의 강점을 극대화해 '결함이 가장 적은 선진국 모델'을 만들어보자는 얘기 같다.

선진국 분류는 대략 7가지가 국제적으로 통용된다. 국제통화기금(IMF)이 평가하는 고도경제국, 경제협력개발기구(OECD) 고소득 회원국, 세계은행이 꼽는 고소득 경제국, 유엔개발계획(UNDP)이 매기는 인간개발지수 우량국가, OECD 개발원조위원회 회원국, 미국 중앙정보국이 분류하는 고도경제국, 영국 주간지 이코노미스트가 내놓는 삶의 질 상위국가 등이다. 한국은 다 포함돼 있다.

경제의 여러 지표에서 우리나라는 세계 10~15위의 상위권에 올라 있다. 세계지도에 그려지는 237개 나라 중에 이 정도면 자랑스러워할 만하

다. 그러나 우리나라를 선진국이라고 생각하는 국민은 거의 없다. 자기비하일 수도 있겠으나 아직 우리나라를 선진국이라고 내세우기엔 부끄러운 게 많기 때문이다.

부패가 대표적이다. 하루가 멀다 하고 터져 나오는 교육계 비리를 보고 있자면 역대 정부, 그리고 지금의 이명박 정부가 외쳐온 '부패 없는 세상'은 그야말로 공염불이었구나 싶다. 교육청, 일선학교 할 것 없이 매관매직으로 교육권력을 팔고 사며 교육을 치부의 수단으로 삼는 사람들이 이 나라 교육을 말아먹는구나 생각하니 암담하다. 교육계가 이런 부도덕 DNA에 의해 작동되고 있는데 공교육이 정상화되겠는가. 선진국에서 학부모와 교사 교장이 촌지로 유착되는 사례를 찾아보기 어려운 것은 그들 나라의 교직자들이 우리 교직자들보다 더 나은 처우를 받기 때문이 아니다. 뒷돈을 주지 않아도 교사가 학생들을 위해 열정을 바치는 나라, 그게 선진국이다.

어느 학교에서 식자재 납품비리가 불거지자 교육청 당국자는 메스를 대기는커녕 "내가 이 자리에 있는 동안만 제발 일이 커지지 않도록 조용히 해 달라"며 덮기에 바빴다고 한다. 교육부 과장급 이상으로 박사 못 따면 바보라는 말까지 있는데 대학들이 '보험 들기' 차원에서 학위를 주는 것이고, 교육부 간부들은 줄줄이 대학 요직에 스카우트돼 '예산 따주기'로 보답한다. 이런 패거리 먹이사슬이 교육계에만 있는 것도 아니다. 국민권익위원회 당국자는 "검찰 법원 간에도 서로 건드리지 말자는 카르텔이 있고, 건설 분야의 부패 관행도 안 깨졌다"고 말한다.

부패를 줄이자면 개인의 도덕성, 공직자의 책임의식과 준법정신, 정치문화 개혁 등이 다 필요하지만 공익과 사익이 선순환하도록 유도하는 국가사회적 시스템이 절실하다. 정부는 이에 대해 깊이 천착하고, 부패 사슬을 하나하나 끊어내야 한다.

선진국 문턱을 넘기 어렵게 하는 또 하나의 요인은 정치의 후진성이다. 정치가 사회갈등을 완화하기는커녕 증폭하기에 여념이 없는 나라가 선진국일 수는 없다. 국회법도 있고, 정당별 당헌당규도 있지만 국회에서나 정당에서나 정치적 의사결정의 룰조차 통하지 않는 나라는 선진국이 아니다.

이런 수준의 정치나 지켜봐야 하는 것은 국민이 그런 정치판을 만들어주었기 때문이다. 국회의원이건 지방정치인이건 유권자들이 후보들의 자질을 꼼꼼히 따져 영남에서도 민주당 후보를 당선시키고, 호남에서도 한나라당 후보를 당선시킨다면 정당들이 공천부터 더 엄격하게 할 것이다. 그런 점에서 6월 2일의 지방선거는 국민이 후보를 선택하는 일이기도 하지만, 정치의 선진화를 이룰 자격이 있는 국민인지 스스로 시험받는 장이다.

우리가 선진 국민이 되느냐 못되느냐를 가르는 또 하나의 잣대는 사회 기초질서 확립 여부다. 해마다 1000만 명 안팎의 국민이 해외에 나가는데, 많은 이들이 선진국에서 보고 느끼는 것은 '자유롭되 질서가 있다'는 사실이다. 무법 불법 탈법을 관대하게 봐주라고 떼쓰는 국민이 넘치는 나라가 선진국이 될 수는 없다.

부패, 정치 후진성, 기초질서 혼란을 최대한 없애는 것이 선진국으로 가는 지름길이다. 이것이 오늘 임기 3년차를 시작하는 이명박 정부의 막중한 과제임은 말할 것도 없다.

왜 국격(國格)인가

경제력 군사력만으론 안 되는 것 | 지도층 엘리트의 책임 무겁다

수습기자시험 응시자들을 면접하면서 '국격(國格)을 높이려면 누가 무엇을 해야 할까' 물었더니 누군가는 국력 특히 경제력에 대해 이런저런 설명을 했다. 그러나 몇몇 산유국은 1인당 국민소득이 세계 최상위권이지만 그것 때문에 국격을 높이 평가받고, 세계인의 존경을 받는 것은 아니다. 소련 붕괴 후의 러시아도 여전히 미국에 필적하는 핵 강국이지만 핵무기 없는 서유럽 소국들보다 국격이 높다고 할 수 없다.

우리 선조들의 나라 조선은 경제적으로 못살고 군사적으로 침략에 시달렸다. 하지만 중국은 조선을 여타 주변국과 다르게 대우했다. 문화 민족의 높은 국격에 대한 우대였을 것이다. 일찍이 2500년 전 공자(孔子)는 "그곳에 가 살고 싶다. 누추하지 않다"고 했고, 공자의 7대손 공빈(孔斌)은 '풍속이 순후(淳厚)해 길을 가는 이들이 서로 양보하고, 음식을 먹는 이들이 서로 미룬다'며 동방예의군자지국(東方禮儀君子之國)이라 했다.

물론 오늘날 빈국(貧國)들이 국격 높은 나라가 되기는 어렵다. 배고픔에 허덕이는 사람들이 예절을 먼저 생각하겠는가. 더구나 주민들을 굶기

고, 살아선 나올 수 없는 정치범수용소에 15만 명을 가둔 채, 3대 권력세습과 체제 유지를 위한 핵 개발에 매달리는 북한은 국격을 논할 가치조차 없다. 저들 때문에 대한민국 국격이 훼손되는 것이 안타까울 뿐이다. 다행히 우리는 국격을 따질 만큼 경제적 기반을 갖추었고, 자유민주주의 가치도 선진국들과 공유하고 있다.

하지만 멀었다. 우리도 원래는 '세상에 폐 끼치지 않는 것'을 중시하는 국민인데 많이 거칠어졌다. 외국 나가면 "아이 엠 소리" "스미마셍" 하며 미안하다는 말을 잘도 하다가도 귀국 항공편에만 오르면 에티켓을 잊어버리는 국민이어서는 국격을 말하기 부끄럽다.

법질서 준수는 기본이다. 법을 만드는 국회의원들이 신성하다는 의사당에서 조폭들이나 씀 직한 흉기를 휘두르며 이성의 사망을 세계에 스스로 알리는 데야 국격이 터 잡을 수가 없다. 국회 폭력은 뿌리 뽑을 수 있다. 그 장본인들을 다음 선거에서 반드시 떨어뜨리는 것이다. 이는 국민의 자구책이다. 그렇게만 하면 우리나라 브랜드 가치가 높아져 경제에 도움이 되고 결국 온 국민이 득을 본다.

국회 폭력은 뿌리 뽑을 수 있다. 그 장본인들을 다음 선거에서 반드시 떨어뜨리는 것이다. 이는 국민의 자구책이다. 그렇게만 하면 우리나라 브랜드가치가 높아져 경제에 도움이 되고 결국 온 국민이 득을 본다.

국민 개개인도 기초적 공중질서를 지켜야 한다. 내가 안 지키면 남도 안 지키기 쉽다. 누군가가 유리창 하나를 깼는데 그것이 방치되면 그 지점을 중심으로 유리창 깨는 범죄가 확산된다(사회 무질서에 관한 깨진 유리창 이론). 그래서 너나없이 공중질서를 무너뜨리면 경제도 발목 잡히고 문화도, 삶의 질도 누추한 후진국을 못 벗어난다.

지도층의 역할과 영향력이 절대적이다. 의원들이 조폭처럼 굴면서 국민

더러는 '법 지키세요' 해봐야 말발이 설 리 없다. 결국 온 국민이 자기 수준에 맞게 능력껏 법을 어기며 사는 저질국가가 고착된다. 국가 지도층이 이제부터라도 준법에 앞장서야 한다. 행정 입법 사법부의 요인들은 물론이고 기업계, 노동계, 시민사회단체, 언론의 리더들 그리고 부자도 지도층이다.

국가나 국민이나 졸부근성을 못 버리면 천박해지고 만다. 일부 코리안은 중국 동남아 등지에서 상대 국민을 무시하며 우쭐대고 쓸데없는 '돈질'이나 하다가 국격을 떨어뜨리고 비웃음과 적대감의 대상이 됐다. 외국인을 인종과 국적을 봐가며 우대하거나 하대(下待)하는 행태는 야비하기까지 하다.

국민 사이에 '배려하는 마음'이 퍼진다면 더욱 격이 높은 나라를 만들 수 있을 것이다. 특히 약자에 대한 진정한 배려, 나(우리)와 다른 것에 대한 이해와 포용, 세계의 도움을 받아 지키고 발전한 나라의 국민으로서 국제적으로 공헌하려는 자세 등이 국민행동으로 살아날 때 국격은 날개를 달 것이다. 국격 업그레이드를 위한 교육, 그리고 지식인사회와 언론의 역할이 커져야 한다. 교육은 가정에서부터 시작할 일이다.

우리 국민은 숨 가쁘게 살아와 상당한 안정과 번영을 이루었다. 이제 먹고 사는 것, 남을 이기는 것을 뛰어넘는 가치의 격상, 가치의 이동이 필요한 때가 아닐까 싶다. 이 점에서도 지도층, 엘리트의 책임이 무겁다.

공무원 11만 명의 비극적 선택

당신들은 과연 억울하게 살았나 | **'민주노총의 죄' 키우면 국민이 응징**

관존민비라는 말이 뜸해진 시대라지만 지금도 민에게 관은 두려운 존재다. 사업으로 대성해 세상의 부러움을 사는 이들이 "관료와 맞붙어선 살아남지 못한다"고 실토한다. 동창회나 향우회에서도 공무원을 상석에 앉히는 예가 많다.

말단 공무원이라는 말도 당사자가 하면 엄살이고, 제삼자가 하면 불경이기 쉽다. 하위직 공무원이라고 우습게 알았다가는 큰코다친다. 행정 창구의 지능적 태업에 애간장을 태우는 민원인이 한둘이 아니다. 지방 실무공무원 몇 사람이 마음먹기에 따라서는 기업의 생사를 바꿔놓을 수도 있다.

공무원은 사오정(45세면 정년퇴직) 오륙도(56세까지 일하면 도둑놈) 같은 말이 별로 겁나지 않는다. 헌법과 공무원법이 신분보장을 한다. 독직(瀆職)을 비롯한 범죄를 저지르지 않는 한 정년 전에 쫓겨날 걱정은 거의 없다. 6급 이하 공무원의 정년은 외환위기 직후 58세에서 57세(5급 이상은 61세에서 60세)로 짧아졌다가 단계적으로 60세로 연장된다. 이렇게 법을 고친 것이 작년 실업대란과 경제위기 와중이었으니 '공무원은 역시 철밥통'이라 할 만하다.

노후보장에서도 공무원은 부러운 존재다. 공무원연금이 국민연금보다 훨씬 유리하다. 재직 중엔 덜 붓고 퇴직 후엔 더 타가는 바람에 공무원연금 적자가 갈수록 커지고 있다. 이걸 메워주는 것도 국민 세금인데 그 규모는 2005년 6096억 원, 2007년 9892억 원, 올해 1조9931억 원으로 불어났다.

민주노총에 이미 가입한 전국공무원노조(전공노)와 그렇지 않았던 전국민주공무원노조(민공노), 법원공무원노조(법원노조)가 21, 22일 투표를 통해 통합 및 민주노총 일괄 가입을 결정했다. 손영태 전공노 위원장은 "반노동정책 등에 대해 이명박 정부를 심판할 수 있는 공무원노조로 거듭날 것"이라고 밝혔다.

노조 가입이 가능한 6급 이하 공무원은 29만여 명이고 이 가운데 21만여 명이 여러 공무원노조에 가입해 있다. 그중 전공노, 민공노, 법원노조는 가입자가 총 11만 5000명으로 최대 단일 공무원노조가 된다.

민주노총은 오지랖이 보통 넓은 단체가 아니다. 작년 10월 전국 화섬산업노조 곽민형 수석부위원장은 민주노총과 민주노동당을 "친북반미세력의 놀이터"라고 비판하며 민주노총을 등졌다. 그는 "순진한 학생들의 촛불을 이용하는 모습과 금융위기 직격탄 속에서 다시 촛불을 들고 사회를 혼란으로 끌고 가려는 것을 보고 탈퇴를 결심했다"고 밝혔다. 이명박 대통령과 버락 오바마 미국 대통령이 올 6월 정상회담에서 '자유민주주의와 시장경제에 입각한 평화통일을 지향한다'고 합의하자 민주노총은 "흡수통일 천명"이라고 비난했다. 피땀 흘려 자유와 번영을 이룩한 대한민국이 북한 체제에 입각한 통일을 추구하란 말인가. 민주노총은 홈페이지에 김일성 주체사상 강의 파일을 무더기로 올려놓은 적도 있다.

MBC TV는 작년 4월 29일 날조와 과장으로 가득 찬 '광우병' PD수첩을 방영했다. 이를 신호탄으로 온 나라를 석 달 이상 뒤흔든 촛불시위 중심에 민주노총이 있었다. 조직적 시위를 위해 돈도 많이 썼을 것이다. 민주노총의 활동무대는 그에 그치지 않는다. '경제를 살리고 일자리를 만드는' 건전한 노동운동을 주문하는 언론에 귀를 기울이기는커녕 대표적 신문들과 그 광고주들에 대한 불매운동을 주도하고 있다.

그러나 넘치면 쏟아지는 법이다. 민주노총의 이념 편향성, 정치집단화, 권력화, 노동귀족화, 부패집단화에 신물이 난 소속 노조들이 탈퇴 러시를 이루었다. 올해만도 KT 쌍용자동차 영진약품 등 20여개 기업 노조가 민주노총을 버렸다.

3개 공무원노조가 민주노총 일괄 가입을 선택한 것은 지독한 역행으로, 대한민국의 비극이다. 그렇지 않아도 이들 노조는 '살인정권 규탄대회' '이명박 정권 심판 국민대회' '미국산 쇠고기 수입 반대시위' 등에 참가한 이력이 있다.

이들은 노조원이기 이전에 대한민국 공무원이다. 국가와 국민으로부터 그만한 대접을 받고 있다. 그런데도 국민 혈세에서 받은 봉급의 일부를 국가 정체성까지 흔들어온 민주노총에 흘려보내고, 스스로 정치세력화해 국기(國基)에 도전한다면 국민에 대한 씻을 수 없는 배신이다. 이들이 작은 집단태업만 획책하더라도 행정이 교란되고, 국가 신인도가 추락하며, 민생경제가 멍들 것이다. 국민은 이를 용서할 수 없다. 당장 공무원 신분보장제도를 재검토해야 한다.

우리가 일본에게
확실히 지는 것 한 가지

그 나라엔 영·호남·충청이 없다 | 지역주의로는 선진국 못 따라가

"일본도 드디어 '다이내믹 저팬(Dynamic Japan)'이 됐습니다!" 한국을 "다이너미즘(역동성)의 나라"라고 자주 얘기하던 일본 언론인이 8·30 일본 총선 다음 날 다소 흥분된 목소리로 나에게 말했다. 아사히신문의 정치에디터는 '2009년 8월 30일은 후세의 역사 연표에 굵은 활자로 특필될 것이다'라고 썼다.

중의원 480의석 가운데 자민당 의석이 63%(300석)에서 25%(119석)로 무너지고, 민주당 의석은 24%(115석)에서 64%(308석)로 팽창해, 하늘과 땅이 뒤바뀌듯이 정권이 교체됐으니 세기적 사건임에 틀림없다. 답답할 정도로 변화가 더딘 일본에서 이런 천지개벽이 일어나는 판이니 '한다면 하는 나라' 한국에서 3년 뒤 정권이 다시 바뀐들 놀랄 일도 아니다.

그런데 일본 언론들은 이 극적인 총선결과를 조목조목 분석하면서도 각 정당의 지역별 당선자수 분포를 표로 만들어 제공하지 않았다. 정당별 소선거구와 비례구(比例區) 당선자 합계표가 고작이다. 일본 기자에게 그 이유를 물었더니 "지역 편차는 별로 관심거리가 아니다"라는 답이 돌아왔다.

선거 결과표를 뒤적여 북쪽의 홋카이도(北海道)에서 남쪽의 규슈(九州)까지 전국 11개 지역블록의 정당별 비례대표 득표율을 봤다. 민주당은 최저 38%(규슈블록)～최고 46%(도호쿠·東北블록)였고 단순평균은 42%였다. 자민당은 최저 23%(긴키·近畿블록)～최고 32%(주고쿠·中國블록)였고 단순평균은 27%였다.

작년 4월 우리나라 18대 총선의 정당별 비례대표 득표율은 어땠는가. 전국 평균은 한나라당 37%, 통합민주당 25%였지만 광주에선 한나라당 6%, 통합민주당 70%였고 대구에선 한나라당 47%, 통합민주당 5%였다. 한나라당과 통합민주당의 지역구 당선자수는 영남에서 46 대 2, 호남에서 0 대 25로 '전부 아니면 전무'에 가까웠다.

이번 일본 중의원 선거에서 단 1석이라도 얻은 정당은 모두 9개인데, 이 가운데 지역당은 홋카이도에서 비례대표 1석을 차지한 다이치(大地)당이 유일하다. 그 당선자 스즈키 무네오(鈴木宗男) 대표가 워낙 지역에서 영향력이 큰 덕에 홋카이도에서만 정당 득표율 13%를 올렸다. 우리나라에선 자유선진당이 18대 총선에서 오직 충청권에서만 지역구 14석(전체 지역구 245석의 5.7%)을 차지했지만 누구도 대놓고 지역당이라고 말하지는 않는다. 이회창 총재가 정운찬 총리 기용에 대해 "충청권 민심을 온통 뒤집어놓고 있다"고 한 것이 오히려 '지역당 의식'을 드러낸 셈이다.

1955년 이래의 제1당 자민당을 완파하고 창당 13년 만에 집권에 성공한 민주당의 조각 작업이 한창이다. 하지만 일본의 내각 구성에 '지역 안배'라는 콘셉트는 존재하지 않는다. 있다면 선거 1등공신인 오자와 이치로(小澤一郎) 그룹에서 몇 명, 간 나오토(菅直人) 전 대표 계파에서 몇 명 입각하는지 정도가 구경거리다. 그것도 국민적 관심사라기보다는 정관재언(政官財言)의 직업적 관심사에 가깝다.

일본의 인구는 남한의 2.6배, 국토 면적은 3.8배이고 경제력(GDP)은 4.6배 정도다. 우리도 세계 10위권의 경제국가로 올라섰고, 일부 과학기술 스포츠 등에서 세계 최고도 될 수 있음을 보여주지만 일본은 그런 우리보다 훨씬 크고 부강하고 앞선 나라다.

국력에 현저한 격차가 있음에도 우리는 매사를 일본과 비교하려 한다. 이는 35년간의 국치가 우리 국민의 DNA 속에 남긴 경쟁심과 일본 극복 심리 때문일 것이다. 일부 일본인은 "어떻게 삼성이나 LG를 소니와 비교하며, 현대자동차를 도요타자동차와 비교하려 드느냐"며 가소롭다는 표정을 짓기도 했다. 삼성 LG 현대자동차가 일본 기업들을 추격하며 세계 1등을 향해 끝없이 도전하고 있는 것은 자랑스럽고 고마운 일이다.

그러나 나라 전체로는 아직 멀었다. 인구 5000만 명, 국토면적 10만 km^{2}에 천연자원은 빈약하기 짝이 없고 갈라진 북의 위협도 출구가 보이지 않는다. 이런 나라가 일본 같은 선진국들과 경쟁하려면 남쪽 국민만이라도 똘똘 뭉치고 각 분야의 최고 인재들로 드림팀을 수없이 짜도 시원찮을 판이다.

담도 철망도 없고 자동차로 한두 시간이면 구석구석까지 오고갈 지역 간에 경상도 전라도 충청도 하고 따지면서 갈등 반목을 거듭해서야 지역주의를 찾아보기 어려운 대국 일본을 언제 따라잡겠는가. 국민이 정치인들의 '지역장사' 부터 지탄과 표로 몰아내야 한다.

법과 폭력이 동거하는 나라

시위 명분과 관철 수단은 별개다 | 불법 공화국, 자식에 물려줄 텐가

김석기 경찰청장 내정자가 그제 자퇴를 발표한 직후 어느 인사가 나에게 전화를 걸어왔다. 지난 대선 때 이명박 대통령 만들기에 열심이었던 그는 상당히 격앙돼 말했다. "김석기 사퇴는 미국 같으면 상상도 못할 일이다. 대통령한테 반려하라고 논설을 써 달라. 이런 식으로 내쫓으면 폭력이 공권력을 야금야금 무너뜨리는 데 또 성공한 것이 된다."

그의 얘기처럼 미국에선 불법폭력시위를 진압한 결과로 경찰총수가 사실상 정치적 문책을 당하는 일은 없을 것이다. 우선 시너와 화염병이 난무하는 시위를 기도하는 일부터 상상하기 어렵다. 만에 하나 미국에서 이런 시위가 벌어졌는데 경찰이 뜸을 들이며 방관했다면 그것이야말로 엄중 문책감일 것이다.

'용산 상황' 같은 것이 미국에서 발생했을 때, 야당이 경찰총수 및 상급 장관의 경질과 대통령의 사과를 요구하는 것도 상상이 안 된다. 검찰 공소장에 따르면 용산 시위에는 시너 20L짜리 60통, 화염병 40개, 염산병 40개, LP가스 20kg들이 5통, 골프공 약 1만 개가 시위용품으로 준비됐고

이 중 일부는 사용됐다. 1년 전 국보 1호 숭례문(남대문)을 5시간 동안 국민이 발을 동동 구르는 가운데 전소시킨 것은 방화범이 페트병에 담아가서 불붙인 시너 4.5L였다.

강기갑 의원이 대표하는 민주노동당은 논외로 치고, 정세균 대표가 전면에 있는 민주당이 어떻게 됐기에 용산 사태를 보고 '법과 폭력'에 대한 일말의 고민도 없이 정부에 대한 정치공세에만 매달리는지 이해할 수가 없다. 불과 1년 전까지만 해도 (준법의식이 부족하긴 했지만 그래도) 법을 바탕으로 정권을 담당했던 사람들 아닌가. 정 대표로 말하자면 대기업 경영도 해봤고 미국 주재원 생활도 해봤으며 산업자원부 장관까지 지냈으니 어떤 나라가 제대로 된 나라인지 알 만한 인물이다.

민주당이 용산 시위대의 주장을 반영해 제도적 해법을 찾으려고 노력하는 것은 얼마든지 좋다. 그동안 투자한 돈을 생각하면 이주 보상비가 너무 적다는 상가 세입자들의 하소연을 여당이건 야당이건 진작 경청했어야 했다. 법적 권리만 따질 것이 아니라 이들의 현실적 어려움에 '정치의 손길'이 필요했다. 그러나 민주당은 시위대를 지원하더라도 불법폭력이라는 잘못된 수단에 대해서는 별도로 시시비비(是是非非)를 가리는 '원칙과 당당함'을 보여야 정권을 되찾을 만한 자격이 있다.

그럼 미국에선 공권력이 무소불위(無所不爲)인가. 이런 일도 상상이 안 되지만, 만약 미국 경찰 특공대가 위험한 시위용품 하나 없는 합법평화시위대를 진압한다며 6명의 사망자를 냈다면 미국뿐 아니라 세계가 들끓었을 것이다. 과잉진압, 공권력 남용, 국가범죄란 말은 이런 상황일 때 쓴다. 이런 일이 우리나라에서 벌어졌더라도 경찰청장은 사퇴 정도가 아니라 구속돼 중형을 받고 대통령도 탄핵위기에 몰릴 것이다.

국민은 사안에 따라 다양하게 엇갈리는 이해(利害) 속에서 살아간다.

어떤 일에서는 엄한 법만 없다면 적지 않은 이익을 취할 수도 있다. 아무리 법대로 하려해도 잘 안 되는 일도 허다하다. 그렇지만 많은 국민은 여러 상황에서 알게 모르게 법의 보호를 받으며 살아간다. 기업도 '법보다 주먹'이 잘 통하는 지경이 되면 오래가지 못해 망하고 만다. 당연히 일자리도 사라진다.

여당이 폭력시위자 마스크 사용을 법으로 금하려 하자(실은 노무현 정권 때도 추진됐다) 반입법(反立法) 선동 세력은 "이제 독감에 걸려도 마스크 쓰고 다니면 체포된다"고 외친다. 선량한 시민이 독감 때문에 마스크 썼다고 잡혀가는 경우를 한국이라고 상상할 수 있겠는가. 이런 법을 만들어서라도 불법폭력시위의 잠재적 피해자인 다수 국민을 보호하지 않을 수 없는 상황에 이른 것이 개탄스러울 뿐이다.

민주당 민노당처럼 일부 신문 방송이 정치적 목적과 정파적 이해 때문에 불법폭력을 옹호하고 미화까지 하는 것은 언론으로서 심한 일탈이다. 당장이야 '내 편의 이익'을 챙길 수 있다고 계산할지 모르지만, 세계 앞에 부끄러운 불법폭력 공화국을 자식 세대에까지 물려주자는 것인가.

'법의 지배'가 이 땅에 뿌리내리려면 정치경제사회 지도층의 도덕성 제고가 절실하다. 국가 주류층이 도덕적으로 깨끗하다는 사회적 신뢰가 쌓여야 '집단 떼법'으로 억지를 부리면서도 스스로 옳은 일을 하고 있다고 여기는 현상이 사라질 것이다.

변방 가는 길

중국 일본은 더 멀리 달아나고 ㅣ 한국은 건국 60년에 싸움질만

김대중 대통령은 '동북아 중심국가론'을 폈다. 세계는 귓등으로 흘렸고, 중국과 일본은 불쾌감을 깔고 무시했다. 그럼에도 DJ정부는 이를 비전이라 했는데, 실은 공허한 사어(死語)에 불과했다.

노무현 대통령은 '동북아 균형자론'을 들고 나왔다. 하지만 외교적 실익은커녕 논란과 혼란만 키운 끝에 슬그머니 철회했다. 국력이 뒷받침되지 않는 '균형자'는 허구라고 확인시켰을 뿐이다.

후진타오 중국 국가주석은 베이징 올림픽 개막식전에서 회심의 미소를 지었다. 대륙의 굴기(崛起·떨쳐 일어남)를 과시한 개막식을 보고 파이낸셜타임스는 이렇게 썼다. "덩샤오핑이 1970년대 경제개혁을 시작할 때부터 유지해온 중국의 '숨죽이고 조용히 내실 쌓기(도광양회·韜光養晦)' 정책이 끝났다."

불과 십수 년 전만 해도 중국 곳곳을 휘젓고 다니며 '팁 값' 단위를 올려놓았던 한국인의 자화상이 부끄럽다. 우리 경제는 올림픽 이후 중국 경제의 부침에 따라 웃을 수도, 울 수도 있다. 중국이 잔기침만 해도 한국은

몸살이 나는 경제의 상관관계가 깊어졌다.

　미국의 경제분석기관 글로벌인사이트는 중국이 내년에 세계 상품생산의 17%를 차지해, 16%로 밀릴 미국을 따돌리고 제조업 1위 국가로 올라설 것이라고 예측했다. 중국의 세계 상품생산 점유율은 작년 13.2%에서 2년 만에 3.8%포인트나 높아지는 고속 신장세를 보일 것이라는 얘기다.

　서쪽이 중국이면 동쪽은 일본이다. 우리는 반도체 자동차 휴대전화 같은 수출 주력상품의 핵심 설비와 부품을 일본에서 사 쓰지 않고는 수출을 못 늘린다. '메이드 인 코리아' 제품 속에서 '메이드 인 저팬'이 반짝이며 웃고 있다. 그러니 수출 증대는 대일(對日) 무역적자 확대를 뜻한다. 기술력의 우열도, 미래를 위한 연구개발 투자의 격차도 좁혀지지 않아 숙명처럼 됐다.

　올해 상반기 우리는 일본에 상품 147억 달러어치를 수출하고 317억 달러어치를 수입했다. 반년 적자가 170억 달러(약 17조 원)이고, 연간으로는 400억 달러(약 40조 원)에 달할 것이라는 전망이 나온다. 이와는 별도로 여행, 운수, 통신, 특허권 등 서비스수지의 대일 적자도 해마다 급증해 작년엔 28억 달러(약 2조 8000억 원)를 웃돌았다. 상품도, 서비스도 적자를 줄일 길이 막막하다.

　중국과 일본에 경제적 기술적으로 이처럼 구속되고 밀리면서 동북아 중심이니, 균형자니 해봐야 세계의 비웃음만 산다. 그런데도 전직 대통령들은 국내 정치용으로 그런 말을 지어냈다. 그 기간에 일본은 독도를 자국령 또는 최소한 영토분쟁 대상으로 만들기 위해 치밀한 국제 홍보전을 펴고 자국민을 세뇌했다. 중국은 고구려사를 중국사에 편입하려는 동북공정에 그치지 않고 제주도 남쪽 이어도에 대한 영유권까지 들먹이고 있다.

　김정일 북한 국방위원장의 미주미식(美酒美食)은 세계 어느 지도자도 따라가기 쉽지 않다. 그런 사람이 폐쇄경제로 2000여만 주민을 굶주림으로 몰아넣고 스스로 '동냥 왕'이 돼버려 중국 러시아와 접한 백두산 두만 강 국경조차 제대로 지켜내지 못하는 형국이다. 주체사상으로 분칠했지 만 세계 최빈국의 치욕이 어디까지 갈지, 동족으로서 두렵다.

한국은 지금 우물 안 싸움질에 바람 잘 날이 없다. 우리도 지난날엔 열심히 달렸다. 맨발에 잘해야 짚신이던 것이 '숨쉬는 운동화'로 바뀌고, 하루 두 끼 죽도 못 먹다가 음식 쓰레기 많이 버리기로 세계 선두권에 올라섰다. 광복 63년, 건국 60년의 짧은 기간, 특히 1960~90년대 4반세기 사이에 기적을 이뤘다.

그러나 이를 가능케 한 대한민국 건국이념이자 헌법정신인 자유민주주의, 시장경제, 국제협력(대외개방), 법치주의(법의 지배)는 폄훼되거나 도전받고 있다. 국회부터 법치와 대의민주주의를 스스로 부정하는 세력에 발목 잡혀 있다. 시민사회에서도 경쟁과 준법으로는 살아가기 어려운 세력이 무정부주의적 행태마저 보인다.

정부와 여당은 국정 교란을 업으로 삼는 이런 정치사회 세력에 효과적으로 대응하지 못하고 있다. 정부 여당다운 소명의식과 의지, 식견과 능력으로 국민을 설득하지도, 국면을 바꾸지도 못했다.

이렇게 8·15를 맞고, 앞서가는 나라들의 뒷전에서 정치사회적 내분만 계속한다면 동북아의 중심이 아니라 변방의 나락으로 더 깊이 빠져들 것이다. 뜻있는 국민이 자구의 목소리를 내고 행동에 나설 수밖에 없다.

민주공화국의 진짜 적은 누군가

헌법 왜곡 선동 도 넘었다 ┃ 제헌 60년이 부끄러운 법치 무능

서울 광화문 부근에서 일하다 보니 길거리로 나가보지 않아도 밖에서 어떤 집회나 시위를 하는지 대충 알게 된다. '대한민국은 민주공화국이다' 노래가 줄기차게 반복되면 이건 '이명박 아웃' 데모다. 그제 새벽엔 폭력 시위를 막던 경찰 2명이 종로 보신각으로 끌려가 웃통을 발가벗긴 채 20분간 몰매를 맞았다.

　대한민국은 민주공화국 맞다. 이는 헌법 1조 1항의 엄숙한 선언이다. '대한민국의 주권은 국민에게 있고, 모든 권력은 국민으로부터 나온다'는 2항이 이어진다. 그러나 헌법 1조가 경찰을 상습 린치(사형 · 私刑)하는 반법치(反法治) 강령으로 도용되는 나라는 지구상에 더는 없다. 헌법상의 국민주권 원리를 왜곡하고, 헌법에 따라 국민이 창출한 국가권력을 불법폭력으로 갈아치우려는 기도는 민주공화국에 대한 방자한 모독이요, 헌정을 파괴하는 혁명 불장난이다.

　국민주권은 선거권과 피선거권, 이를 통한 대의민주정치, 그리고 부분적으로 대의제도를 보완하는 국민투표제도를 통해 구현된다. 정당의 자

유, 복수 정당제도, 정치적 의사표현의 자유, 정부에 대한 비판의 자유 등이 국민주권의 핵심인 정치적 기본권이다. '모든 권력은 국민으로부터 나온다'는 것은 권력의 원천이 국민이란 뜻이지, 국민이 직접 권력을 행사하거나 언제든지 권력을 뒤엎을 수 있다는 뜻이 아니다. 국민은 선거를 통해 권력을 결정하는 것이다.

민주공화국은 국가의 정당성이 군주나 귀족이 아닌 국민에게 있고, 특정계층 특정신분이 아닌 공동체의 모든 구성원이 균등한 정치적 지위를 갖는 나라다. 특정세력이 헌법에 따라 창출된 정권을 부정하면서, 불법폭력을 통해 정치적 기득권을 유지 또는 재창출하려는 것은 민주공화제 자체를 부정하는 행태다. 이들에게만 그 같은 특권이 주어진다면 공동체의 다른 구성원들은 균등한 정치적 지위를 잃게 된다. 이런 나라는 공화국이 아니다.

'이명박 아웃 공작사령부' 격인 이른바 광우병대책회의가 폭력 및 선동으로 동아 조선 중앙일보 폐간운동을 벌이는 것도 국민주권에 대한 도전이다. 국민의 알 권리가 보장되지 않으면 국민주권이 왜곡된다. 국민이 진실과 사실을 충분히 알아야 주권 행사를 위한 바른 판단과 선택을 할 수 있다.

지금 KBS, MBC, 좌파신문, 일부 포털만 봐서는 광우병의 진실도, 폭력시위의 실체도 알 수 없다. 이것이 광우병대책회의가 바라는 세상일 것이다. 이른바 보수 주류 신문은 이들의 선전 선동을 방해하는 적인 셈이다. 이런 적들을 폐간시켜야 헌법 유린도, 권력 교체도 쉬워진다. 현재의 KBS, MBC, 좌파신문은 광우병대책회의와 이해가 대강 일치한다.

이들에겐 자유민주주의, 법치, 시장경제를 통한 국리민복보다는 자신들의 집단이익이 더 중요한 것 같다. 그렇다 보니 이명박 정권과 동아 조선 중앙일보를 싸잡아 적으로 삼음 직하다. 민주당도 그들 편에 섰다. 불과 반년 전까지만 해도 국가경영을 책임졌던 공당(公黨)이 반(反)헌법 세력에 동화되는 것은 불행한 일이다. 민주당의 정체성이 이렇게 굳어지면 대안 정당, 수권 정당의 길이 더 아득해질 수밖에 없다.

'이명박 아웃, 주류신문 폐간'은 '도움 안 되는 큰놈 때리기'라 치자. 하지만 불법폭력시위 세력이 광화문 상인들을 인민재판식으로 협박하는 것은 정말 못된 짓이다. 광화문 어느 음식점 여주인은 시위 때문에 테이블이 텅텅 비어 참으려 해도 저절로 눈물이 나온다고 했다. 이런 상인들이 생존권을 지키려고 광우병대책회의를 상대로 집단 손해배상소송을 내자 대책회의는 상인들의 명단과 주소가 드러나는 소장(訴狀) 내용을 자신들의 홈페이지에 올렸다. 일부 상인은 업소이름 전화번호 홈페이지 주소까지 추적당했다. 시위 때문에 막심한 피해를 본 것만도 억울한데 이제 소송 보복에까지 시달리게 됐다.

그런데도 이 정부가 외치는 '법치'는 물러터져 불법세력의 저항력과 투지만 키워주는 형국이다. 경찰병력 1만 1000명이 시위대 1500명한테 조롱당한 지난 주말 상황은 일선 경찰의 문제를 넘어 최소한 경찰총수, 근본적으론 정권 차원의 문제다. 법치에 대한 언행 불일치, 무책임과 무능이 시위대한테 발가벗겨지는 경찰을 낳고 있다. 제헌 60주년, 건국 60주년의 대한민국이 왜 이 지경이 돼야 하나. 부끄럽고 화난다.

한국 속의 버지니아

'코리안 드림'이 한으로 쌓이면 | 배타성 녹일 '멜팅 포트'가 필요하다

재외동포재단 홈페이지에는 재외동포가 664만 명으로 집계돼 있다. 가장 많은 중국(244만 명)과 미국(209만 명)이 7년 전 통계이고 일본(90만 명)도 3년 전 숫자다. 그 사이에 줄지는 않았을 것 같다.

이들은 한국과 세계를 잇는 가교 역할도 한다. 감동적인 성공 스토리도 적지 않다. 지난주 미국에서 한 청년이 끔찍한 일을 저지르기 전까지는 우리 국민에게 꿈과 자신감을 심어 준 재외동포들의 이름을 가벼운 마음으로 부를 수 있었다. 물론 버지니아의 비극 때문에 동포들이 명예에 상처를 입거나 희망을 잃지는 않을 것이다. 착하고 근면한 한국인의 '아메리칸 드림'이 꺾여선 안 된다. 무엇보다도 그 청년의 가족이 부디 꿋꿋이 살아 주기 바란다.

사연은 다양하겠지만 한반도 밖에서 사는 동포가 700만 명을 헤아린다는 사실은 한민족의 진취성과 용기를 잘 증명한다. 유엔 통계에 따르면 출생지를 떠난 세계의 이민 인구는 1억 2000만 명 수준이다. 그것의 5~6%가 한민족이라면 참으로 대단하다.

이처럼 외향적인 한국인이지만 '우리 안의 낯선 것'을 배척하는 배타성 또한 심하다. 11년째 한국에서 살았다는 미국인 스콧 버거슨(40)은 "많은 한국인은 '다른 것'을 두려워한다. 자신과 다르다는 이유로 외계인 취급을 한다. 차이를 사랑할 줄 알아야 한다"고 지적했다.

　그는 최근 저서에서 이렇게 꼬집었다. "한국인은 외국팀과 축구 경기가 벌어지면 민족의 수호자로 자처하면서도, 탈북자와 조선족을 차별한다. 한국에서 나타나는 민족주의는 위선적이고 자기에게 좋은 쪽만 선택하려는 것이기 때문에 천박한 민족주의다."

　문화인류학자 헤이르트 호프스테더의 '불확실성 회피지수' 조사에 따르면 한국인은 '낯선 것을 두려워하거나 배척하는 경향'이 아시아권에서 일본인 다음으로 심하다. 외국인에게 때로는 과잉 친절을 베풀지만 변덕이 죽 끓듯 한다. 버거슨은 우리나라를 '길거리에 나서면 매력이나 예의는 찾아보기 어려운, 차갑고 야만적인 사람들이 넘치는 곳'이라고까지 표현했다.

　21세기는 세계적으로 '이민의 시대'다. 한국도 '코리안 드림'의 나라가 됐다. 결혼 이민자를 포함한 외국계 인구가 100만 명을 눈앞에 두고 있다. 지난해 호적에 오른 국제결혼은 3만 9071건으로 전체 결혼(33만 7528건)의 12%에 가깝다. 특히 농촌 총각은 열에 넷(41%)이 중국 동남아를 비롯한 외국인 여성을 맞이한다. 이들이 낳은 소중한 아이들이 커서 학교에도 다니고 있다.

　한국인이 기피하는 '힘들고 위험하고 더러운' 사업장의 구인난(求人難)을 적지 않게 해소해 주는 것도 외국인이다. 이들의 피땀 없이는 회사를 꾸려 가기도 어려울 업주가 이들을 박대한다면 우선 도리가 아니다. '너희 나라에서보다 더 많이 벌지 않느냐'고 말하기 전에, 내국인은 왜 '실업자로 남았으면 남았지 그 돈 받고는 일하지 않겠다'고 하는지도 생각해 볼 일이다.

2005년 프랑스 전역을 휩쓸었던 무슬림계 프랑스 청년들의 인종 소요 같은 사태를 국내에서 걱정하기엔 아직 이르다고 할 것이다. 그러나 '토종 한국인'이 '다민족 한국인'을 인정하려 들지 않거나 인종차별적 태도로 일관한다면 그 속에서 '시한폭탄'이 만들어질지도 모른다.

흔히들 미국을 '멜팅 포트(melting pot)'라고 한다. '가지각색의 인종이 혼합돼 종교 문화 등 모든 다양한 가치를 녹여 미국적인 것으로 만드는 도가니 같은 곳'이라는 뜻이다. 이것이 세계 최강국의 힘이기도 하다.

그런 미국에서조차 '조승희'가 나왔다. 개인의 비정상적인 정신상태가 문제였다지만 '그가 외톨이로 학교 주변을 배회할 때 아무도 도움을 주지 못했다'는 반성론도 대두했다. 미국이 그 정도라면 한국은 오죽하겠는가 싶다.

'로마인 이야기'로 유명한 시오노 나나미는 월간 '신동아' 5월호 인터뷰에서 "로마가 융성한 요인은 자유와 관용, 그리고 다신교였다"고 풀이했다. 자신뿐 아니라 타자를 존중하는 태도가 다인종, 다민족, 다문화, 다종교라는 문명을 가능하게 했다는 얘기다. 로마는 정복당한 민족의 신(神)까지 모두 자신들의 신으로 모셨다. 로마의 신은 30만에 이르렀다.

한국에도 멜팅 포트, 배타성을 녹이는 가마솥이 필요하다.

역시
자유시장
경제가
답이다

Part
03

"중도 실용이 됐건, 친서민이 됐건, 선진화가 됐건
일자리를 충분히 만들지 못하면 궁극적으로 답이 없다."

아파트 거래에 세금을 너무 많이 물리면 팔 사람도, 살 사람도 위축된다. 주택시장이 얼어붙으면 건설업이 침체하고 이 분야의 일자리도 사라진다. 집값이 떨어지고, 팔아야 할 때 팔지 못하는 사람이 증가하면 결국 하우스 푸어(house poor)가 늘어난다. 가계부채 1천조 원을 내다보는 시대에 돈을 빌려 집을 구입한 사람들이 원리금을 제때 못 갚으면 은행이 부실해진다. 이런 상황이 누적되면 금융의 위기, 나아가 경제 전체의 위기를 부를 수 있다.

재벌이 밉다고 정치와 법원과 국민이 재벌을 지나치게 응징하려 들면 투자도 일자리도 해외로 넘어갈 것이다. 돈은 도덕을 따르는 것이 아니고 이득을 좇는다. 이런 엄연한 사실을 받아들여야 시장이 활성화되고 경제가 성장하며 일자리가 늘어나고 궁극적으로 서민의 삶도 나아질 수 있다. 이익과 재산권을 보장해야 머리를 더 쓰고 땀을 더 흘리며 이노베이션(혁신)을 한다. 이것이 풍요의 에너지다. 돈의 생리와 시장원리에 맞게 경제를 순리(順理)로 풀어야 할 이유는 얼마든지 더 있다.

후보들 '분노 장사'로는
경제 못 살린다

갈 데까지 가보겠다는 모험주의 | 뿔 고치겠다고 소 죽이지 말라

정치는 민심을 어루만지는 것! 이렇게 말하면 그럴듯하게 들린다. 그러나 국민은 선거 때마다 속는 건망증 바보, 자식들에게 빚더미 나라를 넘겨주는 못난 부모가 되진 말아야 한다.

10년 전 노무현 후보는 "아이, 낳기만 하십시오. 노무현이 키워 드리겠습니다"라고 진정 어린 눈빛으로 말했다. 그렇게까지 공약하니, 엄마 아빠 할머니 할아버지 될 사람들은 믿고 싶었고 매달리고 싶었다. 하지만 개뿔도 없었다.

개뿔도 아닐 것 같은 공약들이 다시 난무한다. 경제가 주저앉고 세금 낼 기업과 납세자는 더 힘겨워지는데 무슨 수로 온 국민을 따끈따끈한 복지의 아랫목에 모신단 말인가. 나라 살림에 도깨비방망이는 없다. 경제가 나빠지면 소득세건 법인세건 더 낼 수 있는 개인과 기업의 여력이 바닥난다.

늘어나는 것은 복지 시혜를 기다리는 줄이요, 세금 쓰는 공무원 숫자다. 그런 세상을 만들겠다고 대선 후보들이 공언하고 다닌다. 정부 비대화야말로 반(反)경제민주화다. 경제침몰 지옥도를 보여주는 유럽의 그리스 아일랜드 포르투갈 스페인이 걸었던 바로 그 길이다. 3년 전 일본 민주당이 민심을 훔쳤던 바로 그 수법이다. 며칠 전 일본 노다 총리는 "공약들을 철회할 수밖에 없다"며 국민 앞에 사죄했다. 프랑스 친(親)노조 좌파 올랑드 정권은 복지 확대의 깃발을 흔들어 집권한 지 7개월 만에 투자와 고용 촉진, 기업 경쟁력 강화를 위해 200억 유로(약 28조 원)의 기업 감세를 발표했다.

'실패의 선생'들이 눈앞에 수두룩한데도 우리 후보들은 '갈 데까지 가보겠다'고 뻗치고 나온다. 싸이는 그래도 된다. 하지만 내년 2월 취임하는 18대 대통령이 '세계가 실패한 길'로 갈 데까지 가보겠다고 덤비면 대통령 한 사람의 운명이 아니라 대한민국이 '갈 데까지 가버리는' 수가 있다. 경제가 불안하고 민생은 고달프다. 일자리는 구하기도 지키기도 어렵다. 대선 후보라면 글로벌 장기 침체의 위기를 관리 극복 돌파할 리더십을 보여줘야 한다.

그런데 지금 한국 정치는 화풀이 민심을 부추기는 데 여념이 없다. 안철수 후보는 안철수연구소를 세계적 경쟁력이 있는 대기업으로 키우지는 못했지만 '대기업 때리기'로 정치적 지지율을 높이는 데는 꽤 성공했다. 박근혜 후보가 재벌 순환출자의 소급 금지에 반대하자 문재인 후보는 '1%의 대변자 박근혜, 99%의 대변자 문재인'이라고 치고 나왔다. 1%를 때려 99%에게 나눠주겠다며 편 가르기, 강남 때리기를 즐긴 노 전 대통령을 닮았다. 당시의 결과는 아파트값 폭등, 부동산 자산 양극화, 빈익빈 부익부의 고착화였다.

화풀이 표적을 세워놓고 함께 때리면 '표를 모으는 힐링'이 될 수는 있지만 그런다고 경제위기가 해결되고 민생에 윤기가 돌지는 않는다.

삼성그룹의 국내 일자리는 2002년 말 12만 명에서 올해 초 21만 명으로 늘었다. 같은 기간 해외 일자리는 6만 명에서 16만 명으로 더 많이 늘었다. 4년 전 설립된 삼성전자 베트남 휴대전화 공장에는 2만 4000명의 베트남 근로자들이 '최고 양질의 일자리'를 채우고 있다. 이 공장의 수출 규모는 베트남 전체 기업 중 2위다.

재벌에게 기존의 순환출자까지 다 토해내라고 하면 신규사업 투자에 매진하기보다는 이 문제에 매달려 경영권을 방어하는 데 주력할 것이다. 삼성전자 현대자동차 같은 간판기업들이 '정치적 과잉 경제민주화'의 주술에 발 묶여 휘청거리면 애플과 도요타는 웃고, 국내 협력기업들과 그 근로자들은 더 허기질 것이다. 그 파장은 더 넓게 퍼질 수밖에 없다.

삼성 현대를 때려 중소 중견기업들을 쑥쑥 키울 수 있다면 한번 해볼 일이다. 그러나 몇 안 되는 글로벌 기업을 더욱더 해외로 눈 돌리게 한다면 안철수연구소가 투자와 일자리와 국부를 대신 창출할 수 있겠는가. 5000만의 경제를 섣부른 실험의 대상으로 삼아선 안 된다. 뿔 고치겠다고 소를 죽여선 안 된다.

박근혜 후보는 재벌 순환출자 소급 금지에는 반대하지만 그의 경제민주화에도 대중심리에 영합하는 재벌 때리기 포퓰리즘 요소가 적지 않다고 나는 생각한다. 그런데 문재인 후보는 박근혜 후보를 1%의 대변자라고 낙인찍었다. 상당수 국민에게 통할 것 같으니까 이런 선동언어가 개발된다. 그러나 분노 푸닥거리로는 경제도 민생도 못 살린다.

정치·재벌·국민의 삼각관계

모두 '국민 위한 정책' 외치지만 | 빈부의 불화 조장은 해법 아니다

6·25전쟁 뒤인 1950년대 우리 정부는 "3남 2녀로 5명은 낳아야죠"라는 표어로 베이비붐을 이끌었다. 1960년대가 되자 "덮어놓고 낳다보면 거지꼴을 못 면한다"로 표어가 딴 나라처럼 바뀌었다. 1970년대 표어는 "딸아들 구별 말고 둘만 낳아 잘 기르자"였다. "자녀에게 가장 큰 선물은 동생입니다"라는 2000년대 표어는 저출산 타개의 몸부림이지만 효험이 별로다. 1983년 "둘도 많다"는 표어가 등장할 때만 해도 아이 울음소리 듣기 힘든 21세기를 원려(遠慮)한 사람이 거의 없었다. 인구 문제처럼 다른 분야에서도 정책 환경은 끊임없이 변한다.

앨런 그린스펀은 경제정책에 대해 "한 이론이 10년 정도 맞는 것 같다"고 말한 바 있다. 그는 1987년부터 2006년까지 장장 20년간 미국 연방준비제도이사회(FRB) 의장을 지내며 '세계의 경제 대통령'이란 찬사까지 들었다. 하지만 그의 일부 정책은 부동산 거품을 부채질했고 그것이 금융위기의 한 원인이 됐다. 그는 2008년 미국발 글로벌 금융위기 이후 자신의 신념이 부분적으로 틀렸거나 제대로 작동하지 않았다고 인정했다.

경제와 복지 정책을 둘러싼 논란은 세계 곳곳에서 계속되고 있다. 당장 미국에서는 정부지출 확대냐, 감축이냐를 놓고 버락 오바마 정부와 야당인 공화당이 몇 달째 대립하고 있다. 만약 2주 뒤인 내달 2일까지 타협하지 못하면 미국이 디폴트(채무상환 불이행)라는 재앙에 직면할 수도 있다.

영미 간에도 국가 빚 문제의 해법이 엇갈린다. 영국은 긴축 정책에 무게를 싣고 있는 반면 오바마 미 정부는 세금 인상과 재정지출 확대를 고집하고 있다. 이에 대해 한 이코노미스트는 "두 나라는 경제이론의 살아 있는 실험장"이라고 말한다.

한국이야말로 경제와 복지 정책의 아슬아슬한 실험장이 되고 있다. 민주당은 작년 6·2 지방선거 때 초중등학생 전면 무상급식 공약으로 표심을 자극했다. 반(反)한나라당 정권을 만들겠다는 여러 좌파 정당은 교육 의료 등에서 더 급진적인 무상 카드를 들고 나올 채비를 하고 있다. 한나라당도 대학생 등록금 문제를 비롯해 복지 확대 경쟁에 뛰어들었다. 여야 가릴 것 없이 이익 많이 내고 계열사 많이 늘리는 재벌을 때리며 활빈당처럼 행동하지만 이들이야말로 오로지 선거 승리라는 이익 쟁탈전에 매몰돼 있다.

세계의 어떤 정당과 정권도 국민을 위한 정책을 표방하지 않은 사례가 없다. 그리스를 빚더미 위에 올려놓은 안드레아스 파판드레우 전 정부도 '국민을 위한' 복지 정책으로 오늘의 국가 재앙을 잉태했다. 북한 김씨 왕조는 일찍이 무상배급 무상교육 무상치료라는 3대 무상정책을 내걸고 지상 낙원을 선전했다. 그러나 결말은 경제 파탄, 민생 지옥에 세계를 향한 앵벌이 행각이다.

우리나라가 불과 반세기 만에 지구촌 최빈국에서 10위권 경제국가로 올라선 것은 북한과 달리 자유시장 자본주의를 선택했고 개방경제를 통해 세계화의 최대 수혜국이 될 수 있었기 때문이다. 세계화는 무역과 투자 등의 국경 없는 경제를 압축한 말이다. 문제는 세계화, 국민 내부의 교육과 테크놀로지 격차, 자본권력의 확대 등으로 인해 빈부 격차가 커졌다는 점이다. 그 반동으로 자본주의와 세계화 자체를 부정한다면 국민경제의 급속한 추락을 피할 수 없다. 그렇게 되면 서민은 그야말로 출구가 없어진다.

반면에 자본주의와 세계화의 수혜를 실감하지 못하는 국민이 자꾸 늘어난다면 체제에 대한 도전이 확산될 수 있다. 체제와 제도의 혜택을 가장 많이 누리는 대기업과 부유층이 그 이익을 더욱더 적극적으로 나눌 준비를 할 때가 됐다. 자신들의 창의적 혁신과 남다른 노력 덕이 컸다고 하더라도 그런 도전을 가능하게 해준 것 또한 체제요 제도라는 점에 감사해야 한다.

한편으로 정치권과 다수 국민은 대기업과 부유층을 감정적이고 폭력적으로 공격하는 것이 문제 해결의 길이 아님을 공감할 필요가 있다. 세계적으로 '고용 없는 성장'이 난제가 되고 있지만 국내에서 그래도 가장 좋은 일자리를 가장 많이 만들고 있는 것은 대기업들이다.

민생 개선에 별 도움을 주지 못하면서 일시적으로 민심에 영합하려고 재벌 때리기 경쟁을 하는 정치권에 대해 오히려 국민이 냉정할 때다. 빈부의 불화를 부추기는 것은 아무런 해법도 되지 못한다. 깨어 있고 멀리 바라보는 이성적 국민이라야 나라 곳간과 자식세대까지의 삶을 지킬 수 있다.

역시 경제엔 공짜가 없다

환율 덕 본 대기업, 민생은 물가쑴 | 이익공유제 대신 기술 지원하라

성장, 물가, 일자리, 격차 완화, 내수 확충, 수출 증대, 금융 발전, 인적 경쟁력 같은 경제의 핵심 과제들이 이명박 정부에서나 차기 정부에서나 서로 선순환하며 쉽게 풀릴 것 같지는 않다. 그런 만큼 차기 정권을 잡겠다는 사람들도 너무 가볍게 만병통치 공약을 내놓지는 않았으면 좋겠다.

유권자인 국민들도 7% 성장이니, 2% 물가니, 일자리 300만 개니 하는 숫자가 나오거든 일단 그런 약속은 무시하고 볼 일이다. 공약(空約)이 될 공약(公約)에 속는 국민이 있으니까 표가 급한 정당과 후보들이 현실성 없는 공약을 남발하는 것이다. 이명박 정부는 '기업 프렌들리'로 시작해 '친서민' '공정사회' '상생경제'로 새 길을 찾으려 했다. 한편으론 경쟁과 효율을, 또 한편으론 약자 응원을 꾀했다. 그러나 세상에 공짜가 없다는 말이 여기에도 적용된다. 흔히 말하는 '두 마리 토끼 잡기'는 역시 쉽지 않다.

7·4·7(연 7% 경제성장, 1인당 국민소득 4만 달러, 세계 7대 경제강국)이라는 공약까지 내걸었던 정부인 만큼 성장을 중시하지 않을 수 없었을 것이다. 성장 없이는 일자리도, 복지도 없다는 생각은 틀린 것이 아니다.

'기업 프렌들리'를 통해 '기업하기 좋은 나라' '투자하고 싶은 나라'를 만들려던 것도 기업이 성장의 핵심동력이기 때문이다. 이 정부 초기 강만수 기획재정부장관이 고환율(원화약세) 정책을 추구한 것도 수출 촉진 효과 등을 감안할 때 당시로는 일리가 있었다.

MB 정부 3년의 경제성장률(2.3%, 0.2%, 6.1%)은 연평균 2.8%였다. 이를 두고 선진국 그룹인 경제협력개발기구(OECD) 회원국 중에서 톱클래스라거나 신흥경제국인 브릭스(중국 인도 브라질 러시아)보다는 낮다거나 하는 얘기는 별 의미가 없다. 글로벌 금융위기 와중에서도 선전했다. 원전, 유전 같은 미래를 위한 손에 잡히는 성과도 적지 않았다. 동시에 성장의 그늘도 있다.

이 대통령이 경제운용의 초점을 물가에 맞추겠다고 선언할 만큼 인플레이션이 심상찮다. 국제원자재 가격 상승이 주요인의 하나지만 경제운용의 부작용도 반영됐다. 과감한 재정운용이 글로벌 금융위기 대응에서 효과를 낳은 반면, 통화 공급 확대정책이 인플레를 부추겼다. 또 경쟁국들에 대한 상대적 고환율(원화약세)은 수출 대기업들의 외형과 이익을 키워줬지만 민생에는 수입물가 상승→소비자물가 상승에 따른 물가고를 가중시켰다.

그렇다고 양질의 기업 일자리가 확확 늘어난 것도 아니면서 자영업 실패는 증가했다. 2005년 평균 597만 명이던 자영업자는 2010년 평균 548만 명으로 줄었다. 그런 가운데 개인의 금융부채는 2007년 744조 원에서 작년 3분기 897조 원으로 늘었다. 외환위기를 맞았던 1997년 이후 역대 정부가 금융개혁을 외쳤지만 자본 중개 기능은 여전히 몇몇 은행에 몰려 있고, 은행들은 그저 예대 마진에 의존하는 이익 창출 모델에서 벗어나지 못하고 있다. 이자까지 만기 연장을 해주면서 돈을 빌려 준다.

가계부채 900조 원은 이자율이 1% 상승하면 연 9조 원의 추가 부담을 안긴다. 빚 있는 가계는 수입이 있어도 이자 갚느라 쓸 돈이 적다. 구매력(소비)이 줄어드는 것이다. 그래서 내수가 확충되지 않으니 일자리 증가도 더 어렵다.

작년 한국의 대일 무역적자는 362억 달러였고, 이 가운데 67%인 243억 달러가 부품·소재 적자였다. 핵심 부품·소재 기술경쟁력에서 일본을 따라잡기는 요원하다. 우리처럼 완제품 조립생산 중심의 제조업을 하는 중국은 한국 기술력을 바짝 추격하면서 일본과의 기술협력을 확대하고 있다. 중국이 완제품에서 한국과 품질경쟁을 하면 할수록 일본의 첨단부품은 한국에도, 중국에도 필수적이다. 우리는 대일 격차는 못 좁히면서 중국의 위협을 받는 형국이다. 첨단기술 경쟁에서 추월은커녕 밀리는 상황이 굳어지면 수출 한국의 미래도 어두워진다.

정운찬 전 총리가 '초과이익공유제'라는 말을 꺼내 논란이 되고 있지만, 현실성 없는 평지풍파 발언이라는 것이 나의 결론이다. 정 전 총리는 "이익을 나누는 대기업에는 인센티브를 강하게 주면 된다"고 했는데 이 또한 탁상공론이다. 인센티브라면 세금이나 금융 혜택일 텐데, 이는 결과적으로 고수익 우량기업을 국민 세금으로 한 번 더 돕는 꼴이다. 혼란이 뻔하고 기업의 이노베이션(혁신) 동기마저 약화시킬 이익공유를 꾀할 것이 아니라 납품가를 후려치는 기업에는 공정거래법의 칼을 엄하게 들이대고, 이익을 많이 내는 기업한테는 법정 세금을 확실하게 물리는 것이 정답이다. 진실로 동반성장을 추구한다면 중견·중소기업들의 부품·소재 기술개발을 선별적 전략적으로 지원해 핵심기술 경쟁력을 제대로 끌어올리는 것이 경제의 지속발전을 위한 답이요, 국민을 위하는 길이다.

노무현과 손학규, 그리고 한미 FTA

반미 대통령의 찬란한 성공유산 | 親盧, 봉하 무덤에 훈장 바칠 기회

노무현은 대통령 재임 중이던 2004년 북한의 핵에 대해 '자위적 수단'이라고 했다. 2006년엔 '선제공격용이 아니라 방어용'이라는 뜻의 말도 했다. 북한은 지난해 12월 김영춘 인민무력부장의 입과 조선중앙통신을 통해 '핵 성전, 핵 참화, 핵전쟁의 암운' 같은 언설을 쏟아냈다. 남한이 고분고분하지 않는다고 핵 공격 위협까지 하는 것은 북핵이 전쟁도발 수단이요, 공격용임을 고백하는 것과 다름없다.

대통령 노무현은 결국 김정일 집단과 북핵에 대한 국민의 경계심을 무디게 만들었고, 북핵 옹호론까지 부채질했다. 또 그는 전시작전통제권 조기환수를 고집해 안보 불안과 국민 부담을 키웠고, '반미면 어떠냐'며 동맹관계를 악화시킴으로써 우리 외교의 안전판에 구멍을 뚫었다.

이처럼 안보 면에서 나쁜 유산을 많이 남겼지만 노무현은 한미 자유무역협정(FTA) 체결이라는 역사적인 업적을 이뤄냈다. 2007년 4월 2일 협상 타결의 마지막 순간까지 대통령 노무현의 리더십은 빛났다.

우리 국민은 개방과 자유무역과 국제경쟁을 통해 세계에 유례없는 '한

강의 기적'을 이룩했다. 한미 FTA는 이러한 대한민국과 미국이 새로운 시장을 상호 창출해 윈윈할 수 있는 획기적인 틀이다. 장벽을 더 낮춘 시장을 교환함으로써 우리 기업·산업·경제의 체질과 글로벌 경쟁력을 한층 강화할 수 있다. 대중(對中) 교역 의존도가 지나치게 높아진 상황에서 '중국 충격'을 완화하기 위해서도 한미 FTA는 긴요하다.

정치외교적 의미도 크다. FTA는 경제 영역이지만 정치를 떠난 경제는 존재하지 않는다. 인적 물적 상호진출을 확대 심화할수록 안보협력의 중요성도 커진다. 이로써 한미 동맹관계가 강화되면 북한을 포함한 주변국들에 대한 우리의 외교적 버팀목도 튼튼해질 것이다.

어느 한미 FTA 반대론자는 '뒤처진 나라가 앞선 나라와 자유무역을 하면 도태되기 쉽다'는 논리를 편다. 과거 개방 반대파가 '갑자기 시장을 열면 걸음마 단계의 우리 산업은 죽고 만다'며 엄포를 놓던 것이 연상된다.

섬유 전자 자동차 철강 조선에서 정보기술(IT)산업까지 한국이 처음부터 앞서 있었던 것은 하나도 없다. 불과 5, 6년 전만 해도 삼성전자가 소니를 추월할 것이라고 믿은 사람도 없었다. 현대자동차가 부실 기아차까지 끌어안았을 때, 세계 자동차산업 재편 과정에서 도태될 것이라고 걱정한 사람이 많았다. 40수년 전 박정희와 박태준이 포항종합제철을 세우겠다고 했을 때, 변형윤을 비롯한 경제학자들은 '쇳물을 뽑은들 쓸 데가 어디 있느냐'며 극력 반대했다. 이들은 자동차산업도 안 된다고 했다. '기술종속, 시장종속, 종속국가' 같은 그럴듯한 말로 위협하며 발목을 잡았다.

정부와 기업이 경제학자들, 특히 좌파 학자들의 주장에 놀아났다면 지금 이 나라는 어떻게 돼 있을까. 맨발로 가시에 찔려가며, 물마시고 트림하는 국민이 여전히 넘쳐나지 않을까. 그런 것을 목가적이라고 하는지는 모르겠다.

미국 수입시장은 아직도 세계의 20% 안팎인 최대 시장이다. 이 황금시장에 경쟁국들보다 유리한 조건으로 접근할 수 있는 기회를 박차는 것이 우리 경제를 지키는 길이라고 하는 한미 FTA 반대론은 아무래도 이상하다.

이명박 정부와 오바마 정부는 작년 12월 협정 일부를 수정했다. 우리가 자동차 분야에서 추가로 내준 것도 있지만, 국내 업계는 미국 부품시장 진출 확대에 더 기대를 건다. 양돈 제약 분야에서 얻은 것도 적지 않다. 총체적으로 2007년의 협정 기조를 유지했다. 관련 업계는 반기는데 객들만 나서서 수용할 수 없다고 아우성이다.

내가 노무현 지지 세력이라면 한미 FTA 발효에 앞장서겠다. 그래서 한미 FTA를 노무현의 최대 치적으로 역사에 기록하겠다. 실제로 한미 FTA는 노무현의 업적이다.

손학규 정동영 정세균 천정배 등 민주당 인사들은 작년 10월 봉하마을 노무현 묘소에 가서 유업을 받들겠다고 했다. 한미 FTA 발효를 주도하고, 그 효과를 앞당기는 것이 노무현의 유업을 완성하는 가장 확실한 길이라고 여겨진다. 그렇지 않고 억지 논리를 동원해 한미 FTA 비준을 한사코 방해한다면, 결과적으로 비준됐을 때 한미 FTA 성사의 공(功)을 이명박 정권에 헌납하는 꼴이 되고 말 것이다.

노무현은 '권위주의를 타파한 서민 대통령' 같은 막연한 이미지로 역사에 빛을 발하기는 어렵다. 손학규, 그리고 유시민 같은 친노 세력이 지하의 노무현에게 '한미 FTA를 이루어낸 대통령'이라는 찬란한 훈장을 바칠 기회를 놓친다면 그의 무덤을 찾아갈 자격이 없다.

일자리 죽이기

고용효과 외면하는 '반대의 함성' | 이념에 막히고 기득권에 밀리면

어제 통계청이 발표한 고용동향을 보더라도 일자리가 큰일이다. 작년 취업자는 재작년보다 7만 명 줄어든 2350만 명이다. 고용률은 58.6%다. 만 15세 이상 생산가능인구 1000명 중 586명만이 취업 상태라는 얘기다. 이 수준의 고용률은 2000년 이래 최저다.

미국과 일본의 고용률은 70%가 넘는다. 유럽연합(EU) 중 15개국은 올해 고용률 목표를 70%로 잡았다. EU는 '일자리 창출과 사회 통합을 기반으로, 최고의 경쟁력을 갖춘 역동적인 지식 기반 경제를 구축한다'는 리스본 전략에 따라 실업률보다 고용률을 주로 본다.

우리나라가 고용률을 70%로 높이려면 취업자를 450만 명 정도 더 늘려야 한다. 까마득한 목표다. 그래도 실업률(3.6%)은 낮은 편이라고 자위할지 몰라도, 한 나라의 고용기반이 얼마나 넓고 튼튼한지 보여주는 것은 고용률이다.

실업률은 생산가능인구 중의 실업자 비율이 아니라 '일할 의사와 능력이 다 있는 사람(경제활동인구)' 중의 실업자 비율이다. 그렇기 때문에 실업률이 낮다고 일자리 자체가 풍부한 것은 아니다. 작년의 공식 실업자

만도 89만 명으로, 재작년보다 12만 명이 늘었다. 게다가 구직 단념자, 취업 준비생 등을 포함한 사실상의 실업자는 330만 명 이상으로 추정된다.

　중도 실용이 됐건, 친서민이 됐건, 선진화가 됐건 일자리를 충분히 만들지 못하면 궁극적으로 답이 없다. 사회 양극화도 정부가 세금 주머니를 꿰차고 여기 찔끔, 저기 찔끔 나눠주고 보태준다고 해결될 일이 아니다. 그보다 일자리 문제를 최대한 해결하면 복지 예산을 더 늘리지 않더라도 분배 개선과 사회 통합의 길로 들어설 수 있다. 그래서 정부여당을 철천지원수처럼 대하는 야당도 '일자리'란 말을 입에 달고 산다. 정세균 민주당 대표는 어제 이명박 정부를 향해 "나랏일 할 생각은 않고 세종시 원안 폐기에 다 동원되고 있다"고 비난했다. 그러면서 나랏일로 꼽은 것은 "일자리 만들고 서민경제 살리고"였다.

　사흘 전 정운찬 총리가 발표한 세종시 수정안은 고용창출 효과를 24만 6000명으로 제시했다. 행정부처 이전 중심의 원안(8만 4000명)보다 16만 명 이상 많다. 결코 적은 일자리가 아니다.

　몇 년 전만 해도 경제성장률 1%면 8만~9만 명의 일자리가 만들어졌다. 그러나 요즘은 1% 성장이 만들어낼 수 있는 고용효과는 3만~4만 명, 많아야 5만 명 미만이다. 그래서 '고용 없는 성장'이라 한다. 올해 5% 성장을 달성한다 해도 일자리 문제의 충분한 해결은 불가능하다. 한해 대졸 신규노동인력만도 56만 명이다. 단 한 명의 일자리도 절실하다.

　세종시에 행정부처가 간다고 해도 전체 공무원 수가 늘어나는 것은 아니다. 기존 공무원이 근무지를 옮길 뿐이다. 세종시 수정안 반대파는 수정안을 '원안+α' 중의 'α'일 뿐이라고 주장하지만 이는 억지다. 굳이 원안대로 한다면 25만 명에 가까운 고용효과를 기대할 수 없다.

　지역발전에 관한 세계의 연구 결과를 보더라도, 정부기관 유치를 통한

'외생적 발전'은 효과가 거의 없고, 기업을 통한 '내생적 발전'이 고용 창출 등 연관효과가 큰 것으로 나타나고 있다. 그렇다면 세종시 수정안 추진에 대해 "일자리 만들 생각은 않고"라고 비난하는 것은 사실에 근거하지 않은 정치공세다.

일자리 내놓으라고 고함치면서 다른 한편으로 고용 창출을 가로막는 사례는 이 밖에도 많다. 투자개방형 병원(영리병원) 설립 반대, 미디어법 개정 반대가 그렇다. 한미 자유무역협정(FTA) 반대도 새로운 일자리를 박차는 행위다. 노조 전임자 임금지급 금지를 반대하는 것도 결국 기업들의 자유로운 고용 증대를 방해한다. 여러 분야의 전문자격사 제도, 즉 각종 자격증 시장의 독점구조도 새로운 일자리 창출의 여지를 없애버린다. 대학들이 고용시장 수요에 맞춰 교과를 개편하고 학생들을 가르친다면 구인(求人)과 구직의 미스매치를 줄일 수 있고, 이것이 고용 증대로 연결될 것이다. 하지만 교수사회의 기득권이 이를 어렵게 한다.

요컨대 일자리를 죽이는 정치가 사라지지 않고, 그런 정치를 응원하거나 수용하는 국민이 줄지 않는 것이 하나의 문제다. 거기엔 평등이니, 사회적 약자 보호니 하는 달콤한 '이념 환각제'가 주입된다. 사실은 그런 이념의 미망이 일자리를 날려 버린다.

일자리 창출은 어느 면에서 기득권과의 전쟁이다. 정부와 정치권이 여러 기득권 집단을 얼마나 효과적으로 설득하고 양보를 얻어내느냐에 따라 일자리 시장을 얼마나 더 키울 수 있을지 판가름 난다. 정부나 정치권이 기득권 집단을 포퓰리즘의 대상으로 삼는다면 새로운 일자리는 멀어진다.

바보야, 문제는 일자리야!

일자리 못 만들면 親서민 아니다 ㅣ 정부가 일자리 창출 방해하나

대구 출신 어느 국회의원이 "아침에 출근하는 사람은 드물고 학생들만 보인다"고 지역구 사정을 소개한다. 산업단지를 만들어봐야 기업이 오지 않는다. 회사 일자리가 태부족이니 되든 안 되든 소규모 자영업에 손댈 수밖에 없는 사람이 많다. 그러나 몇 집 건너 밥집이니 오래 버티기 힘들다. 기업형 일자리가 더 생겨야 고정수입으로 외식도 자주 할 텐데, 투자와 일자리와 소비가 선순환되지 않고 있다.

고교 졸업생 100명 중 84명이 대학에 가지만 4년 만에 졸업하고 바로 직장 구하기는 쉽지 않다. 전공을 살리기는 더욱 어렵다. 특히 지방에는 노는 자원이 넘친다. 취업 재수·삼수는 보통이고, 전문지식을 활용할 기회는 별로 없다면 개인만 고통스럽고 불행한 것이 아니다. 유휴노동력만큼 국가자원이 유실되고 성장잠재력이 떨어진다. 기계도 오래 안 쓰면 녹슬지만 사람은 더하다.

정부가 내년부터 시행하려는 '취업 후 학자금 상환제도'도 일자리가 많아져야 성공할 수 있다. 가구소득 상위 30%를 제외한 연소득 4800만 원

가구의 자녀까지 대학등록금을 대출해주고, 취업 후 연소득이 최저생계비 이상 되면 갚도록 하는 제도다. 연 10조 원어치씩 채권을 발행해 빌려주고 '떼이는 손실'을 줄이려면 양질의 일자리가 충분히 공급돼야 한다.

이 제도 덕에 대학 다니기가 쉬워져 진학률이 더욱 높아지면 부실 대학들에는 힘이 될지 모른다. 하지만 일자리가 많이 생기지 않으면 대졸자 취업난이 더 심해져 상환율이 떨어지고 결국 재정 악화와 납세자 부담 증가로 이어진다. 교육부 한 당국자는 "대출받은 여학생이 졸업 후 직업을 갖고 최저생계비를 벌 때까지 일을 하면 빚을 갚아나가겠지만, 그러지 못하고 결혼하면 부부 별산제라 회수할 길이 없다"고 말했다. 빚을 안 갚으려고 지하경제 수입으로 살아가려는 얌체족이 늘어날 수도 있다.

저소득 저신용 계층에 담보나 보증 없이 저금리로 창업자금을 빌려주는 마이크로 크레디트 사업이 미소 금융이란 이름으로 시작됐다. 이용자들이 창업에 성공하고 돈을 잘 갚기 위해서도 일자리가 많아지고 구매력이 커져야 한다. 융자관리를 아무리 잘한다 해도 내수시장이 확대되지 않고 창업 성공률이 떨어지면 그렇지 않아도 흔들려온 신용경제가 더 무너질 우려가 있다.

고용을 늘리지 못하는 복지는 오래 갈 수 없고 진정한 친서민이 아니다. 특히 생산적이지 못한 선심성 복지는 국가의존적 국민을 양산하고 근로의욕과 자립의지를 떨어뜨리는 등 매우 위험한 결과를 낳는다. 이래서는 선진국이 될 수 없고, 후세대의 미래도 어두워진다. 재정을 악화시킨 정부는 성공한 정부로 평가받기도 어렵다.

반대로 일자리를 늘릴 수만 있으면 복지가 저절로 증진되고 납세자의 부담을 덜 수 있다. '일자리가 최대의 복지요 최고의 분배'라는 말은 식상할 정도다. 이처럼 진실은 분명한데도 일자리를 만들어야 할 사람들이 일자리 창출을 방해하고 있다.

투자개방형 의료법인(영리의료법인)을 도입하면 21만 명의 고용효과가 생길 것으로 한국개발연구원(KDI)은 예측했다. 제도 도입에 미온적인 보건복지가족부 산하 보건산업진흥원조차 1만~5만8000명의 고용효과를 인정한다. 모든 제도가 그렇듯이 이 제도 또한 부정적인 면이 있다. 그러나 정책은 계속 보완하면 된다. 정부가 잘만 관리하면 의료고급화 경쟁으로 의료서비스 수준을 전반적으로 끌어올리는 효과도 거둘 수 있다.

우리 국민은 적응력이 매우 뛰어나다고 나는 믿는다. 반세기 전만 해도 형편없던 제조업은 대외개방과 치열한 경쟁 환경에 놓이면서 오히려 자생력을 키워 우리 경제의 최대 버팀목이 됐다. 김대중 정부가 대일 문화개방을 할 때 '나라를 왜색(倭色)으로 뒤덮으려는가' 하는 반대론도 강했지만 그 후 우리는 일본뿐 아니라 세계에 문화 한류를 수출하고 있다. 교육도 외국어고를 죽이네 살리네 하는 수준을 넘어서 외국학교를 국내로 대거 끌어들이는 개방을 생각해야 한다. 그런 충격 속에서 우리 교육의 경쟁력을 높일 길이 열리고 일자리도 훨씬 늘어날 것이다.

우리나라의 병원 학교 금융권 등 많은 서비스 분야는 기득권층과 노조의 목소리가 유난히 높다. 서비스업 노조의 힘이 한국처럼 막강한 나라는 찾아보기 어렵다. 하지만 새로운 시장을 만들고 키우지 못한다면 언젠가는 이들의 기득권 유지도 점차 어려워질 것이다. 자식 손자 세대의 먹을거리까지 생각하는 책임감을 발휘할 때가 됐다. 정부와 국민 각계의 최대 책무이자 자구책은 끊임없이 일자리를 만들어내는 일이다.

면면히 이어지는 반대의 추억

반대에 굴복했다면 기적 없었다 | 변화 거부가 곧 수구(守舊)다

버락 오바마 미국 대통령은 작년 11월 당선 후 첫 방송인터뷰에서 "FDR(프랭클린 D 루스벨트 전 대통령)에 관한 신간을 읽고 있다"고 밝혔다. 그 책 중 하나가 마셜대 교수 진 에드워드 스미스가 쓴 《F.D.R.》이었는데, 스미스는 올 9월 뉴욕타임스 기고문에서 "루스벨트는 화합자(Uniter)가 아니라 위대한 분열자(The Great Divider)였다"고 규정했다.

"루스벨트 대통령이 뉴딜정책을 초당적 화합과 지지 속에서 추진했다는 것은 미신이다. 대통령에게 은행 폐쇄권을 부여한 긴급 은행법을 제외한 1930년대의 주요 법안은 대부분 공화당의 강경한 반대 속에서 통과됐다. 루스벨트는 '다수결 원칙이란 반대파의 허락을 받는 게 아니다'고 믿었다. 그는 반대파를 무시하거나 내버려두고, 오히려 반대파의 증오심을 자신에 대한 국민 지지도를 높이는 데 활용했다. 국정은 결국 선택이며 선택엔 반대가 따른다는 것을 알고, 그 반대까지도 과정의 하나로 받아들였던 것이다."

스미스는 "오바마 역시 공화당의 지지를 받지 못한 채 의료개혁을 하더라도 그것은 국가에 남을 의미 있는 개혁(법)이다"고 덧붙였다. 오바마가 국정 핵심과제로 추진하고 있는 미국 의료개혁은 공공의료보험(퍼블릭 옵션) 도입이 최대 쟁점인데, 세금부담 증가를 싫어하는 계층과 공화당(야당)의 반대가 심하다. 그렇다고 해서 이 문제 때문에 야당이 국회를 마비시키는 일은 없다. 이것이 우리 여의도 국회의사당 풍경과 다른 점이고, 미국의 데모크라시와 한국의 민주주의가 100% 동의어가 아님을 말해준다.

'반대의 추억'은 우리나라에도 셀 수 없이 많다. 정치적 반대의 전통이 면면히 흐르고 있다. 1967년 박정희 대통령이 경부고속도로 건설 구상을 밝힌 뒤에 쏟아진 반대 주장을 다시 들춰보는 것은 진부하지만, 지금도 40여 년 전 수준의 상투적 반대가 판을 친다.

그때도 편 가르기 수법의 반대론이 있었다. '소수 귀족들의 자가용 향락을 위한 도로'라는 것이었다. 경부고속도로가 전국 고속도로망 시대를 열어젖히고, 자동차산업을 비롯한 산업화와 수출 대국화의 동맥이 됐으니 가소로운 반대론이었다. 하지만 그 당시엔 '부자들이 기생 태우고 놀러 다니는 꼴이나 보란 말이냐'하는 원초적 선동의 혹세무민 효과가 적지 않았다.

"쌀도 모자라는데 웬 고속도로냐"와 같은 반대론도 당장 한 끼가 급한 국민소득 100달러 시대엔 상당한 호소력이 있었다. 지금도 "복지 대신 4대강이 웬 말이냐"는 식으로 들이대니 헷갈려하는 국민이 생긴다. 그러나 고속도로가 경제발전의 기반이 돼 국민의 먹을거리를 제공했듯이, 전국 강의 재생이 국민 삶의 질을 높이는 복지로 이어진다면 '복지와 4대강'은 제로섬 관계가 아니다. '쌀이냐, 고속도로냐'하던 것이 어불성설이었듯이 '복지냐, 4대강이냐'하는 것도 선택의 문제가 아님을 국민이 꿰뚫어볼 때가 됐다.

40여 년 전에도 지역 불균형론이 경부고속도로 추진의 발목을 잡았다. 이 주장의 선두에 섰던 김대중 당시 신민당 의원은 "서울~강릉 영동고속도로를 먼저 놓자"고 대안을 제시했지만 경부고속도로 건설에 재를 뿌리기 위한 제안에 불과했다. 지역발전을 둘러싸고 요즘 벌어지고 있는 '제로섬식 싸움'도 국민 전체의 '파이 키우기'를 해치는 요인이 된다.

우리나라에서 대학교수들은 아는 게 가장 많은 지식인으로 분류된다. 경부고속도로에 대해서도 상당수 교수들이 '반대의 권위'를 높여주었다. 하지만 경부고속도로뿐 아니라 지난날 교수들이 반대한 많은 국책사업들이 결국은 오늘의 번영을 이끌었다. 더구나 작금엔 전공 분야를 가리지 않고 거의 파당화(派黨化)한 교수들이 떼 지어 국가정책에 반대하는 사례가 많다 보니, 진짜로 뭘 알고 그러는지 의문이 생길 지경이다.

박 대통령은 하루 두 끼 먹던 국민이 세 끼 먹을 수 있도록 세계 최빈국을 부강한 나라로 바꾸려 했다. 이를 위해 숱한 불가능에 도전했다. 그야말로 진보(進步)다. 반면 박 대통령이 주도한 산업화 과정의 핵심 프로젝트에 사사건건 반대한 세력은 현상 유지에 안주하려 했다는 점에서 수구 세력이었다. 그 세력에 줄서온 사람들이 지금 진보라고 자칭하면서 이명박식 개혁과 변화를 방해하고 있다. 도대체 누가 진보이고, 누가 수구인가.

중도 강화와 親서민에도
공짜는 없다

경쟁 회피 정책으론 민생 못 살려 ｜ 포퓰리즘의 피해자는 결국 약자

이명박 대통령이 '중도 강화, 친(親)서민'을 띄워 민주당을 비롯한 반대 세력한테서 이슈의 선수를 빼앗은 형국이다. 민주당은 '강부자 정권' 같은 낙인찍기로 MB 정부를 흔드는 데 재미를 봐왔다. 하지만 대통령이 '중도와 서민' 카드를 다각적으로 들고 나오자 민주당은 "사기극이다"고 외치면서도 적지 않게 당황하는 모습이다.

　정치는 바둑의 패싸움과 닮은 데가 있다. 3개월 전, 한나라당의 4·29 재선거 참패는 민주당에 반사적 여유를 안겨주었다. MB 정부와 한나라당은 쇄신 논란에 휩싸였고, 그 건너편에서 민주당은 '뉴민주당 플랜' 시안을 5월 17일 발표했다.

　'민주당 현대화의 길'을 표방한 이 플랜은 정세균 대표의 위임을 받은 김효석 뉴민주당비전위원장 등이 당 안팎의 의견을 수렴해 성안한 것이었다. 김 위원장은 "중도개혁주의를 현대화하는 것이 뉴민주당의 길"이라며 "좌파와 우파, 보수와 진보의 낡은 이분법을 뛰어넘는 창조적 융합의 길을 걸어야 한다"고 밝혔다. 민주당이 다시 수권 정당의 가능성을 높이는 데 도움이 될 방향 제시였다.

그러나 당내 노선갈등이 불거지고 "한나라당 2중대 하겠다는 거냐"는 내부 비난까지 터져 나왔다. 그러던 중 5월 23일 노무현 전 대통령 조문정국이 전개되면서 뉴민주당 플랜은 온데간데없이 증발해 버렸다.

민주당을 비롯한 반(反)정권세력의 정치공세에 시달리던 청와대가 지난달 뉴민주당 플랜을 연상케 하는 중도·친서민 어젠다를 회심의 대응카드로 꺼낸 것은 역설적이다. 민주당은 현 정권을 '부자 정권'이라고만 했지, 자신들이 서민 정당 간판에 걸맞은 대안을 내놓는 데는 무능했다. 그 와중에 '근원적 활로'를 고민하던 MB 정부에 이념지형의 중원(中原)을 선점당하는 모양새가 되고 말았다.

물론 MB 정권이 미소 짓기는 이르다. 노무현 정권 때 한나라당이 그랬듯이 지금의 민주당도 정치의 최종적 결과에 책임을 지지는 않는다. 국정의 결과가 나쁘면 설혹 야당의 방해 때문이라 하더라도 거의 모든 책임을 집권 측이 질 수밖에 없다. 그런 점에서 이 정부의 새로운 정책도, 인사도 여전히 언제 꺼질지 모르는 살얼음판과 같다.

서민대책, 민생대책이란 것도 국민 전체를 볼 때 공짜는 없다. 사교육비 억제가 교육정책의 최대 목표가 돼버린 감이 있는데, 이것이 상당한 성과를 거둔다면 사교육비 앙등에 따른 사회적 불만을 줄일 수는 있을 것이다. 하지만 입시제도 등에서 학력 변별력을 의도적으로 흐리게 하는 정책을 쓴다면 이는 국가발전을 크게 저해하고, 많은 아이들의 장래도 망칠 것이다. 경쟁을 인위적으로 억제하고서도 인적 자원 경쟁력을 높인다는 것은 허구다.

글로벌 경제위기 이후, 수출 중심 경제성장의 리스크를 줄이기 위한 내수 기반 확충이 강조되는데 그 필요성을 이해하지 못하는 국민은 별로 없을 것이다. '부가가치가 높은 서비스산업 육성'은 내수 시장을 키우고, 외국으로 나갈 돈을 국내로 되돌리며, 일자리도 많이 만들 수 있는 핵심 방안이다. 그리고 이런 산업으로는 의료, 교육 및 보육, 관광 등이 꼽힌다.

하지만 '평등, 형평, 위화감, 부자와 서민' 같은 이념적이거나 갈등지향적인 인식이 이런 신성장동력의 창출과 발전을 가로막고 있다. 이 숙제야말로 좌우 이념의 잣대를 넘어서서 대통령이 강조한 중도실용 차원에서 풀어야 할 일이지만 정부 안에서조차 정책 컨센서스를 만들어내지 못하고 있다.

궁극적으로 서민과 약자를 위하는 길은 이들에게 경쟁할 수 있는 기회와 힘을 주는 데 있다. 경쟁원리 자체를 왜곡하거나 무력화시키는 방식으로는 어떤 정부도 이들의 밝은 장래를 보장할 수 없다.

크고 강한 쪽을 눌러 작고 약한 쪽의 마음을 사려는 '수(數)의 함정'에 빠지는 것이 포퓰리즘(인기영합주의)이다. 그러나 이런 접근으로는 나라 전체의 파이를 키우기 어렵고, 오히려 지속 가능한 발전동력을 약화시키기 쉽다. 그 결과로 더 고통 받을 쪽이 누군지는 자명하다.

이 정부는 출범 때 '선진 일류국가'를 국가비전으로 제시하면서 이를 구체화할 5대 국정지표에 '활기찬 시장경제'와 '인재대국'을 포함시켰다. 요즘의 여러 정책 행보가 과연 이에 부합하는지, 청와대부터 성찰을 게을리 해서는 안 될 일이다. 대통령이 강조한 '근원적 처방'은 어디까지나 자유민주주의 시장경제 법치 안에서 나와야 성공할 수 있고, 국민과 정부가 함께 웃을 수 있다.

남과 북이 사는 법

개방경제의 힘과 미사일 게임 | 주민 굶겨 죽이는 강성대국 없다

4월, 세계 속에서 살아남기 위한 남과 북의 선택이 이렇게 다를 수가 없다.

이명박 대통령은 내주 런던으로 날아가 주요 20개국(G20) 정상회의와 몇몇 개별 정상회담을 갖는다. 이를 통해 금융위기 무역위축 등을 타개할 경제외교를 펼치고, 북한문제 대응의 공조도 꾀한다. 한미 정부 간 동맹 업그레이드 협의도 있을 전망이다.

2일 그곳에서 한-유럽연합(EU) 자유무역협정(FTA) 협상이 타결된다면 이날은 우리에게 FTA기념일이 될 만하다. 노무현 정부와 조지 W 부시 행정부가 한미 FTA 협상을 타결한 역사적인 날도 2년 전 4월 2일이었다.

이 대통령은 4일 귀국해 10일에는 동남아시아국가연합(ASEAN)+한중일 정상회의 참석을 위해 태국 파타야로 간다. 글로벌 경제현안 대처에는 아시아 국가 간 협조도 전례 없이 중요하다. 그런데 파타야 이슈가 애꿎게도 '북한 미사일'의 굉음에 묻혀버릴지도 모르겠다. 북이 인공위성이라고 우기는 대형 탄도미사일의 실험발사 예정시점이 4~8일이다.

김정일 집단도 나 죽자고 미사일을 쏠 리는 없다. 세계를 향한 미사일

도박 역시 그들로서는 체제 생존을 위한 선택일 터이다. 지난날 핵과 미사일 게임으로 재미 봤던 추억이 모험을 충동질했을 것이다.

북은 1998년 8월 대포동 1호 미사일을 쏘아 실패했음에도 북·미 회담을 성사시켰고, 미국은 이듬해 초 식량 60만 t을 제공했다. 북은 2006년 10월 핵실험을 강행했고, 두 달 뒤 미국과 대좌하는 데 성공했다. 그 후 부시 행정부는 북에 속고 또 속으며, 결국 임기 만료 석 달 전인 작년 10월 북을 테러지원국에서 빼주고 말았다.

부시 행정부는 북한 무시전략을 썼을 뿐, 실제로 북을 효과적으로 제재하는 데는 무능했다. 부시 집권 8년 중 7년은 한국의 김대중(DJ) 정권 후반기 2년 및 노무현 정권 5년과 맞물렸다. 한국의 두 좌파 정권은 북핵을 제거하려는 미국보다 핵과 미사일 개발에 박차를 가하던 북의 울타리가 돼주곤 했다.

북은 당과 군의 노선을 담은 올해 신년사설에서 선군(先軍)사상, 선군시대, 선군조선(朝鮮)을 끊임없이 강조했다. "무적의 군력(軍力)을 바탕으로 강성대국을 건설하는 선군혁명노선"이다. 무적 군력의 1, 2번이 핵과 미사일이다. 부시 미 행정부와 남한 좌파정권들은 결국 북의 핵무장과 미사일 기술 고도화를 위한 시간과 물질적 여건을 제공한 셈이다.

이제 북은 그 미사일을 쏘아 올려, 아직 대북 대응체제를 갖추지 못한 버락 오바마 미 정권을 시험하는 동시에 이명박 정권을 겁주려 한다. 김태우 한국국방연구원 국방현안연구위원장은 북의 미사일 발사 및 대남 위협 의도를 '미국 압박하기, 남한정부 길들이기, 남한사회 편 가르기, 내부체제 추스르기'로 요약한다.

북은 지금도 시간이 자기네 편이라고 믿을지 모른다. 지난 수년간은 남한 좌파정권을 이용해 미국 보수정권을 이겨낸 용남극미(用南克美) 기간이었다면, 이제는 미국 진보정권과 통해 남의 보수정권을 무력화시키는 통미봉남(通美封南)을 꿈꾸는 모양이다. 여기에 남남 갈등을 증폭시킬 수만 있다면 용남타남(用南打南)이 될 것이다.

부시-DJ, 부시-노무현 시대와는 역방향으로 한미 공조가 균열되고, 남남 분열이 심해진다면 북의 선군혁명노선이 그야말로 탄력을 받을 수 있다. 그렇게 되면 우리 국민은 북의 핵과 미사일을 머리에 이고 잠을 설쳐야 하는 비극을 맞지 않으리란 보장이 없다. 북이 '우리가 너희를 지켜줄 테니 열심히 경제외교도 하고 FTA도 맺어 많이 벌어 바치라'고 할 날을 기다려야 하는가.

그럴 수는 없다면 우선 일부 종북 세력의 국론 이간질에 나라가 흔들려선 안 된다. 그리고 한미동맹의 업그레이드를 비롯한 국제공조의 중요성에 대한 국민 합의가 긴요하다. 물론 정부의 외교와 내치 역량이 필수다. 군사안보태세 강화는 말할 것도 없다.

정부도 국민도 북에 겁먹을 일은 아니다. 주민 굶겨 죽이는 강성대국이 가당키나 한가. 북은 신년사설에서 '우리식 사회주의 자립·계획경제의 우월성'을 거듭거듭 자찬하면서도 "식량문제를 해결하는 것은 현실의 절박한 요구이다"라는 말을 지울 수는 없었던 모양이다. "전 군중적으로 유기질 비료를 생산하여 농촌에 보내주어야 한다"는 내용도 들어 있다.

경제, 미신부터 깨자

민주당 MB악법 주장의 허구 | 남 못된다고 나 잘되진 않는다

새날이 동터 오건만 새해가 밝았다고 흥을 내기엔 민생의 어둠이 너무 짙다. 많은 이들이 불안 속에서 시련을 예감하며 2009년을 걱정한다.

"제발 남편이 해고되지 않기를 빌 뿐이다. 중소기업 부장인데 집에 와서도 매일 부도 얘기만 한다. 하루하루가 살얼음판이다."(40대 주부) "서울대 법대 나온 친구가 여러 군데 취직에 실패하고 7급 공무원시험 본다고 해서 충격받았다."(서울대 인문대 대학원생) "새해엔 청년실업자가 외환위기 이래 최대로 늘어날 가능성이 높다. 정부가 일자리 몇만 개 만들겠다고 해봐야 아무도 안 믿는다."(30대 창업활동가) "매출이 무섭게 떨어진다. 일주일이 다르다."(최우량 대기업 경영인) "손님들이 혼자 1인분 먹던 순대를 둘이서 1인분 달라고 한다."(경기 안산시 포장마차 주인) "이곳저곳 빈 사무실이 늘어난다."(서울 도심 한 회사 간부)

일자리 불안의 뒷면은 기업 경영난이다. 대학원생은 "경쟁이 너무 심하다 보니 학생들끼리 취업정보도 서로 교환하지 않는다"고 했다. '순대 구매력'마저 반 토막 났다면 서민의 내핍도 한계에 이르렀다는 뜻이다. 비어 가는 사무실에서 사라지는 것도 일자리다.

종업원 한두 명 고용한 식당이나 가게 250만 개의 사정은 어떤가. 구조조정에 밀려나는 대기업 명퇴자들이야 그래도 1, 2년은 버티겠지만 영세 자영업주와 그에 딸린 종사자들은 몇백만 원에 목숨을 걸어야 한다.

중산층 이상에선 지난해 펀드로 30~40% 손해보고 집값이 억, 억 하며 떨어져 가슴앓이한다. 내 집 있고 펀드까지 들 만한데 웬 엄살이냐 할지 몰라도 이런 상태에선 아무래도 지갑 열 기분이 안 난다. 펀드나 집 못 가진 이들이 고소해하기엔, 소비 부진의 여파가 결국 저소득층부터 때린다.

노무현 정부가 부자를 정밀 타격해 서민 받든다며 1가구 1주택자까지도 수백만, 수천만 원의 종부세를 물릴 때 '팍팍 매겨버려' 하며 신난 이들도 있었다. 하지만 그 세금이 박수친 사람들의 생계에 도움을 줬을까. 오히려 종부세 납부자들이 세금 무서워 소비지출을 줄이는 바람에 경기가 더 나빠지고 일자리가 더 줄었을지 모른다.

민주당과 민주노동당은 대기업 투자를 촉진할 만한 법은 죄다 'MB(이명박) 악법'이라고 못질한다. 그렇잖아도 글로벌 경기침체로 투자의 씨가 마르는 판에, 투자 여력이 있는 대기업만이라도 투자하면 경제가 조금은 나아지고 일자리 몇 개라도 생길 텐데 어찌 저렇게도 상투적인 논리일까.

은행들은 자기자본비율을 못 지켜 딴 은행에 합병될까 봐 중소기업과 개인에 대한 대출을 꺼리고 있다. 이 바람에 흑자부도 위기에 내몰리는 기업도 적지 않다. 가계발(發) 금융부실의 우려도 있다. 은행법이 개정되면 국민 부담으로 증자를 하지 않아도 은행 자본 확충이 쉬워진다. 산업자본(기업)이 보유할 수 있는 은행 주식 한도를 지금의 4%에서 10%로 넓혀주기 때문이다. 그런데도 민주당은 이런 은행법 개정안을 '재벌은행법'이라고 낙인찍고 반대한다.

민주당은 중소기업과 개인들의 자금줄이 끊기건 말건, 결국 혈세인 공적(公的) 자금을 은행에 집어넣어야 할 상황이 오건 말건, 외국 투기자본이 우리 은행들을 사냥감으로 삼건 말건 '우리는 재벌 편이 아니다'는 깃발만 펄럭인다. '재벌 견제'가 자신들의 정체성이라고 자랑하는 민주당 때문에 정작 피해를 보는 쪽은 중소기업과 약자들이다.

우리나라는 수출에 목을 걸고 있다. 그래서 좌파임을 숨기지 않던 노무현 대통령조차 2007년 한미 자유무역협정(FTA) 협상 타결을 진두지휘했다. 그런데 민주당은 자신들이 집권당 시절에 체결한 이 FTA의 국회 상정 원천무효 투쟁을 벌이고 있다. 희한하게도 민주당과 반미(反美)세력은 한-유럽연합(EU) FTA 협상의 급진전에 대해서는 아무 말이 없다.

새해 민생경제에 희망의 싹이라도 틔우려면 정책에 대한 엉터리 주장부터 무력화시켜야 할 것 같다. 일부 국민이 좌파적 미신에서도 깨어났으면 싶다. 경제에서 남 못되게 한다고 내가 잘되는 것은 아니다.

달러 전쟁

달러 파워 격차가 서러운 한국 | 정부 기업 국민 자구 총참여를

미국부터 코가 석 자나 빠져 있지만 달러의 힘은 역시 대단하다. 달러가 마르면 한국경제는 한시도 버틸 수 없다. 이 냉혹한 사실을 미국발 금융위기가 재확인시킨 것은 아이러니다. 국내 자산시장의 펀드런 우려도 달러 고갈 공포에서 비롯됐다. 백약이 무효 같던 외환·증권시장 불안이 일단 진정된 것도 미국과의 원-달러 맞교환(통화스와프) 성사 덕분이다.

그러나 통화스와프는 구세주가 아니다. 우선 이번 협정은 내년 4월 말까지 만기 6개월짜리 단기계약이다. 협정이 자동 연장된다 하더라도 통화스와프가 불가피한 상황을 실제로 맞는다면 불행한 일이다. 그런 국면이라면 우리 경제가 붕괴되지는 않았다 해도 '준환란(準換亂)' 상태 아니겠는가.

이런 지경에 처하지 않으려면 정부 은행 기업 국민이 함께 자구에 성공해야 한다. 자구에는 고통이 따르지만 자구노력을 게을리 하면 더 혹독한 고통이 기다릴 것이다. 요컨대 한국경제의 구세주는 '스스로를 지키려는 정신과 피땀' 말고 따로 없다.

한미 통화스와프 협정 자체의 효력이 입증하듯이 양자건 다자건 국제

공조는 두말할 것도 없이 중요하다. 하지만 국제공조에 참여하고 성공하는 것도 우리가 받는 만큼 줄 것이 있고, 힘과 신뢰가 뒷받침돼야 가능하다. 대가 없이 거저 얻을 공짜는 없다. 한중일 협력도 우리 정부가 먼저 말을 꺼냈지만 중국과 일본을 견인하며 주도적으로 구체화하지 못하는 것은 우리가 그만큼 약세이기 때문이다.

한국의 외환보유액은 2400억 달러 안팎으로 세계 6위다. 이를 과소평가하는 것은 지나친 자기폄훼다. 그렇긴 해도 외채 구조의 취약성, 국제 투기세력의 공격 용이성 등을 감안할 때 결코 안심할 수 없다. 요동치는 시장이 이를 웅변한다.

외환보유액이 1조 달러로 세계 2위인 일본뿐 아니라 1조9000억 달러로 세계 1위인 중국조차도 금융위기 무풍지대는 아니다. 그러나 중·일은 우리가 비교하는 게 부끄러울 정도로 여유가 있고, 국제공조 문제에서도 발언권이 막강하다.

한중일의 달러파워 격차는 당장 금융위기 대응에서 상호협력 또는 의존관계의 비대칭성을 만들어낸다. 격차가 커질수록 한중, 한일 외교관계 전반의 비대칭성도 커질 것이다. 역사문제를 비롯한 정치적 발언력의 비대칭성도 포함된다. 이미 중국과 일본에 대해 '할 말을 다 못할' 의존 상황이 존재하지만 우리가 '달러 자립'에 결정적으로 실패한다면 대중(對中) 대일(對日)관계에서 더 많은 굴욕을 견뎌야 할 것이다.

달러 자립을 위해선 정부가 정말 잘해야 한다. 지난달 11일 중국 베이징에서 만난 일본은행 전 부총재 안자이 다카시 세븐은행 사장은 "환율을 방어한다며 달러를 너무 쉽게 써서는 안 된다"고 진지하게 충고했다. 정부가 외환시장 안정을 명분으로 200억 달러 이상을 쓰고, 국민연금 자금으로 주식을 사들인 것은 외국인의 주식 매도-달러 유출을 돕는 결과를 낳았다. 상황과 인과에 대한 판단, 정책 결정 하나하나가 얼마나 중요한 지 거듭 일깨워주는 사례다.

그렇다고 정부만 잘하면 문제가 해결되는 것은 아니다. 우리나라의 서비스수지는 지난해 206억 달러 적자였고 올해 적자는 8월까지만 138억 달러에 이른다. 특히 여행, 유학 등의 수지 적자가 만만찮다. 외국인의 한국여행보다 내국인의 해외여행이 왜 많은지, 유학 행렬은 왜 늘어만 가는지, 정부도 국민들도 함께 생각하고 대안을 찾아야 한다.

국내 숙박비와 음식값을 비롯한 서비스요금이 중국 동남아는 물론이고 일본을 비롯한 웬만한 선진국보다도 비싼 경우가 많다. 외국에 나가 돈벌이 하는 동남아인이나 중국인은 어느 제삼국보다도 한국에서 가장 높은 임금을 받는다. 우리 국민이 직업에 귀천을 두고, 힘든 일은 외면하기 때문에 더욱 그렇다.

평준화 교육 맹신자들은 평준화만 되면 사교육비를 줄일 수 있다고 주장하지만 이 자체가 허구일 뿐 아니라 평준화 교육이 유학을 부채질해 달러 유출의 큰 원인이 되고 있다.

국내에도 삼성전자 포스코 같은 세계 일류 기업이 생겨나고 있지만 아직도 대일 무역적자는 줄어들기는커녕 해마다 늘고만 있다. 원천기술 응용기술 할 것 없이 대일 격차를 극복하는 길밖에 없다. 정부와 기업들의 전략다운 전략과 각고의 노력이 필요하다.

달러 전쟁이 국운을 가른다.

금융 新관치 시대

10 · 19 대책만으론 불 다 못 끈다 | 국내 금융 새 사령탑 적임자 있나

"로빈(개똥지빠귀)새를 기다리고만 있으면 봄날은 가버린다. 사람들이 탐욕을 부릴 때 두려워하고, 사람들이 공포에 떨 때 탐욕을 부려라." 워런 버핏은 17일자 뉴욕타임스 기고문에서 "나도 미국(주식)을 사고 있다"며 이렇게 충고했다.

'살아 있는 구제금융'이라는 칭송까지 듣는 그의 말은 증시 격언으로 훌륭하다. 그러나 어느 나라에서나 누구나 버핏을 따라할 수 있겠는가. 2002~2006년에만도 461억 달러(약 60조 원)를 기부하고도 남은 재산이 520억 달러(약 67조 원)라는 극히 예외적인 인물이다. 또 미국은 달러를 찍어낼 수 있는 발권력(發券力)을 가진 나라다.

원화(貨) 발권력밖에 없는 한국에서, 그것도 여력이 바닥난 투자자들이 쉽게 버핏을 흉내 낼 수는 없다. 개개 투자자들 이전에 한국경제엔 과연 '봄의 전령사' 로빈새가 날아들 것인가.

정부는 그제 은행들에 대한 1000억 달러 규모의 외채 지급보증을 비롯한 '국제금융시장 불안 극복방안'을 내놓았다. 외채 지급보증은 글로벌 금융·신뢰 위기 속에서 여러 나라가 이미 취한 조치로, 우리가 한발 늦었다. 이 밖에 외화 유동성 300억 달러 추가 공급 및 원화 유동성 지원, 장기펀드 세제혜택, 중소기업 대출여력 보충 등의 방안이 나왔다.

그러나 이 정도 처방으로 '달러 및 원화 유동성, 금융기관 건전성 및 지급능력, 실물 경기' 문제에 충분히 대처할 수 없음은 정부도 잘 알 것이다. 우리 경제는 글로벌 금융위기뿐 아니라 '국내에서 만들어진 뇌관들'을 끌어안고 있다. 글로벌 충격에 특히 취약한 것도 국내 위험요인들이 겹쳐 있기 때문이다.

오늘 정부가 건설산업 지원대책을 내놓은 것도 실물경제 안정을 위해 뇌관 하나를 제거하려는 시도로 볼 수 있다. 여기서 잠깐 돌이켜볼 일은 정부가 한 달 전 '10년간 주택 500만 채 공급계획'을 발표했다는 사실이다. 미분양 주택이 16만~25만 채를 헤아리고, 이것이 경제운용의 심각한 짐이 돼버린 상황에서 장기 공급확대 계획부터 꺼냈으니 시장에선 '앞뒤가 안 맞다'는 반응이 나왔다.

저축은행 부실도 뇌관이다. 일부 저축은행이 '이자 8%짜리 상품' 까지 파는 것은 비정상이다. 그만큼 부동산 프로젝트 파이낸싱(PF) 부실 등으로 돈줄이 말랐다는 얘기다. 그렇다면 저축은행 뇌관이 터져 결국 국가부채를 더 키우는 상황이 되기 전에 선제 조치를 취해야 할 텐데도 정부는 움직이지 않고 있다.

정부가 최근 공표한 금융·산업 분리 완화정책은 방향이 옳다. 그러나 가계부채 문제를 비롯한 긴급 과제들을 밀쳐놓고 '매크로 금융정책' 만 주무른다는 인상을 준다.

국내 금융정책 기능을 일원화해 맡고 있는 금융위원회는 정책의 우선순위를 바로 짚고 있는가. 무엇보다도 정책 타이밍을 놓치고 있지는 않은

가. 이에 대한 의문과 불신이 나라 안팎에 퍼져 있고 이것이 정부 신뢰 약화의 한 요인이다.

10·19 금융불안 극복방안은 사실상 강력한 금융관치(官治)를 공식화한 것이다. 세계 각국도 미증유의 신뢰위기에 대처하기 위해 이 길을 택했다. 우리나라도 이런 신(新)관치가 불가피하다면 '관치의 신뢰성'이라도 최대한 높여야 금융과 경제를 살릴 수 있다.

은행에 대한 지급보증 등의 정부 지원은 사실상 공적자금에 준하는 국민부담을 전제로 하는 것이다. 따라서 각 은행의 경영 실태(失態)에 대해 응분의 책임을 물어야 한다. 11년 전 외환위기의 교훈을 잊은 채 되살아난 은행 경영상의 모럴해저드와 키코(KIKO) 영업에서 여실히 드러난 부도덕성을 그냥 덮어선 안 된다.

민주당은 외채 지급보증에 대한 국회 동의 조건으로 경제팀 교체와 경제부총리제 도입, 감세법안 철회 등을 요구했다. 불이 나 집이 타들어 가는 판에 '소방수를 안 바꾸면 소방차가 지나갈 수 없다'고 하는 소리나 비슷하다.

1997년 외환위기는 강력한 경제부총리제 아래서 맞았다. 경제팀 교체가 모든 협조의 대전제라면 민주당이 인사 대안을 한번 내보면 어떨까. 그걸 보고 많은 국민이 큰 희망을 느낀다면 이명박 대통령도 생각을 고쳐볼 수 있지 않을까. 금융정책과 시장 대응을 지금보다 훨씬 과단성 있게 적시에 펼칠 수 있는 신관치 시대의 적임자가 있다면 새 금융 사령탑에 못 앉힐 이유가 없을 것이다. 그것으로 로빈새를 부를 수만 있다면.

끝 모를 세계 금융대란 앞에서

사소한 듯한 정책 실패도 치명타 | 위기탈출에 국가 지혜 집중해야

11년 전의 외환위기는 국제적 요인도 있었지만 김영삼 정부의 경제 리더십 실종과 크고 작은 정책 실패가 맞물린 결과였다. 경제협력개발기구(OECD)라는 부자나라클럽에 빨리 가입하려는 정치적 조급증 탓에 금융시장, 특히 단기성 국제금융거래를 너무 서둘러 자유화했다. 그 시절의 재정경제원은 국제금융 감독을 감당할 능력도 없으면서 종금사 설립 허가를 남발(24개)해 단기외채 급증의 직접적 원인을 제공했다.

1997년 그해, 한보철강과 기아자동차 사태 대응에서 때를 놓친 것도 외환위기를 재촉했다. 기아차 사태 때 정부는 3개월을 허송한 뒤에야 법정관리를 결정했다. 법정관리든, 부도처리든 기민하게 했더라면 국제 신인도가 치명적 상태로 추락하지는 않았을 것이다. 당시 파이낸셜타임스는 '한국에서 달러보다 부족한 것은 리더십'이라 했고, 페레그린증권은 허둥대는 정부를 보며 '즉시 한국을 떠나라'는 투자 보고서를 냈다.

지금 세계 금융위기의 기폭제가 된 미국 서브프라임 모기지(비우량 주택담보대출) 부실은 이미 작년 4, 5월에 경고음을 울렸다. 물론 그 시점엔 미국 거대 투자은행(IB)들의 파산, 세계적 신용경색, 달러 유동성 고갈까지 점치기는 어려웠다. 하지만 미국 금융기관들의 경영 악화와 이에 따른 외환시장 경색 가능성은 예고됐다.

그런데도 노무현 정부는 작년 여름에 달러 유입을 억제하는 두 가지 정책을 선택했다. 하나는 기업 운용자금 용도에 대한 외화 대출 규제이고, 또 하나는 국내에서 영업하는 외국계 금융기관에 대한 달러 차입 제한이었다. 이는 세계 금융시장의 불안과 달러 부족에 대비하기는커녕 달러 유입 및 유통 통로를 좁혀버린 조치다.

명분이 없지는 않았다. 달러가 많이 들어오면 원화 가치가 절상(환율이 절하)돼 수출 등 경제운용에 부담이 되고, 명목상이지만 외채 증가 요인도 된다는 것이었다. 그러나 국내외 시장 상황의 급변 조짐에 둔감한 '엇박자 정책'이었다.

외국계 금융기관에 대한 차입 규제(과소자본세제 손금비율 절반 축소)를 실제로 시작한 것은 올해 1월 1일이다. 작년 말엔 달러 유동성 부족이 심각해진 상황이었음에도 정부는 이 조치를 강행했다. 이 정책은 시행 만 9개월 만인 지난주 국무회의에서 백지화됐다. 이 결정도 달러 유동성 확보를 위한 선제적 대응이 아니라 막다른 골목에서 취한 궁여지책이었다.

현 정부는 큰 틀의 환율정책에서 국내외 변수를 예견하지 못하거나 타이밍을 놓쳤다. 처음엔 국제유가 및 원자재 값 폭등 목전에 원화 약세화(환율 상승)를 유도하는 정책에 매달렸다. 하지만 물가 불안이 수출 증대 효과를 덮어버렸고 국제수지 적자도 개선되지 않았다. 결국 7월 이후 환율 하락(원화 강세화) 쪽으로 정책 기조를 바꿨으나 요즘은 이도저도 아닌 혼돈 상태다.

성과도 없는 환율 방어를 위해 귀중한 보유외환 200억 달러 이상을 소진한 것이 지금까지의 결과다. 7월 7일 정부가 '환율과의 전쟁'을 선포하고 대규모 시장 개입에 나서자 7월 9일 환율은 1달러에 990원대까지 떨어졌지만 어제는 정부가 개입했음에도 2002년 5월 이후 최고치인 1269원을 기록했다. 세계적 신용마비, 금융위기의 유럽연합(EU) 확산, 국내 시중의 달러 고갈로 직격탄을 맞은 것이지만 외환 관리의 정책 실패가 상황을 악화시켰다.

외환은행 매각의 타이밍을 놓친 것도 일종의 정책 실패다. 금융당국이 좌고우면하며 시간을 끄는 와중에 미국발 금융위기가 본격화하자 HSBC가 인수계획을 취소해버렸다. 갑자기 다른 먹잇감(M&A 대상)이 많이 생겼기 때문일 것이다. 아무튼 정부는 글로벌 우량은행의 국내 진출로 은행산업의 선진화 기반을 다지고 달러 기근도 완화할 기회를 놓쳤다.

정부 정책도 기업 경영처럼 결과로 평가받을 수밖에 없다. 강론을 아무리 잘해도 정책 실전(實戰)에서 성공하지 못하면 소용없다. 전문가의 실책(失策)은 문외한의 무지(無知·無智) 이상으로 치명적이다.

세계적으로 자고 나면 금융회사 하나가 망하는 전례 없는 상황이 벌어지고 있다. 국내 금융시장도 불안이 팽배하다. 어제는 거의 패닉(공황) 조짐을 보였다. 부동산시장은 또 하나의 거대 뇌관이다. 이명박 대통령과 정책 당국자들이 고도의 집중력과 민관(民官)의 지혜를 총결집해 우리 경제의 지뢰밭 탈출을 실수 없이 이끌어야 한다. 정책조합을 잘못 선택하면 만회가 어려운 절체절명의 금융난세다.

진보의
견장을 떼라

"이른바 진보세력의 반대에 굴복해 도전과 변화,
개발과 발전을 포기했다면 우리는 북한과
별 차이 없는 거지나라에 살고 있을 것이다."

이 나라엔 '진보의 견장'을 떼야 할 '가짜 진보, 위장 진보'가 너무 많다. 이들의 '민 얼굴'은 어떤 모습인가.

진보는 '도전과 변화'다. 우리 국민은 역동적인 도전과 변화를 통해 세계인들이 경탄하는 발전을 이뤄냈다. 대한민국은 시장 개방과 해외 개척을 통해 무역강국 경제대국으로 발돋움했다. 경부고속도로를 닦지 않고, 포항제철을 건설하지 않았다면 산업화는 미뤄졌을 것이다. 그런데 이런 변화와 도전을 줄기차게 반대하고 방해한 사람들이 진보의 탈을 쓰고 있다. 이들은 한미 FTA마저 반대한다.

국내의 이른바 진보세력은 북한 주민들의 지옥 같은 인권 참상에 눈을 감는다. 소위 진보정당들은 북한인권법 제정에 한사코 반대한다. 이들은 경제개발 시대 박정희 정권의 자유 억업과 인권 침해에 대해 줄기차게 물고 늘어진다. 그러면서도 북한 주민 수백만이 굶어죽고, 또 수백만이 정치범 수용소에서 개죽음으로 내몰린데 대해선 침묵한다.

'우리 진보 진영'이라고 자칭하며 '민주와 진보'를 파는 사람들의 가면을 벗겨보자.

미리 보는 민주 – 통합진보당 공동정권

통진당 사태, 국민 상상력을 자극 | 야권연대 집착 종착역은 어딜까

살아 있는 역사인 '3, 4, 5월의 실제상황'을 한번 뒤집어 보자.

통합진보당의 아이콘 이정희는 서울 관악을(乙) 야권후보 단일화 여론 조작사건만 묻혔더라도 재선 국회의원의 '살인 미소'로 더 많은 국민의 가슴을 설레게 했을 것이다. 1년 전 '진보의 붉은 장미'라며 이정희를 띄운 조국 서울대 교수는 더욱 신이 나 트위터 찬사를 바쳤을지 모른다. 이정희는 통진당 대통령 후보 레이스에 나왔을 것이고, 그의 배후인 당권파는 유시민 심상정을 밀쳐내고 이정희를 후보로 세울 수 있었을 것이다.

이정희는 여론조작 파문으로 재선에 실패했다. 그럼에도 통진당 비례대표 경선부정(不正)사건만 터지지 않았다면 변함없이 당권파의 간판으로 전략적 대선 주자 반열에 오를 가능성은 남아 있었다. 제1야당 민주통합당은 통진당과의 대선 연대에 간절하게 매달렸을 것이고, 통진당은 민주당을 더 만만하게 조종하며 '공동정권 수립'이라는 중간목표에 다가섰을 것이다. 이정희가 18대 대통령(2013~2018년)은 민주당이나 안철수 교수에게 양보하지만 '19대(2018~2023년)는 내 차례'라고 생각했을 법하다.

4·11총선에서 국회 13석을 차지한 통진당의 선거 사기가 완전범죄로 끝났더라면, 그리고 종북세력 핵심 몸통인 비례대표 2번 이석기 등이 상처 없이 국회에 둥지를 틀었다면 대한민국은 '종북과의 본격적 동거'라는 역사의 변곡점을 맞았을 것이다. 이들이 민주당과 견고한 스크럼을 짜고 대선 승리의 주역이 될 가능성도 높아졌을 것이다.

그래서 공동정권이 출범한다면 김대중-김종필(DJP) 연합정권이나 노무현 정권과는 본질이 전혀 다른 정권이 될 것이다. 김일성 김정일의 주체사상을 지도이념으로 삼고, 대한민국의 정통성과 헌법 정신을 부정하며, 한미 안보동맹을 해체시키려는 사람들이 국회의원뿐 아니라 장차관, 청와대 비서관, 정부산하 위원회 등의 자리를 요구하고 실제로 차지할 것이다. 이들은 청와대 회의, 국무회의, 야당 연석회의, 정부부처 회의, 안보관련 주요 위원회 등을 통해 대한민국의 뇌와 심장과 신경계에 파고들 것이다. 대한민국의 정보 보안체계는 무력화될 것이고, 대통령부터 이들의 감시를 당할 것이다.

이 공동정권 속의 종북세력은 국가보안법 폐지를 다시 들고 나올 것이다. 유럽에도 극좌정당이 있지만 이들은 소련과 동구권 붕괴로 비빌 언덕이 없다. 반면 대한민국 안의 통진당 주사파 종북세력은 북한 김일성 왕조라는 강력한 배후세력을 갖고 있다. 그래서 남한 체제 안에서 탄력이 조금만 더 붙으면 국가체제 변질을 얼마든지 시도할 수 있다. 이 점이 대한민국에서 국가보안법이 필요한 이유이고, 주사파가 한사코 국가보안법을 없애려는 이유이기도 하다.

공동정권에 진입한 종북세력은 김정은 3대세습이 안착되도록 '어린 장군님 영도'에 충성할 것이다. 이를 위해 북쪽의 도발은 엄호하고, 남쪽이 북쪽을 위해 무엇을 해야 할 것인지를 줄줄이 제시할 것이며, 남쪽의 안

보시스템은 최대한 고장낼 것이다.

통진당 선거부정 및 그 후속사태는 대한민국 속 종북세력의 실체와 특질을 부분적으로나마 드러냈다. 이정희의 겉과 속이 어찌 저토록 다를 수 있는지, 많은 국민은 경악했고 일부 국민은 실망했겠지만 아무튼 저들의 가면이 조금 벗겨졌다. 그러나 앞으로도 저들의 본질은 변하지 않을 것이다. 이것은 나의 추론이 아니고 한때 저들과 함께 지하활동을 하다가, '주사파 원조' 김영환이 민혁당을 해체한 뒤 그를 따라 전향하고 커밍아웃한 인물의 체험적 판단이다.

이들에겐 애당초 민주주의 DNA가 없다. 이번 총선의 최대 프로젝트는 이석기 김재연 등이 국회의원으로 제도권에 진입하는 것이었다. 그래서 민주적 경선 절차를 밟는 척했지만 실제로는 '2, 3인의 지도부'가 막후에서 내린 결정이나, 세운 목표를 관철하기 위해 어떤 수단과 방법도 가리지 않았다. 이들이 통진당 비당권파가 의결한 '비례대표 총사퇴'를 거부하는 것도 국회에 들어가는 것이 현재의 무조건적 목표이기 때문이다. 그래서 이들은 이미 국회의원 등록까지 마쳤다.

김대중 노무현 대통령 창출로 집권한 경험이 있는 이해찬 문재인 등 민주당 유력자들은 통진당이 이런 속살을 드러냈음에도 대선 연대를 계속하겠다는 입장을 보이고 있다. 통진당 다음은 민주당 내 종북세력이 국민적 관찰의 대상이 될지도 모르겠다. 곽노현 서울시교육감은 후보 매수 혐의에 대해 1심 재판에서 벌금 3000만 원의 유죄를 선고받았지만 반성하거나 부끄러워하는 기색이 없다. 그는 오히려 "전인격적 선택이자 최상의 조치였다. 구치소에서도 자기연민이나 비탄에 빠져 지낸 적은 단 1초도 없었다"고 교육청 간부들 앞에서 말했다.

곽노현의 불명예 귀환

7만 원 받은 교사 징계한 매운 손 | 독선적 진보, 師道인가 邪道인가

곽노현 서울시교육감은 후보 매수 혐의에 대해 1심 재판에서 벌금 3000만 원의 유죄를 선고받았지만 반성하거나 부끄러워하는 기색이 없다. 그는 오히려 "전인격적 선택이자 최상의 조치였다. 구치소에서도 자기연민이나 비탄에 빠져 지낸 적은 단 1초도 없었다"고 교육청 간부들 앞에서 말했다.

서울중앙지법 김형두 부장판사가 '후보 사퇴 대가'로 2억 원을 받은 박명기 서울교대 교수에게는 징역 3년을 때리고 곽 교육감에게는 업무복귀가 가능한 벌금형을 매긴 이상, 곽 교육감의 복귀는 법적으로 인정될 수밖에 없다. 하지만 그가 양심의 가책을 털끝만큼도 느끼지 않고 있다는 사실은 경이롭기까지 하다.

곽 교육감 측은 2억 원을 여러 사람 계좌에서 5000만 원 이하로 쪼개 인출해 현금으로만 건넸다고 한다. 절반인 1억 원의 출처는 곽 교육감이 "밝힐 수 없는 사정이 있다"며 진술을 거부해 아직도 안갯속이다. 교육자인 양측은 돈을 6번에 나눠 주고받으며 차용증과 역차용증도 서로 챙겼다고 한다. 곽 교육감이 정의(定義)한 대로 '선의의 긴급부조'라면 돈세탁 냄새

나마 풍기지 않고 아파트 전세금 지불하듯이 심플하게 줄 수는 없었을까.

2010년 6·2 지방선거 하루 전날 곽 후보는 "서울시교육감 후보 중에 부패와 싸워본 사람은 나 말고 없다"고 기염을 토했다. 취임 1주년을 맞은 작년 7월에는 "반부패를 위해선 윗물이 맑아야 하는데 그 점에서 나는 누구보다 자유롭다"고 강조했다. 그 말의 울림이 남아 있던 8월, 후보 매수 의혹이 터졌다. 이때 곽 교육감은 기자회견문을 발표했다. "제가 어떻게 법 위반을 할 수 있겠습니까? 왜 저에게 항상 감시가 따를까요? 이른바 진보 교육감이라는 이유일 겁니다. 그런 점에서 이번 사건도 정치적인 의도가 반영된 표적수사라고 봐도 틀리지 않을 겁니다."

서울시교육감 선거에서 곽 후보는 34.3%를 득표해 33.2%의 이원희 후보에게 어렵게 이겼다. 선거과정에서 곽 후보는 같은 좌파계열인 박명기 후보를 사퇴시킨 반면, 이 후보는 같은 우파계열인 김영숙, 남승희 후보와 표를 갈라 가졌다. 김·남 두 후보의 득표율은 합쳐서 24%였다. 대가를 전제로 박 후보가 사퇴하지 않았더라도 곽 후보가 당선됐을지는 누구나 상상할 수 있다.

곽 교육감 자신은 "민주 진보진영 경선에서 다섯 분이 겨뤘는데 최종적으로 저로 단일화가 이뤄졌고, 특히 박 후보와의 막판 단일화는 제가 교육감이 되는 데 중요한 역할을 했다"고 작년 8월 기자회견문에서 인정했다. 그때 곽 교육감은 "후보 단일화가 저에게 절실한 목표일 수밖에 없었다"고 털어놓았다. 곽 교육감은 2007년 대선 때 창조한국당 대변인으로 문국현 후보를 도왔는데, 당시 곽 대변인은 후보 단일화에 대해 "무조건적 단일화는 정치공학적 단순셈법 단일화일 뿐, 국민의 동의를 얻을 수 없다"며 반대한 기록이 있다.

선거에서 경쟁자 매수 기도는 민주주의에 대한 심각한 도전이다. 지방

선거에서 기초의회 의원 후보가 상대 후보에게 '사퇴하면 5000만 원을 주겠다'고 의향만 밝혔는데도 징역 6개월을 선고받은 사례도 있다. 실제로 경쟁 후보를 사퇴시켰다면 득표율 도둑질로 '민의 왜곡죄'가 매우 무겁다. 아무튼 이번 곽노현 판결은 판사 잘 만나면 징역감도 벌금형으로 바꿀 수 있다는 국민적 경험 하나를 추가했다. 그저 전달책 노릇을 했던 강경선 방송통신대 교수가 2000만 원 벌금형을 받은 것은 '곽 교육감의 3000만 원'과 비교하면 꽤나 무겁게 느껴진다.

곽 교육감은 작년 9월 구속수감으로 직무를 정지당할 때까지 1년 2개월간 자신이 말한 대로 '비리 척결과 반부패 교육행정'의 선봉에서 칼을 휘둘렀다. 학교 현장의 100만 원짜리 비리도 퇴출 대상이 됐고, 7만 원을 받은 교사까지 징계됐다. 하지만 곽 교육감 자신은 대가성 있는 돈 2억 원을 미스터리 영화에 나올 듯한 방법으로 처리했지만 개선장군처럼 교육감 자리에 복귀했다. 그는 구치소에서 나오던 순간 보도진 카메라 앞에서 너무나 당당했다. 일순 그가 보였던 냉소 어린 표정은 어떤 뜻을 담고 있는지 궁금했다.

선거에서 이기려고 유권자에게 짜장면 한 그릇을 사줘도 안 된다. 이른바 '진보'라고 자칭하는 좌파 후보 둘 중에 하나를 '대가'를 전제로 사퇴시킨 것은 짜장면으로 치면 적어도 몇만 그릇은 될 것이다. 이런 부정을 부패로 인정하지 않는 인물이 서울시교육감으로 돌아왔다. 서울시교육청 관할하의 초중고에선 학생 130만 명이 자라고 있다. 이 아이들은 곽 교육감한테서 사도(師道)를 배울까, 사도(邪道)를 배울까.

최은배 판사,
법관 독립성 남용했다

입법권 침해, 실정법을 휴지로 ┃ 대법원장 시험하는 운동권 행태

헌법이 정한 기본권을 누구나 보장받는 것은 아니다. 필요한 경우 국민의 자유와 권리를 법률로 제한할 수 있게 한 것도 헌법이다. 공무원은 국가로부터 신분보장을 받는 대신 기본권 일부를 제한받는다.

정치적 영향을 받으면 업무가 많이 훼손될 소지가 있는 공무원은 다른 공무원보다 정치적 중립을 더 엄하게 요구받는다. 군이나 수사 재판 등의 업무에 종사하는 공무원이 그렇다. 요즘 일부 판사의 재판과 언동은 헌법이 정한 독립성과 신분보장의 특권을 남용하고, 법치 민주주의에 상처를 내고 있다는 생각을 금할 수 없다.

인천지법 최은배 부장판사는 '민노당에 불법 후원금을 낸 전교조 교사(공무원)를 실정법(정치자금법) 위반이라고 해서 징계하는 것은 헌법상의 자유를 침해하는 것으로 위헌이다' '같은 행위라도 정부에 반대하는 정당에 후원금을 납부하는 것은 정권 장악 정당에 내는 것과 달리 취급해야 한다'는 취지의 판결을 했다. 판사가 실정법의 효력을 무력화(無力化)시키는 판결을 하는 것은 민주주의의 토대인 '법의 지배'를 흔드는 탈선이다. 실정법의 위헌 여부는 개개 판사가 판단할 일이 아니고, 헌법재판소가 결정할 영역이다.

공무원의 실정법 위반에 대한 법원의 유죄 판결은 그 공무원이 속한 기관에서의 징계 가능성을 논리적으로 포함한다. 법 위반을 징계할 수 없다면 도대체 무엇을 징계할 수 있다는 말인가. 최 판사는 실정법을 무시하고, 임의로 독자적인 입법을 한 셈인데 이는 입법부의 법률 제정권을 침해한 것으로 삼권분립을 훼손하는 월권이다. 입법권은 최 판사를 포함한 사법부에 있지 않고, 국회에 있다.

최 판사는 양심에 따른 판결이라고 주장할지 모르겠다. 그러나 헌법 103조 '양심에 따른 재판'의 양심은 헌법 19조 '양심의 자유'의 양심과는 다르다. 헌법 103조의 양심은 판사마다 천차만별인 개인적 양심을 말하는 것이 아니다. 개인적인 가치관이나 사사로운 선입관을 배척하고 공평무사한 결론을 내리는 직업적 기능적 양심을 말한다. 헌법과 법률이 자신의 양심과 다를 때는 법을 따르는 게 판사의 의무다.

'야당에 불법으로 후원금을 줬더라도 여당에 주는 것과는 달리 너그럽게 봐줘야 한다'는 식의 판결도 황당하다. 어느 민주국가에 이런 법리(法理)가 있는가. 여기서도 최 판사는 실정법을 적용해야 할 판사의 의무를 위반했고, 자신에게만 통하는 입법 활동을 했다. 여야가 바뀌는 것도, 민노당 의석이 적은 것도 민의가 결정지어준 자유민주보통선거의 결과다. 최 판사는 법관의 독립성을 악용해 정치적으로 종북 정당을 비호한다는 의심까지 살 만하다.

최 판사는 앞서 한미 자유무역협정(FTA)과 관련해 자신의 페이스북에 '뼛속까지 친미인 대통령이…, 나라 살림을 팔아먹은'이라는 글을 올려 법관의 품위를 떨어뜨렸다. 이용훈 대법원장 시절인 2009년의 대법원 판결에 따르면 직무 안팎을 불문하고 공무원으로서의 품위를 손상하는 행동은 징계 사유다. 일부 인사는 소셜네트워크서비스(SNS)를 통해 발언해 놓고 물의가 빚어지면 '그곳은 사적 공간'이라고 하는데 이는 영악하지만 비겁하다.

최 판사는 사법부 내의 이념적 사조직인 우리법연구회 회장직을 맡고 있다. 1988년에 결성된 이 연구회는 대법원장의 인사권을 흔드는 데 앞장섰고, 자신들에게 호의적이던 이용훈 대법원장 시절에는 내놓고 이념 편향적 판결을 했다. 그리고 양승태 대법원장 취임 초기인 요즘, 운동권 방식으로 양 대법원장을 시험하는 행태를 보이고 있다. 이명박 정부 초기, 광우병 시위세력이 대통령을 흔들던 모습이 연상된다.

최 판사처럼 1980년대에 대학을 다녔던 일부 386세대 법관은 친구들이 민주화 운동을 하는 동안 고시공부만 한 것에 대해 부채의식을 느끼고 있다고 한다. 그러나 질풍노도 시대에 고시 책에 머리를 파묻었다는 '빚 아닌 빚'을 갚기 위해 뒤늦게 낡은 좌파이념에 편승하거나 머리로만 배운 추상적 가치에 매달리는 판사가 있다면 국가사회를 위해 다행일까, 불행일까.

정의의 여신은 로마어로 유스티치아라고 부른다. 유스티치아는 영어 Justice(정의)의 어원이 됐다. 정의의 여신상은 보통 안대로 눈을 가리고 오른손에 칼, 왼손에 저울을 들고 있다. 오직 법에 의해서만 저울처럼 공정하고 칼처럼 냉정한 판결을 내리라는 뜻이다. 그게 삼권 중 사법에 주어진 역할이다. 법관들이여, 판사의 길을 다시 한번 성찰해보라.

진보의 견장을 떼라

북한 인권 외면하며 진보라고 자처하나

'우리 진보진영'이라고 하는 사람들이 퇴보적인 행동을 많이 하기 때문에 나는 그들을 진보세력이라고 인정하지 않는다.

진보진영의 총단결체를 지향한다는 '한국진보연대'는 국적이 한국 맞는지 의심스럽다. 그만큼 헌법 파괴적이고 북한정권 추종적이다. 이 연대의 한상렬 씨는 지난해 불법 방북해 천안함 폭침을 "미국과 민족반역자 이명박의 합동 사기극"이라 하면서 김일성 김정일을 찬양했다. 국민이 신성한 투표권을 행사해 뽑은 대통령을 민족반역자라고 하니, 그가 말하는 민족이란 북이 날조한 이른바 '김일성 민족'을 뜻하는가.

진보연대는 시위로 반정부 반미 친북 이슈를 만드는 전문가 집단이다. 2008년 봄여름엔 참여연대 민주노총 등과 함께 광우병 촛불시위를 주도했다. 최근엔 제주 강정마을 해군기지 반대와 한미 FTA 저지 운동으로 바쁘다. 진보연대 참가단체로는 민주노동당, 련방제통일추진회의, 민족문제연구소 등 30여 개가 올라 있다. 민주노총과 천주교정의구현전국연합은 참관단체로 분류돼 있다.

‘참여민주사회와 인권을 위한 시민연대’를 줄인 참여연대도 시위라면 진보연대와 난형난제(難兄難弟)다. 국가보안법폐지국민연대, 이라크파병반대국민행동, 평택미군기지확장저지범대위, 한미FTA체결반대범국민행동 등에 ‘참여’했다. 서울 종로구 통인동에 있는 참여연대 건물은 광우병 시위의 지휘본부 같았다.

참여연대는 2006년 기업들의 편법상속에 대한 조사결과가 발표될 즈음 ‘새 보금자리 마련을 위한 후원의 밤’ 행사를 열고 기업들에 초청장을 돌렸다. 그런 과정을 거쳐 마련된 참여연대 새 보금자리가 시위의 전략기지가 된 것이다.

참여연대 창립 주역으로 사무처장과 상임집행위원장을 지낸 박원순 씨가 10·26 서울시장 보궐선거의 야권 후보로 뛰고 있다. 그는 경선 전에 이정희 민노당 대표를 만나 ‘진보민주 제(諸)정당의 연대’를 강조하며 “민노당과 함께 가치를 실현하겠다”고 했고, 11일 선거대책위 출범식에서는 ‘민주 진보세력의 단결’을 외쳤다.

진보에 대한 해석은 다양하다. ‘역사가 나아가야 할 올바른 방향’을 진보라고 규정하더라도 무엇이 ‘올바른 방향’인지 전면적 합의는 불가능하다. 유럽 지식인 사이에 공산주의가 진보로 숭상된 적도 있었다. 그러나 동유럽과 소련의 붕괴는 공산주의가 역사의 진보일 수 없음을 증명했다. 헤겔은 역사철학에서 “세계사는 한 사람의 자유로부터 모든 사람의 자유로 나아가는 것”이라고 했는데 이는 좌파든 우파든 인정해야 할 최소한의 진보다.

박 후보는 민주와 진보를 하나로 묶었지만 민주는 진보이기도 하고 보수이기도 하다. 불완전한 민주주의를 발전시키는 것은 진보요, 바른 민주주의를 지키는 것은 보수다.

북한에는 보수할 민주주의가 아예 없다. ‘독재자 한 사람만이 자유로운' 세습왕조체제는 21세기 지구촌 최악의 반(反)민주요, 반진보다. 이런 김정일 집단을 옹호할 뿐 아니라 '남한 내 하수인'까지 된 사람들이 진보를 자처하는 것은 '진보 모독'이다. 박 후보가 이런 종북세력에까지 서울시정(市政) 공동운영 구상을 밝힌 것은 반진보요, 시대정신 역행이다.

'인권'은 참여연대의 최고 가치다. 그런데 국내의 소위 진보세력은 '보편적 인권 신장'이 진보의 핵심가치라는 데 진심으로 동의하는가. 이들 세력은 행복권은커녕 생존권마저 빼앗기고 있는 북한 내 민족의 인권을 외면한다. 박 후보도 북한에 억류된 '통영의 딸' 구하기 운동에 동참하지 않는다는 비판을 받고 있다.

국회는 몇 년째 북한인권법을 제정하지 못하고 있다. 진보를 자처하는 민주당과 민노당이 한사코 반대하기 때문이다. 민주당은 대한민국을 책임진 경험까지 있음에도 종북세력의 시위에 들러리나 서왔으니 어찌 진보라 할 수 있겠는가.

진보는 '도전과 변화'다. 우리 국민은 역동적인 도전과 변화를 통해 세계인들이 경탄하는 발전을 이뤄냈다. 국내외 시장의 개방과 개척을 통해 산업 선진국도 됐다. 이른바 진보세력은 이 같은 도전과 변화를 끊임없이 방해했고, 지금은 한미 FTA 비준·발효를 저지하고 있다. 이들의 반대에 굴복해 도전과 변화, 개발과 발전을 포기했었다면 우리는 북한과 별 차이 없는 거지나라에 살고 있을 것이다.

국내의 이른바 진보세력은 진보의 견장을 떼야 한다.

이명박 대통령의 탈이념은 빛나갔다

이념의 시대는 가지 않았다 | MB, 이념과 담론의 힘 성찰해야

이명박 대통령은 남은 임기가 1년 반으로 줄었지만 국정 최고책임자로서 이제라도 이념 문제를 통찰하고, 정치 사회 교육 등의 현장에서 벌어지고 있는 국가정체성 왜곡을 바로잡는 리더십을 보여주기 바란다. 다음 대통령이 되겠다는 사람들도 이념체계를 분명히 하고 이를 국민에게 밝혀 심판받아야 마땅하다. 국민은 차기 주자들이 어떤 이념을 구현할 사람인지 냉철하게 판단해야 '잘못 뽑았다'는 후회를 안 할 수 있다.

이 대통령은 대한민국 역대 대통령 중에 가장 탈(脫)이념적이라고 볼 수 있다. 2008년 "이념의 시대를 넘어 실용의 시대로 나가야 한다" "이념의 시대는 갔다"는 선언과 함께 임기를 시작했고, 그해 제헌절에는 자신의 실용주의에 대해 "한반도에서 이념 싸움은 끝났다는 의미"라고 설명했다. 이념을 '낡은 가치'라고 했고, 지난주 광복절 경축사에서는 "이념의 정치에서 생활의 정치로 전환해야 한다"고 했다. 이념의 정치와 생활의 정치는 선택이 아니라 다 필요하다.

이 대통령의 탈이념 지향은 현실 도피로 비쳤으며, 사회의 이념적 대립과 이에 따른 혼란 및 국력 낭비를 줄이지 못했다. 정치 경제 사회 교육 문화 등 각 분야가 '자유민주적 기본질서를 더욱 확고히 한다'는 헌법정신을 경시하고, 저마다 다른 실용과 이익을 좇아 충돌하는 '원시적 이념 상태'로 돌아간 느낌마저 든다. 좌파 정치권과 노동계 연합세력이 국가기관에 몰려가 간첩수사를 하지 말라고 윽박지르는 지경에 이르렀다.

헌법 수호야말로 대통령의 최대 책무다. 그 핵심은 영토의 보전, 국가의 계속성 수호, 자유민주적 기본질서에 입각한 통일정책 추진 등이다. 이를 위해 안보태세를 확립해야 한다. 그러자면 헌법적 가치를 흔드는 이념적 도발에 단호해야 한다. 그럼에도 이 대통령은 탈이념을 강조하는 것으로 대신했다. 중도좌파까지 지지층으로 흡수하려는 생각이 있었을지 모르지만 결과는 탈이념이 안이했음을 보여줬다.

임기 초반에 이 대통령의 기를 꺾은 광우병 시위 사태부터 지극히 이념적이었다. 주도세력의 동력은 '반보수정권·반미·친북'이었다. 미국과의 자유무역협정(FTA)을 유독 집요하게 반대하는 세력의 상당수도 이런 수구좌파 이념에 빠진 사람들이다. 이렇게 말하면 '색깔론'이라고 반격하는 것이 이들이다.

조승수 노회찬 심상정 씨 등은 민주노동당의 종북주의에 반대해 탈당했다. 또 민노당에 가입했던 어느 사회활동가는 '우리의 행동을 장군님(김정일 지도자 동지)은 어떻게 생각하실까?' 하는 말이 그 안에서 터져나오는 것을 듣고 탈당했다고 한다. 민노당과 그 핵심 모체인 민노총은 여러 차례 공안당국의 간첩수사 대상이 됐다. 그럼에도 민주당은 오직 선거 승리를 위해 민노당에 손을 내밀고 있다.

우리나라가 자유민주주의 국가임을 한국사 교과서에 명시하지 말라는 사람들도 있다. 자유를 빼고 민주주의만 써야 한다는 요구다. '반공주의적 색채를 띠고 있다'는 것이 자유민주주의 용어에 반대하는 이유의 하나다. 반공주의에 문제가 있다는 말인데, 거꾸로 용공(容共)이야말로 자유민주주의로 일어선 우리를 위협한다. 대한민국은 공산주의의 침략을 받았고 지금도 그 협박에 시달리고 있다.

자유를 버리고 민주주의만 명기할 경우, 특정 계층의 민주적 지배를 내세워 실제로는 예외 없이 일당독재로 흐른 인민(민중)민주주의를 배제하기 어려워진다. 히틀러의 나치도 스스로 민주주의라고 일컬었고, 가장 반민주적인 3대 세습을 강행하는 김일성 왕조도 '조선민주주의인민공화국'이라고 자칭한다. 자유민주주의 용어에 반대하는 사람들은 그런 체제까지 민주주의의 이름으로 받아들이자는 것인가. 의도가 그렇다면 이는 대한민국 체제에 대한 명백한 도전이다.

남한을 뒤엎어 북한 중심의 통일을 해야 한다는 극좌 유물사관 소유자의 세례를 받은 사람들이 국사학계에 많다는 얘기는 무얼 뜻하는가. 북한을 미화하고 대한민국을 폄훼하는 국사교과서를 집필한 사람이 현 정부 아래서 국사편찬 핵심 분과의 책임자로 발탁되는 현실은 과연 정상인가.

대한민국 지도자는 탈이념을 할 수 없다. 대통령이 이념의 시대는 갔다고 하니까 나라를 지켜야 한다는 국민의식마저 약화돼 가고 있다. 이 대통령은 이념과 담론의 힘을 성찰해야 한다. 실용만으로 이념과 담론을 대체할 수는 없다.

북한 민주화 방해하는
남한 민주화세력

중동 민주화는 지지, 북에는 침묵 | 북한인권법 거부세력 국회 장악

작년 여름 미국 워싱턴포스트 계열의 정치외교 전문지 포린폴리시 (Foreign Policy)가 세계 최악의 독재자 23명을 추려냈다. 최악 중 최악 (The Worst of the Worst)은 노스 코리아의 김정일이었다. 리비아의 카다피는 11위, 이집트의 무바라크는 15위였다.

70억 세계인 가운데는 사우스 코리아와 노스 코리아를 혼동하는 사람도 많을 것이다. 코리아라면 김정일을 떠올리는 세계인에게 '코리안'은 오명이 되고 만다. 김정일은 독재자를 넘어 반인륜범죄자로, 한민족을 부끄럽게 만드는 존재다.

한국에서 민주화운동을 했다는 사람들 중에 자칭 진보세력은 지금도 이 나라를 '민주 대 반민주'로 가르려 한다. 자신들은 민주세력이고, 반대 진영은 반민주세력이라고 딱지 붙인다. 노무현 정부의 법무부 장관을 지낸 천정배 민주당 최고위원은 "이명박 대통령은 독재자다. 이명박 정권, 죽여 버리겠다"는 극언까지 했다. 이명박 대통령을 비하 비방하는 호칭과 욕설은 정치권과 인터넷을 비롯한 시중에 난무한다. 아무튼 천 의원은 건재하고, 온갖 대통령 모독행위도 법에 의하지 않고 처벌되는 일은 없다. 천 의원이 평양에 가서 '김정일은 독재자'라고 했다면 살아서 돌아오기 어려웠을 것이다. 남한에서도 김정일 비판을 꺼리는 그가 진짜 독재자 소굴에 가서 그런 말을 할 리는 물론 없다.

진보 정치학자 가운데 최장집 교수는 이명박 정부 3년을 돌아보며 "민주주의는 후퇴하지 않았고 정상적으로 작동했다"고 평가했다. 이것이 상식에 가깝다. 이쯤에서 한국의 민주화세력이 눈을 돌려야 할 곳이 어디인지는 자명하다. 북한이다.

그러나 박지원 민주당 원내대표는 북한 민주화나 주민 인권보다 김정일 집단의 심기에 더 신경 쓰는 모습이다. 박 의원은 "북한을 자극하면 북한도 자구 차원에서 무엇인가 또 '일'을 하기 때문에 삐라 살포 등 우리 정부의 심리전은 필요 없다"고 말했다.

국내 좌파도 튀니지 이집트 리비아를 비롯한 북아프리카 중동의 민주화 확산에 대해서는 '인류 보편의 가치 실현'이라고 평가한다. 이 계통의 한 신문은 "국제사회의 관심이 중요하다. 인류의 보편적 가치인 자유와 인권, 그리고 경제적 평등의 확산을 바라는 아랍인들의 싸움에 지지를 보내는 것은 당연하다"고 썼다. 맞는 말이다.

서울에서 이집트 카이로는 8500km, 리비아 트리폴리는 1만 1200km 떨어져 있다. 그 먼 나라 시민들의 자유와 인권, 경제적 평등을 열망할 정도면 2400만 북한 주민에게 먼저 눈길을 주는 게 정상이다. 서울에서 평양은 240km고, 개성까지는 30~40분이면 달릴 57km다. 헌법상의 대한민국 영토라는 사실마저 제쳐두더라도 동족이 있는 곳이다. 그럼에도 남한의 진보라는 사람들은 북한의 민주화를 위해 어떤 행동도 할 생각이 없다. 아예 말조차 않는다.

몇몇 좌파 시민단체는 "이명박 정부가 리비아 상황에 대해 부끄러운 침묵을 지키고 있다"며 항의시위까지 벌였다. 이들 단체는 카다피를 향해 "42년 독재도 모자라 권력세습을 꾀하며 의회와 헌법을 폐기했고 모든 방송을 관영화해 검열한다"고 비난했다.

김일성 김정일 부자는 62년 수령독재 공포정치도 모자라 3대 세습까지 꾀하며 '거수기 인민회의'와 '앵무새 방송' 밖에 허용하지 않고 20만 명을 정치범 수용소에 가두었다. 북한의 경제사회적 불평등 역시 세계 최악이다. 김정일 일가의 호화사치는 상상을 초월하고, 김일성 왕조를 옹위하는 일부 특권층도 '기쁨조'라는 성적 노리개 여성들을 따로 두고 있을 정도다. 그 뒷전의 대다수 주민은 세계로부터 차단당한 채 인간 이하의 삶에 신음하고 있다.

하지만 대한민국 국회는 북한인권법 하나 제정하지 않고 있다. 민주당 민노당이 입법을 한사코 반대하고, 한나라당은 무기력하다. 미국은 이미 7년 전인 2004년에 북한인권법을 제정해 시한을 거듭 연장하면서 대북 인권운동단체 등을 지원하고 있다.

입만 열면 인권을 외치는 이 땅의 이른바 진보 민주화세력은 이제 가면을 벗을 때가 됐다. 당신들은 더 이상 민주화세력도, 진보세력도 아니다. 세상에 어떤 진보가 상시적으로 인권유린을 당하는 동족을 수십, 수백 km 옆에 두고도 이들을 탄압하는 세계 최악의 독재정권만 두둔한단 말인가.

이명박-한나라당 정권 또한 '감이 저절로 떨어지듯' 언젠가는 통일의 기회가 오겠지 하는 태도를 바꿔야 한다. 북한 민주화를 위한 전략도, 행동도 없다면 통일의 기회가 오더라도 북한 주민들의 이반 속에서 기회를 날려버릴 수 있다.

남쪽 좌파를 시험하는 김정은

세습 동의서 도장 찍는 사람들 | 김일성 왕조와의 통일도 좋다?

2년 반 전 광우병 시위를 벌이며 '이명박 아웃'을 절규하던 사람들이 지난달 드디어 모습을 드러낸 김정은 대장 앞에선 다소곳하다. 진보라고 자칭하는 이들은 반MB 시위 때마다 헌법 1조 1항 '대한민국은 민주공화국이다'를 노래로, 고함으로 부르짖었다. 자신들도 참가한 보통·직접·평등·공정 선거에서 531만표 차로 당선된 대통령을 민주공화국 지도자로 인정하지 않겠다는 것이었다.

북한의 3대 세습은 '조선민주주의인민공화국'이라는 국호를 완전 폐기하지 않고는 성립될 수 없다. 이 세습은 민주주의·인민·공화국, 어느 것에도 부합하지 않는다. 그런데도 남쪽의 진보라는 사람들에게선 '조선은 인민민주주의공화국이다'는 노래도, 고함도 없다.

김정은 대장의 출현은 북한의 '세습적 불평등'을 극명하게 말해주거니와, 김일성 왕조의 세자 김정은을 둘러싼 세습권신(權臣)들도 부상했다. 이른바 혁명 1세대인 최현의 아들 최룡해 대장, 오진우의 아들 오일정 당 군사부장이 그렇다.

남쪽의 소위 진보는 북한 왕조권력이 김일성 일가와 권신집단의 특권 교환을 통해 세습되는데 대해 두둔하거나 어물어물할 뿐이다. 그러면서 국내의 외교관 특채 같은 것은 '불평등 죄악'으로 단죄하는데 기민하고 모질다. 평등은 진보주의가 앞세우는 가치지만 우리 주변의 진보는 남과 북에 전혀 다른 잣대를 댄다. 그 이중성조차 진보의 내재적 가치인지 모르겠다.

　인류의 가장 보편적 가치는 인권이다. 문명사는 한마디로 인권 신장의 역사다. 시민의 권리와 자유, 정치권력의 제한, 선거 및 언론의 자유, 잔인한 형벌의 금지 등을 담은 17세기 영국 권리장전은 곧 인권선언이었다. 18세기 프랑스 대혁명의 자유·평등·박애의 이상, 미국 독립선언서에 담긴 생명·자유·행복 추구권, 대한민국 건국이념이자 헌법정신인 자유와 민주주의도 인권에 수렴된다.

　김일성 김정일 김정은 세습 왕조는 이런 인권 가운데 어느 것 하나도 구현하지 않았다. 정반대로 이천수백만 주민을 인권의 주체로서가 아니라 체제의 인질로 잡고 인권 말살을 자행해왔다. 3대 세습은 인권 유린의 고착화 과정이다. 김정일 일가의 정치권력은 확대 세습되고, 선거 대신 위압적 군중대회와 열병식으로 자유를 질식시키며, 지옥 같은 강제수용소를 통해 반대를 잠재운다. 말이 조선노동당이지 기실은 노예 수준의 노동 착취로 극소수 특권층만 향락을 누리며, 대다수 주민은 굶주림으로 내몰아 생명을 위협하고, 이를 견디지 못한 탈북자들의 도망은 또다른 죽음을 각오해야 한다.

　진보로 포장한 남쪽 친북좌파는 태극기 대신 한반도기를 흔들며 '민족끼리'와 '통일'을 외치는데, 이들에게는 과연 누가 민족인가. 영양과잉의 김정은인가, 강냉이죽도 구경 못하는 한 많은 북한 주민들인가.

　이 땅의 좌파는 학생인권조례라면서, 배우는 아이들에게 필요한 규율마저 내던지고 무한자유, 그것도 홍위병 식 정치자유까지 줘야 한다고 설친다. 기름을 끼얹어 경찰을 숨지게 한 사람들을 민주인사로 둔갑시켜 인권 승리를 자축한다. 이들이 북한 주민의 인권을 철저하게 유린한 김정일 집단에게 얼굴 한번 붉히는 것을 본 적이 없다.

박지원 민주당 원내대표는 어제 국회 연설에서 "분단국가 대통령의 가장 큰 소명은 통일에 기여하는 것"이라며 이 대통령을 압박했다. 박 원내대표는 어떤 통일을 그리고 있는가. 그는 최근 3대 권력세습에 대해 "북한에서는 그게 상식이다. 그것(후계)은 자기들 상식대로 하는 것이다. 영국 여왕 엘리자베스가(家)에서도 아들로 태어나면 왕자가 되는 거 아니냐"고 기자들 앞에서 말했다.

21세기 지구촌 문명을 거부하는 저 야만이 정말 상식인가. 5000만 대한민국 국민이 그런 체제에 승복하고 하나가 되라는 것인가. '어떤 인권 억압에도 반대한다' 는 대한민국 제1야당 민주당의 정강정책은 헛말인가.

박 원내대표가 영국과 북한을 동렬에 세운 것부터가 상식부족이거나 세상을 얕보는 언사다. 영국 왕자가 통치를 하는가. 영국 역대 총리들이 김정은 식으로 등장했던가. 아무리 북한 세습을 비호하고 싶어도 영국 민주주의와 영국 국민을 그렇게 모독할 수는 없다.

자유민주주의로의 통일이 아니라도, 북한 세습왕조 중심의 통일이라도 좋다고 생각하는 사람들은 실은 통일의 훼방꾼이다. 북한 식 통일을 바라고 꾀하는 사람들까지 대한민국 헌법이 보호해 줄 수는 없다.

보수, 공정을 위해 죽어야 산다

체제의 수혜자들이 솔선해야 | 부메랑 다 맞고 거듭날 때다

많이 아는 얘기지만 미국 아이들은 싸움을 할 때도 페어(fair · 공정)하냐 언페어(unfair · 불공정)하냐를 중심잣대로 다툰다. It's unfair가 가장 무섭고 치명적인 심판이다. 페어한 게임의 결과에 대해서는 군말하는 게 언페어하다.

미국 아이들처럼 미국이라는 초강대국이 세계를 상대하는 데 있어서 어느 나라에나 공정한지는 의문이다. 국익이 부딪치는 문제에서 모든 나라가 수긍할 수 있는 공정성(fairness)을 도출하는 것이 가능한지도 모르겠다.

일본의 어머니들은 '자식이 커서 어떤 사람이 되기를 바라느냐'는 질문에 "남에게 폐를 끼치지 않는 사람이 됐으면 좋겠다"고 거의 정해진 문구처럼 답한다. 자신이 노력하지 않거나 주변과 불화해 잘못 살면서 '세상이 불공평하다'하고, 분배를 더해달라고 요구하는 것은 남에게 폐 끼치는 일이요 공정하지 못한 태도다.

한국 외교부 장관이 딸을 불공정하게 특채한 일로 사퇴하자 중국 누리꾼들은 '한국의 건강한 정치 메커니즘을 보여준 것'이라며 부러워했다.

그러나 대한민국은 김태호 총리 후보자가 낙마했을 때 '정치 엘리트가 얼마나 비윤리적으로 행동해 왔는지 보여준다'고 지적한 뉴욕타임스의 잣대로 공정을 따져야 할 단계에 이르렀다.

영국 보수당의 연정 파트너로 사상 처음 정권에 참여한 좌파 자유민주당의 닉 크렉 당수(부총리)는 8월 25일 파이낸셜타임스 기고문을 통해 '공정이란 모든 아이들에게 태어난 배경과 상관없이 마땅히 가져야 할 기회를 갖게 하는 것'이라고 정의했다. 파이낸셜타임스는 '다시 찾아온 공정'이라는 8월 27일자 사설에서 '크렉의 핵심 주장은 국민이 스스로 사회적 사다리를 올라가도록 하겠다는 것'이라고 요약하고, '가장 좋은 방향은 친(親)성장 정책을 통해 장기적으로 계층 이동이 활발하게 일어나게 하는 것'이라는 의견을 덧붙였다. 크렉과 파이낸셜타임스의 견해는 한국 정부도 경청할 만하다. 다급한 나머지 유럽에서 실패로 판명된 '보편적 복지 포퓰리즘'에 빠지지 말아야 한다는 경고와도 같다.

2003~2005년 독일의 게르하르트 슈뢰더 총리는 '어젠다 2010'이라는 개혁 비전을 실행했다. 임금이 싼 동유럽으로 독일 공장들이 옮겨가지 않도록 노조원 임금인상을 억제하고 노동시간은 늘렸으며 고용(채용과 해고)의 유연성을 높이는 정책을 폈다. 그 결과 슈뢰더는 인기가 폭락해 정권을 잃었지만 '쓴 약'의 효과는 바로 2010년 지금 나타나고 있다. 한때 유럽의 환자로 추락했던 독일이 통독 20년 만의 최고 성장과 고무적인 실업률 하락 속에서 유럽의 성장엔진으로 되살아난 것이다.

공정 담론과 관련해 경제사회적 기득층이 더 심각하게 원려(遠慮)해야 할 부분이 있다. 작년 12월 파리경제학대학의 클로디아 세닉 교수는 경제협력개발기구(OECD)에 제출한 '수입 분배와 주관적 행복' 연구보고서를 통해 '자신이 사는 사회에서 기회와 결과가 공정하지 않다고 믿는 사람이 많을수록 재분배 정책에 대한 요구가 거세진다'고 밝혔다.

이런 요구가 포퓰리즘 정치와 맞물려 경제사회를 병들게 할 우려가 커진다. 이른바 기득층의 특권과 반칙이 판치면 사태는 더 악순환할 것이고, 체제와 제도마저 위협받을 것이다. 그렇게 되면 권력과 부를 가진 쪽이 부담해야 할 비용이 급증할 수 있다.

이명박 대통령이 광복절에 '공정한 사회'를 선창했다. 대통령의 성공 여부와는 별개로 이 나라 정치경제사회는 공정에 대한 성찰과 자기수정(修正)의 행동을 통해 거듭날 필요가 있다. 공정한 사회로의 업그레이드가 확실해지려면 권력 핵심부터 칼날 같은 공정의 잣대로 자신들을 먼저 다스려야 한다. 대통령 친인척과 최측근부터 부메랑을 피하지 않고 사즉생(死則生)의 행동을 보인다면 공정의 가치는 물 흐르듯 사회 전반에 스며들 것이다.

그러나 실제상황에서 '자신에게 가장 냉정한 공정'을 결단하기는 쉽지 않다. 대통령 앞에도 갈림길이 여러 번 나타날 것이다. 국민은 대통령이 가는 길과 가지 않는 길을 지켜볼 것이다. 정권이 자신들의 문제는 빼놓고 심판자가 되겠다고 한다면 전두환 시대의 '정의사회 구현'을 닮게 될 것이다.

대한민국을 자랑스럽게 생각하고, 대한민국 헌법 가치를 존중하며, 자유민주 통일을 지향하는 대다수 국민이 공정의 눈금을 최대한 잘 맞춘다면 세계의 존경을 받는 고급국가를 만들 수 있다. 보수와 진보를 가릴 일은 아니지만 특히 낡은 보수가 공정의 부메랑을 가차 없이 맞아야 대한민국의 정체성을 지킬 보수가 살고 나라가 살 것이다.

35년 전 패망한
월남이 생각나는 이유

천안함 5개월, 걷히지 않은 불안 | 특권과 부패가 안보 흔든다

3월 26일 밤 천안함이 폭침당한 지도 5개월이 흘렀다. 어제 채명신 장군 (84)에게 전화를 걸어 지금 안보상황을 어떻게 보시는지 물었더니 "베트남과 똑같다"고 했다. 1973년 1월 파리협정이 베트남전쟁에 마침표를 찍을 당시, 남베트남(자유월남)은 베트남 전체 인구의 90%를 관할하고 있었다. 남베트남의 군사력 경제력과 국민생활 수준은 북베트남(공산월맹)을 압도했다. 미군이 남기고 간 무기가 얼마나 대단했던지 월남군 화력은 세계 4위로 손꼽혔다. 월맹군은 거지 군대였다.

종전 2년 뒤인 1975년 1월 월맹군 사단이 남베트남으로 이동하기 시작했다. 그리고 석 달 뒤인 4월 30일 자유월남공화국은 월맹군과 베트콩(자유월남 내 공산세력)에 항복하고 지구상에서 사라졌다. 1965∼69년 주월한국군사령관을 지낸 채 장군은 《베트남전쟁과 나》라는 회고록에 "후배들과 후대 우리 국민에게 남기고 싶은 말은 바로 '월남의 패망을 교훈으로 삼아야 된다'는 절규"라고 썼다. 그는 월남 패망 요인으로 첫째 '공산월맹의 실체와 음모를 제대로 알지 못했고 알려고도 하지 않았음'을 지적했다.

153일 전의 천안함 비극은 청와대부터가 '북이 우리한테 도발할 수 있겠어?' 하며 방심하고 있다가 어뢰 한 방에 당한 패전이다. 10년 좌파정권은 북한의 실체와 음모를 제대로 알리고 하기는커녕 지난날 어렵게 구축해 놓았던 대북 정보 공작망까지 스스로 파괴하고 고장내 버렸다.

채 장군은 남베트남 패망의 원인으로 세 가지를 더 꼽았다. "둘째, 베트콩들이 교묘한 모략과 이간책으로 월남 국민들의 반미감정을 격화시키면서 미군철수를 부르짖게 했다." "셋째, 월맹 스파이들이 월남 대통령 측근을 비롯한 모든 기관과 종교 학계 언론 문화 예술 등의 조직에 침투해 선전모략, 이간책, 유언비어 유포 등으로 혼란 상호불신 반목 불만을 격화시켰다." "넷째, 정치 지도층, 권력층 등에 만연한 부패가 베트콩의 활동과 세력 확장에 더없는 조건을 제공했다."

1975년 1월 월맹군이 남침할 당시 월남 수도 사이공에서는 반정부 반미 데모가 연일 벌어지고 있었다. 월남 정권들은 대공(對共)정보기관을 약화시켰고 스파이 검거에서도 손을 놓았는데, 이 또한 베트콩과 월맹의 조직적 공작에 놀아난 흔적이 있다.

한미연합사의 전시작전통제권이 한국군에 전환되고 한미연합사가 해체되더라도 미군은 한반도 유사시 한국을 도울 것이라는 한미동맹 합의는 확고할까. 미국이 질색을 한 노무현 정권 같은 정권이 또 들어서고, 한미 간 신뢰가 무너진다면 미국의 한국 방어 의지는 변할 수 있다.

물론 '미국만 쳐다보는 안보'도 문제다. 천안함 폭침상황을 맞은 뒤, 우리 정부와 군은 '미국 또는 미군 없이 혼자서 할 수 있는 것이 무언지' 많은 국민에게 의문을 품게 했다. 그렇다고 미국과 미군만 쳐다보아서는 5년 뒤, 10년 뒤, 50년 뒤, 100년 뒤의 안보를 보장할 수 없다.

무원칙한 사면, 특권층에겐 역시 반칙이 통한다는 사례의 누적, 권력을 사유물인 양 돌려가며 나눠 먹는 행태는 부패의 일종이다. 국민은 대통령의 측근 누구에게도 권력을 공깃돌처럼 쓰라고 준 적이 없고, 대통령에게도 권한 오남용을 허락한 적이 없다. 그런데도 주권재민(主權在民) 원리를 망각하고 권력이 원래 자신들의 것인 양 착각하며 '특권과 반칙'을 일삼으면 국민이 언젠가는 벌주는 시스템이 민주주의다.

이 대통령이 임기 후반 국정의 키워드로 제시한 '공정한 사회'는 말 그대로 구현돼야 민심이반을 막을 수 있다. 그리고 민심이 정부를 신뢰해야 튼튼한 안보도 가능해진다. 정부에 대한 미움과 반발로 친북 종북에 가담하는 것은 옳지 않지만, 그런 현상이 존재하는 것이 숨길 수 없는 현실이다.

국무위원 후보자들을 비롯해 선택받은 사람들의 반칙과 부패는 '공정한 사회' 비전을 냉소거리로 전락시키고 정권 재창출과 안보 강화에도 먹구름을 드리우게 한다. 이 대통령이 가끔 강조했던 노블레스 오블리주(사회적 신분에 상응하는 도덕적 의무)가 정권 안에 살아 있다고 다수 국민이 믿을 수 있어야 안보 컨센서스도 확장된다.

어떤 사람들은 "베트남과 똑같다"는 채 장군에게 "지금의 한국과 그때의 베트남은 한참 다르다"고 말하고 싶을 것이다. 그러나 35년 전 월남 지도층도 '설마' 하다가 무너졌다.

북한과 운명을 나누는 사람들

구석구석 건재한 리영희 키즈 | 생존을 위한 진위와 선악 뒤집기

5000만 국민이 북한을 핵폭탄 아니면 어뢰로 등에 진 채 살고 있음에 오늘 또다시 전율할 것 같다. 물론 5000만 속에는 자국민 안보보다 김정일 집단의 안위를 먼저 걱정하는 사람들도 있다. 이들 세력의 지형과 질량도 새롭게 가늠해볼 수 있을 것이다. 천안함 침몰 진상에 대한 민군·국제합동조사단의 발표는 그래서 더 주목된다.

'북한이 했다는 완벽한 증거는 아니다. 설혹 북이 했더라도 이명박 정권 탓이다'라고 말할 준비가 돼 있는 사람들을 보면서 리영희 씨(81)를 떠올리게 된다. 리 씨는 왼쪽엔 '시대의 스승'이라는 견장을 달고, 오른쪽엔 '친북좌파의 대부'라는 완장을 찬 인물이다. 2007년 5월 리 씨가 개성에 갔을 때 북한 내각참사 권호응은 "민족적 선의로 글을 쓴 지조 있는 분"이라고 치켜세웠다. 그러자 리 씨는 "(내가) 20~30년 길러낸 후배와 제자들이 남측 사회를 쥐고 흔들고 있다"고 자랑했다.

당시 청와대 국가정보원 통일부 국방부 교육부, 열린우리당 민주노동당, 그리고 '범국민'이란 말을 입에 달고 살면서 북한 주장을 토씨도 안

틀리게 남한 사회에 퍼뜨리던 이른바 진보단체에서 '리영희 키즈'가 판을 친 것은 사실이다. 정권은 바뀌었지만 지금도 이들은 달라진 처지에 굴하지 않고 '산 자여 따르라'를 외치거나 어둠 속에서 뭉치고 있다. 이명박 정권 안에서도 리영희 키즈가 다 사라진 것 같지 않다.

리 씨의 실체를 알면 남한 내 친북좌파를 이해하는 데 도움이 될 것이다. 전남대는 2008년 6월 리 씨에게 제2회 후광 김대중 학술상을 주었다. '냉철한 이성으로 진실을 탐구하고 지성인의 양심으로 시대를 일깨운 우리 시대의 대표적 지식인이며, 지식인의 시대적 사명이 무엇인지를 보여주는 귀감'이라는 게 선정 이유다.

리 씨는 '인간의 삶에 우리(남한)가 잃어버린 것을 저쪽은 간직하고 있다'며 북한을 찬양했고, 북한에 종교의 자유가 없는 데 대해선 '어쩌면 북한은 하나님 없이도 행복할지 모른다'고 했다. 나한테는 진실 탐구자의 말이 아니라 미친 사람의 잠꼬대로 들리지만, 아무튼 그는 그렇게 사람들을 세뇌했다.

그는 남북 간 체제경쟁에서 북한이 우세할 때는 통일을 열렬히 지지하다가 동구가 붕괴되고 남한의 우위가 뚜렷해진 1990년대부터는 '현 상태대로 통일이 오면 불행한 사태가 온다. 북한에 여유를 줘야 한다'고 표변했다. 리 씨는 '남한은 통일할 자격이 없다'는 식으로 몰아가면서 '북한이 가진 윤리와 철학과 실천방식을 통일을 통해 받아들여야 한다'고 주장했다. 대한민국 헌법에 따른 자유민주적 기본질서에 입각한 통일을 부정하고, 북한이 원하는 내용과 방식의 통일을 받아들이자는 소리다. 그러면서 북한을 '평등과 나눔'의 세상으로 미화했다.

김정일뿐 아니라 북한의 일부 '혁명 2세대' 권력자까지도 수많은 여성을 개인의 성(性)노리개 삼아 인권을 유린한다. 극소수 특권층만이 외화벌이를 독점하며 호의호식한다. 절대 다수 주민은 굶주리다 못해 아사(餓

死)로 내몰린다. 그래도 깨어 있던 20만 명은 정치범 수용소에 갇혀 신음한다. 그곳이 북한이다.

물론 리 씨 같은 사람이 그곳에 가서 살겠다고 마음만 먹으면 훌륭한 선전도구로 언제든 환영받을 것이다. 그럼에도 리 씨는 북을 택하지 않고, 자신이 경멸하는 자본주의가 제공하는 자유와 복지를 향유했다. 북한 중심의 통일사업을 위해 할 일이 남아 있기 때문일까.

진위와 선악을 뒤집으면서까지 북한을 감싸고, 그 체제 유지를 돕기 위해 안간힘을 쓰는 남쪽 사람들은 누구인가. 광복 후 1970년대 초반까지 북이 통일의 헤게모니를 쥘 것처럼 보이자 기회주의적으로 북한 찬양에 나섰다가 돌아서지 못한 사람이 있을 것이다. 자신이 남한 기득층으로부터 소외됐다는 울분과 복수심에서 친북하는 사람도 있을 것이다. 1980년대 전두환 군부세력의 대척점에서 북을 우군으로 선택한 사람도 있을 것이다. 남한 내의 이른바 보수 진보 정치지형 때문에 북을 끌어들이거나 북에 끌려간 세력도 있을 것이다. 이들은 북이 천안함을 공격했음을 인정하면 선거에서 불리하다는 계산 때문에 진실과 거짓을 맞바꾸려 한다. 친북좌파 중에는 북한의 현 체제가 붕괴하면 딛고 있던 땅이 무너지는 것과 같은 위기를 맞을 사람도 있을 것이다.

이들은 북이 천안함을 공격했음을 인정하면 선거에서 불리하다는 계산 때문에 진실과 거짓을 맞바꾸려 한다. 친북좌파 중에는 북한의 현 체제가 붕괴하면 딛고 있던 땅이 무너지는 것과 같은 위기를 맞을 사람도 있을 것이다. 이들은 대한민국을 부정하고 북한을 비호하는 것이 훨씬 안전하다고 생각할 것이다. 그만큼 우리 사회는 이미 자유 과잉상태다.

그러나 위선과 억지의 가면은 언젠가는 벗겨질 것으로 나는 믿는다.

남북 문제에도 중도가 있나

한미 동맹비전과 6 · 15 선언 | 통일엔 좌우의 중간 있을 수 없다

이명박 대통령과 버락 오바마 대통령은 6월 16일 한미동맹 공동비전에 합의했다. 그중에서 '한반도가 자유민주주의와 시장경제 원칙에 입각한 평화통일에 이르도록 한다'고 문서화한 것은 특히 의미가 크다. '어떤 통일이어야 하는가'에 답하는 분명한 대원칙을 한미 정부가 공동 천명한 것이기 때문이다.

이 대통령으로서야 '자유민주적 기본질서에 입각한 평화적 통일정책의 수립과 추진'을 명시한 대한민국 헌법 4조를 따르는 것이니 새로울 게 없는 당연한 책무 확인이라 할 수도 있다. 그러나 10년간의 두 전임 정권이 민족과 통일을 유난히 강조하면서도 통일의 지향점과 통일 후의 국가정체성에 대해선 침묵했던 점에 비추어, 이 대통령은 보이지 않는 벽 하나를 깬 셈이다. 더구나 미국 대통령이 이 같은 한반도 통일방향을 세계로 발신(發信)하는 데 동참한 것은 역사적인 의미가 있다.

9년 전인 2000년 6월 15일 김대중 대통령과 김정일 북한 국방위원장은 남북공동선언을 했다. 그 6 · 15 선언은 '통일문제를 우리민족끼리 자주적으로 해결하고(1항), 통일을 위한 남측의 연합제 안과 북측의 낮은 단계의 연방제 안이 서로 공통성이 있다고 인정하고 앞으로 이 방향에서 통일을 지향한다(2항)'고 명시했다.

남측의 연합제란 당시 김 대통령의 사견인 국가연합제를 뜻하는 것으로, 우리 헌법에 없고 국민적 동의절차를 거친 바도 없는 내용이다. 북측의 연방제는 1960년 김일성 주석이 처음 제안한 이래 고려연방제, 고려민주연방공화국 창립 방안 등으로 포장은 바뀌었지만 그 뿌리에는 적화통일론이 깔려있다. '낮은 단계'라는 코팅을 했다고 본질이 달라지지는 않는다.

5월 하순 이후 고 노무현 전 대통령 추모에 푹 빠졌던 민주당이 요즘은 김 전 대통령의 쾌유를 기원하는 분위기에 고무돼 있다. 민주당 측은 "DJ의 쾌유를 비는 마음이 진정성을 가지려면 지난 정권에 대한 폄훼부터 반성해야 한다." "이명박 정부는 지난 10년간의 남북화해협력정책을 발전적으로 계승해야 한다." "이 대통령은 광복절 경축사에서 6·15 선언과 10·4 선언 계승을 언급해야 한다." 등등의 주문을 쏟아내는 중이다.

두 달 전 한미 정상이 동맹비전에 담은 '자유민주주의와 시장경제 원칙에 입각한 평화통일' 원칙은 6·15 선언 속의 '연합제 및 낮은 단계 연방제 통일 지향' 합의를 포용할 수 있는 것인가. 그것이 어렵다면 10·4 선언 계승도 마찬가지다.

북은 6·15 선언 발표 후 '우리민족끼리 자주적 통일'을 주한미군 철수 합의로, '연합제와 낮은 단계 연방제 통일 지향'을 연방제 합의로 내부 재포장했다. 2007년 노 대통령과 김 위원장이 합의한 10·4 선언은 1항에 '6·15 선언의 고수 및 적극 구현'을 명시해 6·15 선언의 실천강령 격인 쌍생아임을 확인했다. '6·15 선언의 고수 및 구현'은 낮은 단계의 연방제 지향까지 포함한다고 해석할 수밖에 없다.

북은 10·4 선언 4항에서 '핵문제 해결을 위한 6자회담 합의가 순조롭게 이행되도록 공동 노력한다'고 해놓고도 합의(2005년 9·19 공동성명 및 2007년 2·13 합의)를 헌신짝처럼 파기했고 최근엔 6자회담 자체의 소멸을 일방적으로 선언했다. 이런 상태에서 우리 정부더러 10·4 선언을 이행하라는 것은 끝 모를 일방적 지원만 하라는 얘기에 가깝다.

청와대는 6월부터 '중도 실용주의'를 MB 국정의 최고 원리로 가다듬고 있다. 이 대통령이 6월 22일 대통령수석비서관회의에서 "우리나라가 너무 지나치게 좌다 우다, 진보다 보수다 하는 이념적 구분을 하는 것 아닌가. 사회 전체가 건강해지려면 중도가 강화돼야 한다"고 말한 것이 본격적 신호였다. 그 후 '탈(脫)이념 중도실용'이 현 정부가 추구하는 시대정신으로 해석되곤 한다.

그러나 중도실용론이 만에 하나, 남북문제에까지 왜곡 접목된다면 경제와 민생 문제에서 중도실용론이 상당히 확보하고 있는 설득력마저 무너질 우려가 있다. 좌우 이념의 수렴현상을 보여주는 세계 각국의 경우는 남북이 대치하고, 그 연장선에서 남남갈등이 빚어지는 우리와는 출발점부터 근본적으로 다르다. 그런 점에서 남북문제에 있어서까지 '좌우를 넘어'를 표방한다면 대한민국의 정체성마저 다시 흔들릴 수 있다. 자유민주주의 시장경제를 수호하는 평화통일 추구는 누구도 되물릴 수 없는 민족의 공리(公理)임을 정부는 분명히 해야 한다. 이 대통령의 광복절 연설을 주목하고자 한다.

전교조, '운동' 말고 '교육'을 하라

공교육 붕괴 책임부터 인정해야 | 경쟁 거부하니 학원에 지는 것

미국 잡지 포브스 기자였던 피터 브리멜로는 7년간 취재 끝에 2003년 ≪사과 속의 벌레-교원노조는 미국교육을 어떻게 파괴하고 있나≫라는 책을 냈다. 교원노조가 무능한 교사를 보호하고 공교육의 질을 떨어뜨린 실상이 잘 드러나 있다. 사과(공립학교)를 썩게 한 교육사회주의와 사과 속의 벌레(교원노조)를 퇴치해야 교육을 살릴 수 있다는 결론이다.

미국 컬럼비아대 교수를 지낸 다이앤 래비치는 2000년 '레프트 백-학교개혁에 실패한 1세기'란 책에서 이른바 진보개혁이 교육을 병들게 했다고 분석했다. 그는 "갖가지 교육운동이란 것은 교육을 망치는 전염병이다. 학생들에게 가장 필요한 것은 훌륭한 교사다"라고 요약했다.

18일 전교조 창립 20주년 기자회견에서 정진후 위원장은 '학교교육 혁신운동, 즉 제2의 참교육운동'을 시작하겠다고 선언했다. 그는 "이명박 정부가 무한경쟁을 부추기고 학교를 학원화해 창의력을 기르는 교육을 고사시키고 있다"며 "이명박식 경쟁교육 정책을 심판하고 '아이들을 중심에 두는 실천운동'을 펴겠다"고 밝혔다.

전교조는 지난해 '아이사랑교육 희망캠페인'이라는 라디오 광고를 몇 번 냈다. 거기서 전교조는 '등수 없는 학교' '성적보다 사랑' '학원 대신 더불어 사는 삶' '아이들이 푹 자고, 세끼 밥 먹고, 적당히 운동할 수 있도록' 등을 강조했다.

지난주 스승의 날 즈음 라디오 좌담에 나온 어느 인사는 '학생들이 학교 교사보다 학원 강사한테 훨씬 좋은 선물을 하는데, 이는 당연하다'는 취지의 말을 했다. 고민 상담도 학원 강사한테 하지, 학교 교사한테는 잘 안한다는 얘기였다. 아이들은 자신에게 필요한 존재, 믿을 만한 선생이 누구인지 안다는 거다. 전교조는 '성적보다 사랑'을 내세우지만 '사랑'에서조차 학교가 학원에 밀리고 있는 게 아닌가.

2002년 미국 미주리대 교수 마틴 로체스터는 《교실 전쟁》이란 책에서 미국 공립학교를 병들게 한 것은 '균등주의적 진보주의'라며 진보 포퓰리즘 교육을 비판했다. 좌파 교육이론에 젖은 교사들이 학생들을 하향평준화로 몰아가면서, 자신들은 교원노조를 통해 막강한 기득권을 챙긴다는 것이다.

전국 1만 1327개 초중고의 학교 정보가 작년에 이어 두 번째로 내주에 공시될 예정이다. 학교별 전교조 소속 교원 수도 공개되지만 그 이름은 밝히지 않는다. 아마도 많은 학부모들은 그것이 알고 싶을 것이다. 어느 교사가 어떤 교원단체에 가입했는지는 프라이버시가 아니다. 그러나 전교조 측은 명단 공개에 한사코 반대한다. 전교조 교사들이 정말 잘 가르쳐 학원 강사들이 명함도 못 낼 정도라면 '명단 공개'를 꺼릴 이유가 없다.

'아이들을 중심에 두는 학교교육'이란 어떤 것인가. 학생 학부모가 사교육에 목을 매지 않아도 되도록 학교가 학원 이상으로 알찬 교육을 하고, 이를 위해 교사들이 좀 더 희생하는 것이 '아이들 중심의 교육' 아니겠는가. 학교 수업이 더 만족스러우면 학교에선 잠자고 방과 후엔 학원으로 내달리는 아이들도 줄어들 것이다. 이런 것이 전교조도 강조하는 '공교육의 정상화'다. 아이들을 학원으로 내몰고서는 '참교육'을 말할 자격도 없다.

총체적으로 아이들의 경쟁력을 키워주는 것이 '아이들 중심 교육'의 핵심이라고 생각된다. 전교조가 '세계화'에 아무리 반대해도 아이들이 세계화를 피해서 살아갈 방법은 없다. 월스트리트발(發) 금융위기가 우리네 안방경제를 뒤흔드는 시대다. 그런 점에서 글로벌 경쟁력까지 길러주는 교육이 '아이들 중심 교육'이다. 전교조는 '창의력 교육'을 되뇌지만 학력을 높여주지 못하면서 창의력은 키워줄 수 있는가.

결국 교사의 질이 문제다. 교원평가는 안 받겠다, 성과급도 나눠먹겠다 하며 무(無)경쟁에 안주하는 교사들이 경쟁을 체질화한 학원 강사들보다 잘 가르칠 수는 없다. 교사들의 경쟁력도 경쟁구조에서 생기지, 하늘에서 떨어지지는 않는다. 교사가 강사만큼 경쟁하지 않으면 학교가 학원을 이길 수 없고, 공교육 정상화는 공염불일 뿐이다. 교사들의 경쟁력이 학원 강사보다 높으면 아이들의 신뢰와 존경도 저절로 따라올 것이다.

전교조는 '경쟁보다 평등'을 앞세우지만 교육제도가 어떻게 바뀌더라도 학생 학부모는 경쟁을 피할 수 없다. 학생 학부모가 무한에 가까운 경쟁을 하는데, 교사들이 무경쟁 구조를 고수하려 한다면 직무를 유기하겠다는 뜻이다. 전교조는 '공교육 붕괴'의 책임을 경쟁교육 탓으로 돌릴 것이 아니라 자신들에게 큰 책임이 있음을 인정하고, 이제부터라도 '운동' 아닌 '교육'을 제대로 하기 바란다.

DJI 연대의 발진

남북 兩金에 협공 당하는 MB ｜ 北정권 돕기의 영원한 현역 DJ

북한은 요즘 재미교포들을 많이 불러들이려고 안간힘을 쓰고 있다는 전문(傳聞)이다. 북에 다녀온 교포에 따르면 양강도 자강도 함경도 등에 국수공장 빵공장 우유공장을 짓게 하려고 감언이설로 꾀고, 곡물을 보내달라고 통사정도 한다. 남한과 잘 지내라고 하면 "당분간 남조선은 필요 없다"는 답이 되돌아온다고 한다. 일종의 통미봉남(通美封南) 모드다.

어제 북은 개성공단의 남측 상주 인원을 감축하는 이른바 '12·1 조치'를 취했다. 그러면서 몇몇 섬유회사 공장 설비를 신의주로 옮기려고 개별 접촉을 했다는 소문도 남쪽에 흘러들었다. 머잖아 북 군부가 남측에 한바탕 행패를 부리면서 개성공단을 폐쇄하리라는 것이 북에 드나드는 재미교포 사이의 '첩보성 정설'로 흘러 다닌다. 김정일(JI) 집단은 이명박(MB) 정부를 궁지로 몰아 기를 꺾어놓을 수만 있다면 남한 기업과 북한 주민이 졸지에 입을 타격엔 눈 하나 깜짝하지 않을 태세다.

김대중(DJ) 전 대통령은 그 같은 북에 관대하다. 웅변의 달인답지 않게 북의 서해 도발, 핵실험, 금강산 관광객 사살 같은 명백한 잘못에 대해 말을 아낀다. DJ는 포문을 안으로 돌려 이 대통령의 대북정책을 좌초시킬 남한 내 세력 규합에 나섰다. "민주노동당과 민주당, 시민사회가 광범위한 민주연합을 결성해 (MB의) 역주행을 저지하는 투쟁을 한다면 반드시 성공할 것"이라고 최면을 걸었다.

그러자 민주당 정세균, 민노당 강기갑, 창조한국당 문국현 대표가 즉각 손을 잡았다. DJ는 이들에게 '민주연합'이라는 빛나는 견장을 달아주었다. 잊지 않고 MB에겐 '독재할 사람'이라는 딱지를 붙이며 현 정부를 '남북관계를 파탄 내는 정부'라고 낙인찍었다. 선동의 영원한 현역이 따로 없다는 생각이 든다.

MB 정권은 지금 제몫을 다 못하고 있다. 하지만 대통령은 530만 표 차로 당선되고 여당은 국회의석 58%를 차지하는 대한민국 합법 민주정권이다. 이 대통령과 한나라당은 북이 핵을 버리고 개방하면 국민소득 3000달러까지 지원하겠다는 '비핵 개방 3000'을 내걸고 국민의 선택을 받았다. 그런 정권의 노선을 전면부정하며 선거를 통하지 않고 무력화(無力化)시키려는 세력이 '민주연합'으로 포장됐다. 하기야 북의 JI 집단은 21세기 세계에 유례가 없는 암흑의 전제세습체제를 '민주주의인민공화국'이라고 부른다.

DJ의 거사는 남한 내의 자칭 '민주연합'을 이끌고 DJI(대중+정일)연대를 발진시킨 것이나 다름없어 보인다. 그가 청와대를 떠난 지도 5년 9개월이 흘렀다. 그런데도 '이명박 (대북정책) 타도'의 남측 총감독으로 다시 정치 전면에 섰으니 권력 집착인가, 햇볕정책과 노벨 평화상의 훼손이 두려워서인가, 또 다른 세속적 불안 탓인가.

남북관계는 일면 대화하고 일면 대결할 수밖에 없는 구조임을 DJ는 누구보다 잘 알 것이다. 그가 북의 과오를 먼저 지적하고 대화 테이블에 나오라고 충고하면서 MB에게 정책의 탄력성을 주문했다면 진정으로 남북 문제를 걱정한다는 믿음을 국민한테 심을 수도 있었을 것이다.

그러나 DJ는 북에 따질 것을 따지지도, 대남정책 수정을 요구하지도 않는다. 햇볕정책이 북을 본질적으로 변화시키지 못했음을 시인하기 싫어서일 수 있다. DJI연대가 MB의 대북정책을 붕괴시키는 데 성공한다면 어떤 일이 벌어질까.

남쪽은 줄 것 다 주고도 핵개발을 막지 못한 채 북의 비위 맞추기에 급급했던 지난 10년을 기약 없이 연장할 가능성이 높다. 북은 교류협력(경제적 지원) 문제는 남한과 논의하겠지만 핵 문제는 미국과 협상한다는 원칙을 포기할 리 없고, 기세 꺾인 남측은 뒷돈이나 대고 구경이나 하는 처지가 되기 십상이다. 북미 관계개선의 비용도 대부분 남한에 청구될 것이다. 북의 2300만 주민은 폭압에 더 시달릴 것이다.

MB 정부가 대북정책의 일관성을 상당한 정도로 지켜낸다 하더라도 북은 남남 갈등을 핵무기보다도 효과적인 대남 지렛대로 이용할 것이다. 그런 점에서 DJ는 자신이 6년 전까지 대통령으로 있던 남쪽보다 북쪽 정권에 훨씬 유익한 인물로 분류될 수 있다.

화성 여당,
금성 야당

"국민을 위한 정치를 입에 달고 살지만
각자 지금 서 있는 자리가 여당이냐, 야당이냐에 따라
가치관을 손바닥 뒤집듯이 바꾼다."

이 땅의 정당정치와 의회정치가 위기를 맞은 지 오래다. 기성정치에 대한 국민적 불신이 '안철수 현상'이라는 무당파 태풍까지 불렀다. 정당과 국회의 형편없이 낮은 생산성, 정치인들의 도덕적 퇴행, 선거와 정쟁(政爭)에서 이기기 위해선 수단방법을 안 가리는 결과 지상주의와 포퓰리즘. 이런 것들이 국민의 혐오감을 키웠다. 왜 선거 때만 정치 쇄신을 외치고 선거가 끝나면 뭉개는가. 여당은 화성에서 오고, 야당은 금성에서 왔는가.

일부 정치인의 무책임한 거짓말과 막말, 불법 폭력 행태는 자라나는 세대가 듣고 보고 배울까 두려울 지경이었다. 왜 멀쩡하던 사람들도 국회의원이 되고나면 얼굴이 험해지고 말이 거칠어지며 머리는 비는가.

법은 5000만 국민의 삶에 로드맵과 같은 것이다. 그런 만큼 입법에는 고도의 전문성과 현장 적합성과 법률 간의 정합성(整合性)이 필요하다. 무엇보다 법을 만드는 사람들의 애국심과 애민의식이 바탕에 깔려 있어야 한다. 그런데 국회의원들은 이런 입법가의 기본자질을 갖추었는가.

선거 공작의 추억

사찰, 민주당 주역들은 떳떳한가 ᅵ 폭로의 재미를 좌파가 보는 구도

2008년 4월 29일, 취임한 지 두 달 된 이명박(MB) 대통령을 향한 '정권 불복 시위'에 불을 댕긴 것은 MBC PD수첩 '광우병-미국 쇠고기 얼마나 안전한가' 편이었다. 19대 국회의원 총선거를 13일 앞둔 3월 29일, 정규방송이 아닌 인터넷방송을 통해 정부의 사찰(査察)문건 일부를 공개한 것은 본업을 파업 중인 KBS 새 노조(제2노조)다.

2002년 16대 대통령 선거 기간에 이회창 후보 아들의 병역비리 은폐 의혹에 다시 불을 붙인 것은 인터넷매체 오마이뉴스였다. 그리고 한겨레신문이 문제를 계속 제기하고 MBC, KBS가 따라붙었다. 이른바 '병풍(兵風)'으로 불린 이 사건 오보와 관련해 오마이뉴스는 3000만 원, 일요시사는 2000만 원의 손해배상 판결을 받았다. 하지만 역사의 버스는 지나간 뒤였다.

이번 총선을 앞두고 증폭된 '사찰풍(風)'은 민주통합당(민주당)이 공들인 흔적이 있지만 민주당 주역들에게도 부메랑이 될 수 있다. 김대중(DJ) 정부 국가정보원의 전방위적 도청 사찰, 노무현 정부의 민간인 불법사찰까지 새삼 들춰지고 있기 때문이다.

민주당의 이해찬 상임고문과 한명숙 대표는 DJ 정부에서 교육부장관과 여성부장관이었고, 노무현 정부에서는 바통 터치를 하며 도합 32개월간 국무총리로 있었다. 문제가 된 노 정부의 사찰은 총리실 조사심의관실(공직윤리지원관실의 전신)이 했다.

문재인 민주당 상임고문도 MB 정부의 사찰을 비난하며 노 정부는 순결했다고 할 처지가 못 된다. 그는 이번 총선에서 좋은 성적을 내면 야권의 강력한 차기 대통령 후보로 떠오를 인물이지만, 노 정부에서 두 차례 27개월간 민정수석비서관으로 일했고 비서실장 11개월을 포함해 최장의 정권 지킴이였다.

한 대표는 그제 총선 유세 중에 "박정희 군사독재정권 당시 중앙정보부의 망령이 대한민국을 떠돈다"고 했다. 이 기회에 박 전 대통령의 딸인 박근혜 새누리당 선거대책위원장을 압박하려는 의도가 드러난다. 그러나 박정희 시대의 중정(中情) 망령이 살아있다면 DJ 시절의 국정원 망령도 살아 있을 것 아닌가.

딴 사람은 몰라도 한 대표와 이 상임고문은 자신들이 국무위원으로 참여했던 DJ 정부가 언론인 경제인 정치인 등 1800명을 상대로 자행한 도청 사찰에 대해 죄스러움을 느껴야 한다. 문재인 이해찬 한명숙 3인은 노 정권의 상속자로서 실정뿐 아니라 권력남용까지 '마이너스 유산'에 대한 책임을 공유하는 게 도리다.

선거 와중에 자극적 소재를 찾아내 의혹을 제기하고 여론을 흔들어 표심에 영향을 미치려는 '선거 공작'은 좌파가 능하다. 1997년 대선 때 이회창 진영은 DJP(김대중·김종필)연대에 위협을 느끼자 DJ의 부동산 비리 및 비자금 의혹을 제기했지만 끝장을 못 내고 물러섰다. 2002년 대선 때 이회창 후보는 병풍 의혹뿐 아니라 부인 한인옥 씨의 10억 원 수수설(이른바 기양건설 사건), 이 후보 측근이던 윤여준 의원이 로비스트 최규선 씨로부터 20만 달러를 받았다는 설훈 민주당 의원의 주장 등에 연타를 맞았다. 기양건설 의혹을 제기한 두 사람은 각각 징역 1년 6개월을, 설 전 의원은 징역 1년 6개월에 집행유예 3년을 선고받았지만 선거가 끝나고도 한참 뒤였다. 설 씨는 이번 총선에서 다시 민주당 공천을 받았다.

5년 전 2007년 대선은 이명박 후보의 BBK 주가조작 의혹으로 지새웠다고 해도 과언이 아니다. 이 의혹과 관련해 정봉주 민주당 전 의원이 허위사실 유포로 대법원의 유죄 확정판결을 받고 복역 중이다. 하지만 BBK 저격수였던 박영선 의원과 정 씨는 야권의 스타로 각광받는 반면 새누리당은 투사를 우대하지 않는다.

좌파 야권은 이념적 공감대를 기초로 특유의 조직력을 가동해 보수진영을 집요하게 공격한다. 이들은 우군(友軍) 매체, 재야 사회세력까지 광범위한 인적 네트워크를 형성하고 있다. 정치화한 기성 방송이나 신문은 물론이고 일부 포털과 트위터를 비롯한 SNS가 '선거 공작'의 선전선동 도구로 위력을 발휘한다. 지난날의 선거 공작에서 재미를 봐온 좌파 정치권이 새 메뉴도 개발만 잘하면 '남는 장사'로 만들 수 있다는 믿음을 가질 만하다. 야권은 'MB 심판'을 12월 대선의 한 축으로 삼기 위해 이미 4년 전에 특검까지 했던 BBK 사건에 다시 불을 지필 조짐도 보인다.

선거는 언제나 유권자의 분별력을 시험한다. '더 나쁜 놈'이 '나쁜 놈'을 가리키며 "저놈, 죽일 놈이다!"고 외칠 때, '그래, 그 놈도 좋은 놈은 아니지만 너는 더 나빠!'라고 냉철하게 심판할 수 있어야 '최악의 선택'만은 피할 수 있다. 충동적 선택은 정치와 민생을 다 후퇴시키는 자해가 될 우려가 많다.

생존주의가
최고 이념이 된 정치

19대 국회의원 총선거 90일 전 | **정당은 변하고, 국민은 냉철해야**

4월 11일의 19대 국회의원 총선거가 90일 앞으로 다가왔다. 여기서 당선된 의원들이 정치와 입법을 어떻게 하느냐가 국민의 삶을 좋아지게도, 나빠지게도 할 수 있다. 이들은 더 나아가 대한민국의 먼 장래까지 바꿔놓을 수 있다.

새로 국회에 들어서는 의원들이 재정과 복지 문제를 어떻게 다루느냐에 따라 몇 년 뒤 국가건전성과 신인도가 현저하게 달라질 것이다. 과잉 복지로 재정이 거덜 나고 결국 국민이 긴축의 고통에 시달리고 있는 그리스 스페인 같은 나라는 나쁜 거울이다. 안보정책, 대북정책을 둘러싼 국회의 선택은 한반도와 민족의 장래를 갈라놓을 수도 있다.

국회가 노동 기득권층의 반대에도 불구하고 의료 관광 교육 분야 등의 서비스시장 확대 발전을 위한 획기적인 규제완화 입법을 해낸다면 외국인과 외국자본까지 국내에 많이 불러들여 내수시장을 키우고 질 좋은 일자리를 더 만들 수 있다. 그러나 민주노총 한국노총 같은 노동 기득권층과 이념을 앞세우는 정치사회 이익세력의 벽을 깨기는커녕 이들의 이익에 부합하는 입법이나 한다면 새로 노동시장에 진입해야 할 젊은층의 장래는 더 암담해질 것이다.

우리나라가 대통령 중심제 국가라고 하지만 국회의 역할과 결정력은 점점 막강해지고 있다. 대통령과 정부가 아무리 국정을 잘하려 해도 국회가 틀어버리면 되는 일이 없다는 것을 국민은 수없이 목격했다. 반대로 국회가 최선의 기능을 한다면 대통령과 정부가 나라를 잘못 운영하는 것을 막아낼 수 있다.

19대 국회의 수준은 여야 정치권이 어떤 자질의 인물들을 의원 후보로 공천하는지에 따라 1차적으로 판가름 날 것이다. 정당들은 국민의 선택권을 높인다며 '국민 경선' 방식으로 후보를 정할 움직임이다. 유권자들은 앞으로 4년간 국가와 국민을 위해 더 기여할 인물을 여야 정당 및 무소속 후보들 가운데서 냉철하게 찾아내야 한다.

지금 정치권은 살아남기 위한 전쟁에 돌입했다고 해도 과언이 아니다. 19대 국회에 진출하려는 기성정치인과 정치지망생, 그리고 이들의 대합실 역할을 하는 정당들을 지배하는 이념은 보수도 진보도 아닌 생존주의, 즉 서바이벌리즘(survivalism)처럼 보인다. 입으로는 국가와 국민을 위한 헌신을 내세우지만 목표는 오로지 내가 당선되는 것이고, 그 다음으로 자신의 정당이 다수당이 되는 것이다.

정치와 정치인의 이런 속성은 어쩔 수 없는 대목이 있다. 권력욕과 명예욕을 빼고 나면 정치인이 아닐 것이다. 하지만 국민이 투표소에 가는 것은 그들의 욕구를 채워주기 위해서가 아니다. 국민은 국회의원에게 입법권 말고도 여러 특권을 주는 대신, 국가와 다수 국민을 위한 헌신을 기대한다. 18대 국회, 그리고 18대 의원들은 이런 국민의 여망을 외면하고 자신들의 이익에만 매달렸기 때문에 정치의 위기를 자초했다. 정당정치, 의회정치에 신물 난 국민은 강력한 공천 물갈이를 요구하고 있다.

때마침 2008년 한나라당 대표 경선 과정에서 돈봉투가 뿌려졌다는 폭로가 나왔다. 현재 지도부 선거가 진행 중인 민주통합당 전당대회에서도 금품 살포가 있었다는 증언이 뒤따랐다. 한나라당에서는 18대 국회 비례대표 의원 돈 공천 의혹도 제기됐다.

여야 할 것 없이 정치 부패, 선거 부패를 청산한다는 것이 구조적으로 쉬운 일은 아니다. 그러나 이제 대한민국도 당 대표를 뽑는 데 돈봉투가 난무하고, 국회의원을 공천하는 데 뒷돈을 주고받는 후진적 행태는 날려버릴 때가 됐다. 돈으로 정치를 하거나 돈을 위해 정치를 하는 부정비리 정치인은 19대 국회에 발붙일 수 없게 해야 한다. 국가와 국민의 이익을 위한 비전과 전략과 입법능력으로 정치를 하는 인물들이 많이 나와야 한다.

물론 우리 정치가 최악이었다고만 말할 수는 없다. 정치와 정치인들의 일그러진 모습이 한 시절도 사라진 적은 없지만, 그래도 그 속에서 대한민국은 세계가 놀라는 성공을 했고 민주주의를 발전시켰다. 따라서 지난날의 정치에 대해서도 폄훼와 부정(否定)만 할 일은 아니다. 그러나 정치와 국회의 형편없는 생산성, 그리고 도덕적 퇴행, 오로지 선거와 정쟁에서 이기기 위해 무슨 짓이든 하는 결과지상주의에 대한 정치권의 맹성(猛省)을 국민은 요구하고 있다.

우선 19대 총선까지의 90일이 정치인들의 의식과 정치문화를 개혁하는 시간이 돼야 한다. 국민은 그 과정과 각 정당의 변신을 지켜보고 차가운 머리로 한 표를 행사할 준비를 해야 한다. 또다시 18대 국회와 같은 국회를 만들어줄 것인가. 완벽은 어렵지만 그래도 유권자들이 밝은 눈을 가져야 '최악의 국회'가 반복되는 상황을 반전시킬 수 있다.

한나라당의 게으름과 비겁함

머리로는 알지만 행하지 않는다 | 정권을 왜 재창출해야 하는가

작년 3월. 막 취임한 정병국 한나라당 사무총장이 당 소속 의원과 당료 700여 명에게 일제히 스마트폰을 나눠주면서 당의 스마트화를 선포했다. 스마트폰 시연회도 열었다. 그러나 700개의 스마트폰이 한나라당을 스마트화한 흔적은 안 보였다.

작년 6월 지방선거에서 패배한 뒤 한나라당은 지방선거 백서 ≪새 출발을 위한 솔직한 고백≫을 냈다. "국민의 마음을 제대로 읽지 못해서 졌다. 성장 소외계층의 반발이 컸고, 20~40대가 외면했으며, 공천 잡음도 표를 깎아먹었다. 20~30대 젊은 세대를 영입하는 등 소통을 강화해야 한다." 안상수 신임 당 대표는 "당에 디지털본부를 만들어 취약한 디지털 대책을 강화하고 2030본부를 만들어 젊은층과 토론하면서 가까워지겠다. 2030세대와 소통하지 않고는 당이 존재할 수 없다"고 강조했다.

그로부터 1년 4, 5개월이 흐른 지금. 여야 일대일 구도로 치러진 10·26 서울시장 선거에서 53.5 대 46.2로 패한 뒤 홍준표 당 대표는 "쇄신을 통해 공감과 소통을 중시하는 디지털 노마드 정당으로 거듭 나겠다"고 말한다.

"20~40대와의 소통이 절실하다"는 소리는 한나라당 내의 이구동성이다.

안철수 서울대 교수가 5월부터 100여 일 사이 전국 27개 지역을 돌며 30회에 걸쳐 '청춘콘서트'라는 정치성 집회를 열고 청년 4만 5000여 명과 숨결, 웃음, 탄식, 분노를 나눌 때 한나라당 사람들은 어디서 무얼 하고 있었던가. 작년 지방선거 후에 만들었던 한나라당 2030본부는 무얼 했던가.

안 교수가 당장 청와대의 주인이 된다 해도 2040세대의 찢어진 날개를 쉽게 고쳐줘 훨훨 날게 할 수는 없을 것이다. 그는 운전을 하지 않아서 무사고 운전사인 것과 흡사한 상태다. 그가 청춘콘서트에서 젊은이들과 교감하면서 비판했던 국가사회 현실을 실제로 다 바꾸려 든다면 나라 살림이 거덜 날 것이다. 그렇게 되면 5070세대보다 40년, 50년은 더 살아야 할 2040세대야말로 최대의 피해자 집단이 될 것이다. 그럼에도 2040들은 안 교수에게 자신들의 운명을 걸 태세다. 이명박 대통령과 한나라당이 안 교수만큼 자신들에게 따뜻하지 않았고, 민주당까지도 그들만의 정치를 했기 때문이다.

작년 말 지지율 87%를 기록하며 퇴임한 루이스 이나시우 룰라 다 시우바 브라질 전 대통령은 며칠 전 국내 언론과 가진 인터뷰에서 "정치는 어머니 마음으로 해야 한다"고 갈파했다. 보도에 따르면 그는 "젊은이들이 바라는 건 권력도 아니고, 좌우파 정치도 아니다. 그들은 희망과 자존심, 일자리를 갈망한다"고 말했다. 룰라는 '어머니가 자식들 가운데 가장 약한 아이에게 신경을 더 쓰듯 정치를 해야 한다'는 뜻으로 말했다.

박근혜 전 대표도 이번 서울시장 보궐선거 결과를 보면서 싸늘한 민심을 확인했을 것이다. 정치 경제에 매우 밝은 한 지인은 "현 상태대로 두면 박 대표는 기득권층과 기성세대를 대표한다는 이미지에 갇혀버릴 수 있다"고 말했다. 일각에서는 박 대표가 신비주의 전략을 쓴다고 말해왔는데, 젊은이들에게 박 대표는 신비의 대상이 아니라 '통하지 않는 구세대'로 무관심의 대상이 될 수 있다는 얘기였다.

이 지인은 통합야권 정권이 들어설 경우의 위험성에 대해서도 언급했다. "김정일의 페이스에 놀아나는 종북 정권이 될 것이라고는 보지 않는다. 그러나 지금 정권보다는 분명히 급진적인 정책을 펼 것이다. 부자와 대기업에 훨씬 무거운 세금을 매길 것이다. 위에서 빼앗아 밑으로 흘리는 분배와 복지는 단기적으론 약자들에게 혜택을 줄 수 있지만, 기업들의 투자를 비롯해 많은 돈이 해외로 빠져나가는 요인이 될 것이다. 부자들이 국내에서 돈 쓰기를 꺼리고, 대기업들이 내수를 키울 수 있는 투자를 기피하면 경제는 당연히 더 위축된다. 그 결과는 국가사회 전체의 활력 저하로 나타날 것이다. 이것이 2040세대의 희망이 될 수는 없다."

한나라당이 이런 거시적 우려에 동의한다면 자신들이 왜 정권을 이어가야 하는지 스스로 답할 수 있을 것이다. 하지만 한나라당 사람들에게는 정권 재창출 노력이 부족하다. 문제가 뭔지 저마다 아는 체하지만 돌아서면 나 몰라라 한다. 불이 났으면 몸을 던져서라도 꺼야 할 텐데 "물이 필요하다!"고 고함만 지르는 식이다. 거머리에게 물려 피를 흘리더라도 논에 뛰어들어 모내기를 해야 할 사람들이 양복 깃 세우고 자기 때깔만 내려 하면 밉살스러울 수밖에 없다. 알고도 행하지 않는 게으름과 비겁한 도피, 이것이 곧 무능이다.

이 나라는 부패 끌어안고
어디로 가나

남·북 유럽 국운 가른 투명성 차이
부패 방조자 시험당하는 청와대·검찰·야당

한반도에서 가장 부패한 사람은 김정일이다. 2400만 북한 주민 중에 적어도 수백만 명은 굶어죽을 지경인데, 김정일 일가는 '왕실 경제'를 향유한다. 군과 당의 간부들은 김일성 왕조를 지켜주는 대가로 '특권 경제'를 꿰찼다. 군당(郡黨)위원장만 돼도 군내 주민들을 농락하며 옛날식으로 말하자면 '사또 경제'를 즐긴다. 주민 1인당 연간소득이 800달러니 1000달러니 하는 통계는 의미가 없다. 부(富)와 분배권의 대부분을 김정일 체제집단이 쥐고 있기 때문이다.

우리 국민은 북한의 핵과 도발에 시달리다 보니 김정일의 부패에 대해서는 별로 생각할 여유가 없다. 북한 주민들은 공포 정치, 총살 통치에 떨다보니 부패 문제는 입에 담을 엄두도 못 낸다.

세계사를 볼 때 자유민주주의 국가보다 프롤레타리아 혁명, 인민민주주의, 민중민주주의 같은 것을 내세운 공산독재 국가의 부패가 훨씬 심했다. 지금도 러시아와 중국은 부패한 나라로 지목받고 있다. 그러나 이들 나라의 큰 부패보다 자유민주 국가의 상대적으로 작은 부패가 더 심각한 문제가 된다. 이것은 자유민주 체제의 약점이 아니라 강점이다. 작은 부패라도 법의 엄정한 심판을 받는 사회라야 부패를 줄일 수 있고, 덜 부패한 나라가 더 부패한 나라보다 결국은 우위에 설 수 있어서다.

국가부도 위기에 빠진 유럽의 PIIGS(포르투갈, 이탈리아, 아일랜드, 그리스, 스페인)는 복지 과잉, 공공부문의 비효율과 함께 사회적 신뢰가 약하다는 점이 비슷하다. '사회적 신뢰'란 국민 상호간에 서로를 얼마나 믿느냐는 것이다.

사회적 신뢰를 떨어뜨리는 핵심적 요인이 부패다. 부정과 부패가 퍼져 있으면 이와 무관한 국민들은 상대적 박탈감을 느낄 뿐 아니라 실제로 피해를 본다. 어떤 정권이나 내부 부패가 거듭 불거지면 재정의 엄격한 운용도, 국민의 고통 분담도 설득하기 어려워진다. 국민은 '너희만 먹느냐, 우리도 다오' 하며 더 많은 복지를 요구하기 십상이다.

유럽연합(EU) 집행위원회는 그제 발표한 보고서에서 그리스와 이탈리아를 부패가 특히 심한 회원국으로 지목했다. 그리스의 재정 파탄과 국가부도 위기는 부패의 텃밭에서 싹텄다고 해도 과언이 아니다. 식당 하나를 개업하려 해도 공무원에게 1만 유로(약 1580만 원) 이상의 뇌물을 써야 하고, 공공의료기관에 갈 때도 의사에게 돈 봉투를 건네야 진료를 받을 수 있었던 그리스다.

스칸디나비아(북유럽) 나라들은 남유럽의 재정파탄 국가들을 능가하는 복지 천국이지만 고소득국으로 건재하고 국민은 근검절약한다. 정부의 투명성에 대한 사회적 신뢰가 높다는 것이 결정적인 요인이다. 즉, 세금을 많이 내지만 그것이 나의 이익으로 되돌아온다는 경험과 믿음이 쌓여 있다는 얘기다.

우리나라에서도 북유럽식 복지모델을 주장하는 사람들이 있지만 실제로 고(高)세금으로 보편적 복지를 강행한다면 남유럽을 닮아갈 가능성이 높을 것이다. 경제협력개발기구(OECD)가 2008년 조사한 30개 회원국의 사회적 신뢰지수를 보면 한국은 끝에서 6번째로 PIIGS 국가들의 중간쯤이다.

인도는 중국과 함께 신흥경제국으로 떠올랐지만 지난해 외국인의 직접 투자가 전년도에 비해 30% 이상 줄었다. 이에 대해 외국 기업들은 심한 부패와 관료의 규제 때문이라고 지적했다. 기업인 셋 중의 하나는 "뇌물이 긴 안목의 투자를 저해한다"고 답했다.

우리나라도 부패를 척결하지 않고는 진정한 선진국 대열에 진입해 지속적으로 발전하기 어렵다. 작년 서울에서 열린 주요 20개국(G20) 정상회의에서 정상들은 "부패는 공공의 신뢰를 파괴하고, 법치주의를 훼손하며, 경제성장을 저해한다"는 데 의견 일치를 봤다.

국민 눈앞에서 벌어지고 있는 저축은행 게이트 수사가 꼬리 자르기로 끝난다면 부패 척결은 더 멀어진다. 김대중 노무현 이명박 3대 정권에 걸친 비리의 냄새를 맡았으면 제대로 한번 청소를 해야 부패를 줄여갈 수 있다. 열에 아홉은 법망을 빠져나가는 공통의 경험이 반복되면 부패 바이러스는 더욱 힘을 얻게 될 것이다.

정치권이 검찰 수사에 발을 거는 것부터가 전형적인 법적 부패(legal corruption)다. 그리고 검찰이 권력의 작용에 의해서든, 자의에 의해서든 수사를 마사지한다면 이는 '공권력 부패'다. 부패가 살아남을 수 있도록 조장하거나 방임하는 모든 것이 부패다. 한국이 2008년 비준한 유엔 반(反)부패협약에 따르면 결정권자가 몰랐더라도 권력 측근이 영향력을 행사하는 것도 부패요, 사법 방해도 부패요, 영향력 행사를 매개로 한 거래는 범죄다.

2012

대한민국 갈림길의 해 | '심약한 보수'로는 나라 못 지킨다

2012년이 달려오고 있다.

1년 반 뒤면 시작되는 그해, 북한은 강성대국 완성을 선포하며 고려연방으로 국호를 바꾸기라도 할 것인가? 김정일은 건재할 것이며, 김정은 세습도 성공의 신호탄을 쏘아 올릴 것인가? 중국은 그해 시진핑, 리커창 등이 제5세대 지도부를 출범시킨 뒤 남북한을 어떻게 다루려 할 것인가? 러시아는 그해 대선에서 푸틴이 다시 대통령으로 등극해 북한과의 관계를 훨씬 강화할 것인가? 미국 국민은 그해 오바마를 재선 대통령으로 만들어줄 것인가? 그 뒤의 한미동맹은 우리나라의 안전판 역할을 충분히 할 것인가?

더 큰 관심사는 대한민국의 그해 4월 총선과 12월 대선 풍향이다. 지난 6월 2일 밤 지방선거 개표를 지켜보면서 '2012년이 요동치겠구나' 생각한 국민이 많았을 것이다. 6·2선거는 과거 이회창 대세론처럼 '한나라당 재집권론'이 미신임을 일찌감치 깨우쳐줬다. 그리고 김영삼 김대중은 40대 기수론을 들고 나온 뒤 20년 이상 기다려야 했지만, 2012년엔 단번에 당선되는 '한국판 오바마'가 나올지 모른다는 상상마저 불러일으켰다.

그해 남북관계는 더 극적으로 소용돌이칠 가능성이 있다. 한국 북한 중국 미국 러시아 일본의 국가지도자 조합이 얽히고설키고 맞물리면서 한반도의 장래와 5000만 국민, 7400만 민족의 삶에 영향을 미칠 것이다. 그런데 천시(天時)는 기다리기만 하면 저절로 오는 것이 아니다. 누가 어떤 일을 도모하며 상황을 엮어내느냐에 따라 정권 향배도, 국가 운세도 뒤바뀔 수 있다.

김영삼 노무현은 정권 재창출에 실패했다. 2012년은 이명박 대통령이 시험받을 차례다. 정권 재창출에 실패한 대통령은 스스로 성공했다고 말할 자격이 없다. 2007년 이명박 후보에게 대승을 안긴 대선은 '노무현 심판'의 선거였다. 그로부터 2년 반 뒤 '노무현 폐족' 김두관 안희정 이광재가 지역의 벽을 깨고 부활했다. 어떤 고정관념도 통하지 않는 시대다.

6·2선거 이후 이 대통령에게 던져진 첫 숙제는 인사다. 대통령의 인사권은 양날의 칼이다. 잘한 인사는 그 자체가 국정 성공의 일부가 되지만 잘못한 인사는 대통령의 무능을 국민에게 각인시키는 동시에 정부의 무능을 자초한다. 대통령은 국가 인재풀 전체에서 '베스트 오브 베스트'를 발탁할 수 있기 때문에 인사에 실패하면 변명도 할 수 없다. 보은·연고 인사가 거듭되면 2012년 총선과 대선이 '이명박 심판' 성격을 띨 우려가 더 커진다. 그렇지 않고 이번에 정부 인사와 한나라당 재편이 세대교체 가능성을 포함해 새로운 면모를 보여준다면 지방선거 패배의 충격을 상당히 씻어낼 수 있을 것이다.

지금 한나라당 일각은 패배주의에 빠져 정체성 위기 조짐마저 드러내고 있다. 역시 '심약한 웰빙 보수'답다. 이런 모습으로 우왕좌왕하면 총선에서 1등은 어림없고 대선에서도 반(反)한나라당 총연대 앞에 무릎을 꿇을 것이다. 한나라당은 집권 후 2년여 동안 지역에서나 대학가에서나 노동현장에서나 젊은층과 만나고 함께 고민하고 치열하게 토론하는 '설득의 정치'를 야권의 반도 하지 않았다. 20, 30대가 투표장에 몰릴까 봐 눈치나 보는 행태로는 '그렇지 않아도 불리한 세대 지형' 속에서 2012년의 승리를 기대할 수 없다.

보수는 진보보다 레토릭(수사·修辭)이 약할 수밖에 없다는 소리는 머리 쓰지 않는 게으름뱅이의 변명이다. 2007년 대선 때는 '경제대통령'의 포지티브와 '잃어버린 10년'의 네거티브를 엮어 BBK 광풍까지 날려버렸다. 그러나 6·2선거에선 '천안함 비극'에나 올라타려다 역풍을 맞았다. '지킬 가치를 지키는 보수'의 소신도, 행동력도 보여주지 못하는 것이 근본문제다.

이런 노곤한 자세로 김정일 집단의 배수진을 친 공세를 어떻게 차단하며, 야권의 기획력과 전투력과 단일화를 어떻게 막아낼 것인가. 민심이 전광석화처럼 변하는 시대, 2012년까지는 긴 시간이다. 민생을 구체적으로 개선하고, 한미 자유무역협정(FTA) 발효와 전시작전권 전환 연기 등 경제와 안보의 기반을 다지며, 한반도 평화와 남북통일에 대한 비전을 국민과 세계 앞에 당당하게 보여준다면 아무리 럭비공 같은 젊은 세대라도 무조건 반대만 하겠는가. 20대는 앞으로 80년을 더 살 세대다. 지금 나라가 잘못 가면 이들이 가장 긴 세월 고통 받을 것임을 왜 이해시키지 못하는가.

법을 독으로 만들 수 있는 포퓰리즘

입법만능주의 폐해 똑바로 봐야 | 폭풍 전야의 세종시법과 노조법

2주 전 본란에서 '바람직한 국회의원상(像)'에 관한 지인 30여 명의 의견을 일부나마 소개했다. 이들 중 몇 분은 '안이한 입법' '포퓰리즘 입법'을 걱정하면서 "법을 마구잡이로 만들면 큰일 난다. 법 만능주의를 경계해야 한다"고 지적했다.

물론 국회의원은 입법 활동이 제1의 책무인 사람들이다. 하지만 입법 건수가 곧 의원 성적표는 아니다. 어떤 법은 다수 국민과 국가에 이익이 되기는커녕 큰 폐해를 낳을 수 있기 때문이다.

주택 분야에서 분양가 상한제나 전월세 규제 같은 것도 그런 사례로 꼽혔다. 분양가 상한제는 주택가격을 낮추어 수요자 부담을 덜어준다는 취지가 강조됐지만, 오히려 주택건설 감소로 장기적 공급 부족과 가격 불안을 키우는 측면이 있다. 그래서 국토해양부는 올 초부터 민간주택의 분양가 상한제 폐지를 위한 주택법 개정을 추진했지만 아직 여당과도 합의를 못 보고 있다. 전월세 규제 역시 실효(實效)는 별로 없으면서 시장만 왜곡시키는 '무늬 좋고 실속 없는' 제도로 예시됐다.

이런 법일수록 명분은 그럴듯하다. 그래서 반대를 하면 "업자 로비 받았느냐" "부자 편만 드느냐"는 식으로 공격하는 세력에게 시달려야 한다. 이 때문에 법의 부작용이 있어도 바꾸거나 없애기는 쉽지 않다. 지난날 입법에 찬성했던 의원들은 법을 잘못 만들었음을 인정하는 꼴이 되기 때문에 현실과 동떨어진 명분을 되뇌며 개폐(改廢)에 소극적인 경향이 있다.

노동 분야의 비정규직법은 개정 불발로 결국 올 7월에 시행됐지만 이 때문에 몇 명의 비정규직 근로자가 계약 해지를 당했는지, 아니면 정규직으로 전환됐는지 정확한 실태조차 파악되지 않고 있다. 업종과 기업 규모에 따라서는 비정규직으로 1, 2년만 더 일하면 자연스럽게 정규직이 될 수 있는 사람들이 이 법 때문에 일자리를 잃은 경우도 적지 않다. 그런가 하면 정규직인지 비정규직인지조차 불분명한 채, 임금 등 처우도 개선되지 않은 채 '구두계약' 형식으로 어정쩡하게 일을 계속하는 근로자도 있다. 이대로 놔두면 비정규직법은 법률로서의 엄정성을 크게 상실한 채 근로자와 사용자가 각각 달리 해석하는 노동자 유형을 양산할 가능성이 농후하다. 어느 교수는 "왜 비정규직이 늘었는지 그 뿌리는 캐지 않고 법 만능주의에 빠져, 잘 지켜지지도 않을 법을 덜렁 만들어버린 결과"라고 꼬집었다.

지난 정부에서 성매매방지법을 제정할 당시 입법 효과와 그 반대 측면에 대한 비교 검토는 이루어지지 않았다. "성매매가 도덕적이란 말이냐"는 한마디에 입을 다문 정치인이 대부분이었다. 법 제정 3년 뒤인 2007년 여성부 조사에 따르면 성매매 및 성산업 규모는 줄어든 것으로 추정됐다. 그런데 지난 정부와 현 정부에 걸쳐 고위직을 지낸 어느 인사는 "아동에 대한 성폭력이 성매매방지법과 무관하다고 보느냐"는 질문을 던졌다. 성인에 대한 공격은 위험성이 크니까 아동을 대상으로 삼는 이런 성범죄가 성매매방지법의 한 '풍선효과'라는 추론이었다.

입법의 궁극적인 목적은 그 법과 관련이 있는 국민의 기본권과 이익을 실질적으로 보호해주는 것이어야 한다. 그런 점에서 법의 명분과 법 운용의 현실 사이에서 더 많은 고민을 할 필요가 있다.

올해 말과 내년엔 행정중심복합도시건설법(세종시법)과 노동조합관계법(복수노조 허용 및 노조전임자 임금지급 금지 조항)이 나라를 흔들 소지가 있다. 어제 한나라당 진성호 의원이 주최한 특강에서 신도철 숙명여대 교수(경제학)는 "(행정수도 이전은) 규모나 부정적 효과 면에서 광복 이후 최대의 포퓰리즘적 선거공약이었다"며 그 국가적 부담을 지적했다. 나의 '바람직한 국회의원상' 의견 조사에 응한 지인 가운데서도 2005년의 세종시법 입법이 잘못됐음을 설명한 분이 적지 않았다.

그러나 정운찬 국무총리가 운을 뗀 대로 세종시를 '교육과학기업도시'로 바꾸기 위한 법 개정이 쉽게 이루어질 공산은 현재로선 적다. 정치권 각 파당의 포퓰리즘과 선동공세는 맹렬하고, 어떤 안이 장기적 국익에 부합하는지 국민적 공감대를 만들기는 어렵다.

복수노조 및 노조전임자 임금 문제는 노사관계에 다시 한 번 파란을 부를 가능성이 높다. 법 적용 유예시한이 40여 일 앞으로 다가왔지만 노사정 간은 물론이고 정부와 여당 사이에도 이견만 드러날 뿐, 노사관계의 '안정과 선진화'를 동시에 이룰 접점은 누구도 찾지 못하고 있다.

경제의 해외 변수를 비교적 잘 이겨낸다고 해도 세종시와 노사문제, 이 둘만으로 '한국만의 또 다른 위기'를 맞지 않으리라는 보장이 없다. 다 입법의 위기와 연관된 일이다.

우·국·수를 아십니까

좋은 의원님, 싫은 금배지 | 대도 걷는 지도자감은 없는가

지난달 중하순, 평소 존경하던 분과 지인 30여 명에게 '바람직한 국회의원상 (像)'에 관해 몇 가지 질문을 보내고 답을 들었다. 이들의 의견이 평균 민의 라고 할 수는 없지만 그래도 사심이 적고 양식 있는 분들의 생각이 궁금했다.

'박수쳐 주고 싶은 의원'으로 국회 지식경제위원회 위원장인 민주당 소속 정장선 의원을 꼽은 답변자가 꽤 많았다. 요약하자면 '건설적 토론 을 통해 여야의 벽을 허물고 의회 본연의 역할에 충실한, 합리적 포용적 리더십'에 대한 박수였다. 자유선진당 소속 조순형 의원은 '통찰력, 균형 잡힌 문제 제기, 명쾌한 시시비비'의 모델로 꼽혔다.

한나라당 소속 신지호 의원은 '대한민국의 정체성을 바로 세우기 위해 가장 적극적 구체적 실증적으로 노력한다'는 칭찬을 들었다. 같은 당 조 전혁 의원은 '금배지를 달기 전의 소신을 견지하며 교육경쟁력 강화를 위해 끈질기게 문제에 도전한다'고 높은 평가를 받았다.

김효석 민주당 의원은 '당의 자성(自省)을 촉구하고 뉴민주당 비전을 제시했다. 정당 내부 변화를 위한 노력이 돋보였다'는 호평을 얻었다(그러나 당내 강경 좌파그룹은 이 비전을 짓밟아 버렸고, 오히려 이명박 정부가 뉴민주당 비전을 연상케 하는 중도실용 정책으로 지지층을 넓혔다).

'정말 싫은 의원'으로는 폭력 쓰는 의원들의 이름이 가장 많이 나왔다. '국민을 위해 얼마나 거룩한 일을 하기에 의사당에서 활극영화 같은 육박전을 벌이고 해머를 휘두르며 난동을 부리는지 묵과할 수 없다. 그런 의원들은 의사당에서 추방해야 한다'는 반응이 주류였다. 폭언이 잦은 의원들도 열거됐다. 어떤 답변자는 몇몇 싫은 의원을 '돈키호테형, 독불장군형'으로 분류했고, 다른 응답자는 '독선과 반대지상주의자'를 예시했다. 상습 가투(街鬪) 의원들에 대한 혐오감도 많이 표출됐다.

여러 의견 중에서 '우·국·수'라는 조어(造語)도 떠올랐다. 우리 국회를 세계에서 가장 폭력적인 야만국회로 각인시키는 데 앞장선 '시정잡배만도 못한' 의원들은 '우리 국회의 수치'를 넘어 '우리 국민의 수치'이자 '우리 국가의 수치(우국수)'라는 것이다. '우생순(우리 생애 최고의 순간)'은 여자 핸드볼 선수들의 자랑스럽고 가슴 찡한 도전을 상징하며 국민에게 희망을 주는 말이지만 '우국수'는 우리나라의 부끄러운 모습을 대표하는 말같이 들린다.

그런데 국민이 '우국수' 의원들을 비난만 할 자격이 있는지 생각해봐야 한다는 지적도 있었다. 그런 국회의원을 만드는 것이 국민 아니냐는 얘기다. 지난날 걸핏하면 국회의장석에 뛰어들어 의사봉을 빼앗던 의원이 "이래야 열심히 한다고, 지역구에서 또 뽑아줍니다"라고 말했다는 일화도 소개됐다.

'지금 의원과 옛날 의원을 비교해 보라'는 질문에 '돈 문제는 많이 깨끗해졌다' '공부하고 전문성 있는 의원이 좀 늘어났다' 같은 긍정적 답변이 나왔다. 반면 '요즘은 여야 간, 심지어 파벌 간 타협 자세와 소통 능력이 너무 없다' '나라를 바로 이끌어야 한다는 소명의식보다는 당파와 지역구 의원으로서의 소리에 매달려 치사한 정쟁을 너무 한다'는 비판이 뒤따랐다.

'선진국 의원들과 비교해 보라'고 했더니 '그쪽이 더 논리적 합리적이고 우리는 우격다짐형이 많다' '선진국 의원들의 젠틀맨십과 유머감각이 우리 의원들에게는 많이 부족하다'는 지적과 함께 '우리 의원들은 품격과 프로페셔널리즘은 더 높이고, 특권의식은 더 낮춰야 한다'는 주문이 이어졌다. 그제 국회 본회의장 입구에서 박근혜 전 한나라당 대표를 둘러싼 기자들 때문에 출입문이 막히자 뒤에서 기다리던 박희태 의원이 "나도 똑같은 박 전 대표인데 난 왜 이리 인기가 없나"라고 해 폭소가 터졌다. 국회의원들의 어록이 워낙 살벌하다 보니, 그래도 한 점 주고 싶어지는 유머다.

몇몇 응답자는 국회의원들의 포퓰리즘 행태를 우려했다. 포퓰리즘 정치는 말은 국민을 위한다지만 따져보면 공익보다 사익을 위한 것이라는 지적이다. 대중적 인기와 다음 선거에서의 표익(票益)을 노린 무책임한 주장이 많다는 얘기다. '전문성이 떨어지니까 부지불식간에 대중주의로 흐른다' '자유민주주의, 시장경제 등의 원칙과 근본에 대한 이해가 부족하니까 좌고우면하는 거다' 같은 쓴소리도 나왔다.

'국가지도자가 될 만한 의원이 보이느냐'는 물음에 한 전직 국회의장은 이렇게 답했다. "처음부터 '깜'이 있는 것은 아니고 사안 하나하나에 부딪쳐 해결하는 과정에서 실력이 붙는 것이다. 다만 대도(大道)를 용기 있게 말할 수 있는 의원이라야 하고, 국민의 깊숙한 마음을 읽어낼 줄 알며 이에 부응하기 위한 자기희생의 행동력이 필요하다."

정치의 김수환 추기경은
왜 없나

국민 저력 묶어내면 기적 또 가능 | 조무래기 정치 그만 집어치우라

이 나라 갈 길이 참으로 아득하다. 한시바삐 해야 할 일이 태산 같다. 자칫 멈춰서거나 주저앉으면 글로벌 경쟁에서 탈락이다. 금융위기, 실물위기, 고용위기는 세계적이지만 우리에겐 혹이 더 붙어 있다. 외환위기의 악몽이 아직도 떠오르고, 파괴력을 짐작하기 어려운 북한 악재가 겹쳐 있다.

5000만 국민이 끝 모를 다중(多重)위기에 갇힌 형국이다. 조금만 발을 헛디뎌도 뇌관들이 연쇄 폭발할 것 같다. 국민의 존망을 걸고 국력을 총결집해 대응하고 관리해야 할 상황이다.

그렇다고 지레 겁먹고 위기의식에 질식할 건 없다. 우리 모두가 하기에 따라선 세계가 위기의 터널을 통과할 때쯤, 지금보다 몇 단계 격상된 대한민국을 만들 수 있다. 우리는 지난날 멋지게 해낸 경험이 많다. 한강의 기적이 그렇고, 올림픽과 월드컵의 성공도 그렇다.

우리는 좁은 국토, 적은 인구, 빈약한 자원이라는 한계에도 불구하고 '작지만 강한 나라'의 잠재력을 확인했다. 제2차 세계대전 후 신생국가 중에 우리만큼 눈부신 발전을 이룩한 나라는 없다. 이 작은 코리아 기업들이 상전(商戰)에서도, 기술전쟁에서도 숱한 승리와 성공을 기록했다. 과학자들도 심심찮게 '세계 최초'를 과시했다. 문화 한류와 스포츠 한국의 가능성도 보여줬다.

한국인은 손재주가 뛰어나다. 과거 근로정신이 투철했을 때는 같은 기술, 같은 재료라면 세계 최고 상품을 곧잘 만들었다. 우리는 서비스부문에도 강점이 있다. 우수학생들의 의과대학 쏠림현상이 바람직한 것은 아니지만 인재들이 모이는 의료분야에서 손재주는 금상첨화다. 세계적 의료 경쟁력을 창출할 수 있다. 정보기술(IT) 분야의 가능성도 여전하다. 교육에 대한 고정관념만 깰 수 있다면 세계적인 교육서비스 강국인들 못 될 것 없다. 이 밖에도 서비스업의 외연은 무궁무진하다.

옛날 일이지만, 집에 갑자기 손님이 오면 어머니는 어린 아들에게 그냥 지폐 한 장을 쥐어준다. 손님에게 내놓을 과일이나 과자를 눈치껏 사오라는 얘기다. 어머니는 아들의 상황 판단력과 생각의 유연함을 믿었다. 요컨대 코리안은 우수하다. 이런 국민을 한 덩어리로 묶어낼 수만 있다면 그 힘은 더하기가 아니라 몇 제곱이 될 수 있다.

우리 국민성은 과연 모래알인가. 88서울올림픽의 성공을 위해 각계 국민이 몇 년간 함께 땀 흘린 기억이 생생하다. 11년 전 외환위기 때 장롱 속의 금을 꺼내 모은 기억은 더 생생하다. 2002 월드컵 때도 우리 국민은 거대한 응원군중 속의 질서와 다이너미즘(역동성)을 절묘하게 조화시켜 세계를 놀라게 했다. 김수환 추기경 추모의 결집력은 바티칸을 움직였다.

그러나 과거 어느 때보다도 헤쳐 나가기 어려운 국가 복합위기 앞에서 우리 정치권과 시민운동권은 국론분열, 국민갈등, 국정표류를 부채질하고 있다. 여당부터 한나라당이 아니라 두나라당이다. 제1야당은 자신들의 집권 시절에 관철하려 했던 민주주의 절차를 지금 철저히 부정하고 있다. 노무현 정권 때 정세균 열린우리당 대표는 "대화와 타협이 최선이지만 그렇지 않을(그게 잘 안될) 경우 다수결 원칙에 승복하는 것이 의회주의"라며 법안 직권상정의 불가피성을 강조했다.

달러발(發) 세계 경제위기의 진앙인 미국은 새 지도자 버락 오바마가 선창하는 "우리는 할 수 있다(Yes we can!)" 아래 뭉치고 있다. 위기극복 방안에 대해 여야 간 이견이 있어도 충분한 토론과 민주적 의사결정 틀 속에서 행정부를 신속하게 뒷받침한다. 일본 야당 민주당은 정부가 요청한 경기진작 예산을 여당인 자민당보다 더 적극적으로 처리해 줬다.

정치는 잠재력 있는 국민이 맘껏 뛸 수 있게 돕는 것이어야 한다. 돈이 돌게 하고, 투자를 일으키고, 일자리를 만들어 민생을 살리기 위해서는 지금 국회에 발목 잡혀 있는 법안들뿐 아니라 더 많은 법제도를 개선해야 한다. 서비스업과 제조업은 물론이고 농업분야까지 제대로 규제를 풀면 새로운 비즈니스 모델이 대거 생겨나고 경제 회생(回生)과 일자리 창출에 서광이 비칠 것이다.

여야는 어째서 이런 실사구시의 정치를 하지 않고 싸움질만 하는가. 국회의원들은 자존심도 없는가. 여당이건 야당이건, 여당 안의 친이(親李)건 친박(親朴)이건 속 좁은 조무래기 정치 그만 집어치우고 대인의 정치 한번 해보라. 이 나라에 정치의 김수환은 왜 안 나오나.

죄 많은 3류 정치

희망, 변화, 재건 가로막는 DJ | 李대통령부터 낡은 도그마 깨야

세계가 경제와 사투를 벌이고 있다. 기업이 쓰러지고 일자리가 사라지고 아이슬란드에선 정권마저 무너졌다. 개인도 가정도 회사도 나라도 성장 이전에 생존이 발등의 불이다. 이런 글로벌 위기가 언제 해소될지 누구도 자신이 없다.

각국은 '협력과 경쟁'의 양면 대응으로 위기를 잠재우려 한다. 금융·신용 경색을 풀기 위한 다국 간 금리 공조, 한미 한일 한중 간 통화스와프 등은 협력에 해당한다. 돈의 국경이 희미해진 시대에 순망치한(입술이 없으면 이가 시림)을 막기 위한 '위기가 촉발한 협력(Crisis-driven Collaboration)'이다.

그러나 협력의 뒤편에선 총성 없는 전쟁 같은 경쟁이 벌어지고 있다. 지구 차원에서 소비 거품이 꺼지고 경기가 일파만파로 침체돼 어느 나라건 기업과 일자리의 대대적 구조조정이 불가피하다. 이 상황에서 개인이나 회사나 국가나 경쟁력이 처지는 쪽이 먼저 희생되는 것이 시장원리요 적자생존의 법칙이다.

지금 생존의 기본단위는 국가다. 나라가 죽느냐 사느냐. 미국의 국제

문제 전문지 포린폴리시는 어제 인터넷판에서 경제위기로 정권이 붕괴된 아이슬란드의 전철을 밟을 위험성이 높은 나라로 영국 라트비아 그리스 우크라이나 니카라과를 꼽았다. 작년 10월 9일 니카라과의 다니엘 오르테가 대통령은 미국발 금융위기에 대해 "미국이 그들의 경제원칙을 가난한 나라들에 강요한 데 대해 신이 내린 벌"이라고 조롱했다. 그리고 넉 달도 안 돼 자신이 정권 위기를 맞고 있다.

글로벌 위기의 진앙이었던 미국은 오히려 달러의 위력을 더 과시하며 희망, 변화, 재건을 합창하고 있다. 새 지도자 버락 오바마 대통령은 정부의 역할을 강조하면서도 '시장의 힘'을 결코 과소평가하지 않는다. 그는 취임사에서 "시장의 힘은 부를 창출하고 자유를 신장하는 데 그 무엇도 필적할 수 없을 정도로 막강하다"고 말했다.

우리는 어떤 처지인가. 아이슬란드 모델은 아니라고 안심해도 될 것인가. 구조조정의 고통을 겪고 있지만 우리 기업들이 그래도 많이 강해진 점은 위안이다. 규제와 기업 때리기가 유난스러운 가운데서도 기업들은 정치나 사회 어느 부문보다도 창의적이었고 열심히 뛰었다.

반면에 정치는 정말 3, 4류다. 폭력국회와 여당의 표류는 재론할 것도 없고, 김대중(DJ) 전 대통령이 2009년 대한민국 정치의 현주소를 적나라하게 보여준다. 그는 제1야당 민주당에 이명박 정권과의 싸움에 몸을 더 던지라고 끊임없이 사주한다. 그러면서 요즘 상황을 이 정권에 의한 '민주주의의 위기'라고 규정한다.

지금 한국정치가 '민주주의의 위기'라는 점에 나도 동의한다. DJ는 "독재자 편에 섰던 사람들이 득세하는 세상을 보면서 참 안타깝고 분한 마음이 든다"고 한다. 자유의지로 정권을 선택한 민의마저 수용하지 않는 반민주적 독선적 발언이다. 국회에서 82석 민주당이 171석 한나라당의 다수결 입법을 쇠망치로 가로막는 것이야말로 '1인 1표 민주주의'에 대한 전면부정이다.

　DJ가 경제와 민생의 위기를 직시한다면, 자신이 11년 전 외환위기 극복을 위해 온 국민과 모든 정파의 도움을 호소했듯이 지금도 '온 국민과 모든 정파가 위기 타개에 동참하자'고 권유해야 정상이다. 그런데도 오로지 '특정 정파의 영원한 수반'이기에 집착하니 그 모습이 안쓰러울 지경이다.

　하지만 현 정권은 이런 국정 방해세력 때문에 경제를 살릴 수 없다고 해선 안 된다. 세계 초강국 미국도 정치가 1류라고 할 수는 없다. 오바마 대통령이 취임사에서 "우리 정치를 질식시켜온 속 좁은 불평, 그릇된 약속, 남 탓, 닳아빠진 도그마들의 종식을 선언하러 우리는 이 자리에 왔다"고 말한 것에 적지 않은 병폐가 열거돼 있다.

　중요한 점은 오바마 대통령이 낡아빠진 도그마들을 깨기 위해 '결단하고 행동하는' 리더십을 보여주고 있다는 사실이다. 또 대다수 미국민이 그런 대통령을 응원하고, 야당도 상당한 협조를 하고 있다는 사실이다. 미국이 글로벌 위기의 진원지에서 위기 타개의 출발지로 바뀐다면 오바마 대통령의 리더십, 그리고 여야 정치권의 성숙한 '협력과 경쟁'이 핵심 동력일 것이다.

오늘도 돌아가는
정쟁의 낡은 레코드판

타협 아닌 '판 깨기 전문' 민주당 | 여당 불임 정치, 민생에 대한 배임

제2차 세계대전 후 영국정치는 이른바 '합의(合意·consensus)의 시대'를 열었다. 보수당과 노동당은 자유주의와 사회주의 간의 대립을 해소하고 '합의하는 정치'를 최고의 덕목으로 삼았다.

그러나 영국의 '합의 전성시대'는 무책임과 나눠먹기의 폐해를 누적시켰다. 영국병(病)의 한 원인이었다. 보수당의 마거릿 대처는 1979년 총선 승리를 계기로 '합의는 곧 선(善)'이라는 미신에 도전하면서 영국병 치유에 나섰다. 그는 "중간은 없다. 나는 합의 뒤에 숨지 않겠다"고 선언하고 행동했다.

정치적 결정이건, 제도나 정책이건 타이밍, 즉 적시성(適時性)이 중요하다. 합의가 충분치 않다는 이유로 선택의 결단과 집행을 미루기만 하면 언젠가 합의에 이른다 해도 '소 잃고 외양간 고치는' 결과가 되기 쉽다. 실제로 정책의 부분적 실패보다 실기(失機)가 더 문제되는 일이 많다.

한국에선 1987년 민주화 이후 '합의=민주주의'라는 정치사회적 통념이 더 굳어졌다. 권위주의 정권 시절에 독재의 수단으로 '다수의 횡포'가 자행됐던데 대한 반동이 컸다. 정치적 소수파인 좌파세력은 이 기회를 놓치지 않고 민주주의 과잉 상황에 편승해 '민주주의는 합의다' 라는 유사(類似)이데올로기를 퍼뜨렸다.

지금 국회의 여당과 제1야당 의석은 한나라당 172석, 민주당 83석으로 2 대 1 이상의 차이가 난다. 그런데도 민주당이 합의해주지 않으면 어떤 법안도, 어떤 결의안도 신속 처리가 어렵다. 지난주 국회 법사위는 의석 1.7% 정당인 민주노동당의 점거농성에 한때 마비됐다.

내년 예산안이 법정시한을 열하루 넘긴 13일 한나라당 단독 표결로 통과됐다. 민주당은 이를 '쿠데타와 같은 폭거' 로 몰아붙이며 "국회 운영 전면중단도 불사하겠다"고 경고했다. 예산안에 이은 쟁점법안 처리 과정에서 판을 깰 수도 있다는 얘기다. 우리 정치에서 몇 십년간 보아온 '소수당의 의사일정 방해-다수당의 단독 처리-정국 경색' 패턴이 변함없이 반복되고 있는 것이다.

야당이 여당을 견제하는 것은 당연하다. 여당은 야당 의견도 경청해야 한다. 선거에서 야당을 지지한 유권자도 결코 버려서는 안 되는 국민이기 때문이다. 하지만 야당은 견제를 넘는 '심판자' 가 되겠다고 해선 안 된다. 그것은 국민의 위임 한계를 벗어난 월권이고, 국민의 최종 심판권을 가로채는 행위다.

지금 이 나라에서 민주적 절차에 따라 국민으로부터 권력을 위임받은 정치주체는 이명박 대통령과 한나라당이다. 선거에서의 '다수 득표' 가 불변의 근거다. 그 한나라당이 시급한 예산 확정을 위해 국민한테서 나온 '다수 의석' 을 가용한 것이 '오만과 독선' 이고 '민주주의 파괴' 라면 대한민국의 '민주주의는 어디에서 찾아야 하는가.

민주당과 민노당에 물으면 '합의정신을 살려야 한다' 고 주장할 것이다. 하지만 상식과 합리를 바탕으로 타협해 합의에 이를 생각이 이들에게 과연 있는가. 정치판이 깨지면 어차피 정권 내준 야당보다 여당이 더 손해라는 계산에 따라 움직일 뿐 아닌가.

공작정치 공안정치 밀실정치 야합정치가 횡행하던 권위주의 정권 시절엔 정부여당의 정통성이 취약했고, 민주적 가치가 짓밟힌 사례도 많았다. 그렇기 때문에 소수 야당의 물리적 의사진행 방해, 농성, 장외투쟁과 떼쓰기조차 국민의 일정한 동조를 받을 수 있었다. 그러나 지금은 '소수의 횡포'가 국가의 위기탈출을 어렵게 하는 형국이다.

민주당은 타협보다는 투쟁이 존재를 과시하는 방법이라고 생각해 '반대를 위한 반대'라도 강행할 요량이지만 그 결과는 10%대에 머문 지지율이다. 다수 국민이 '생산 없는 투쟁'에 냉소를 보내고 있다는 뜻이다. 구태의연한 투쟁이 미담이 되는 시대는 이미 아니다.

만약 한나라당이 13일 단독으로라도 예산안을 처리하지 않았더라면 31일 자정까지 밀렸을 가능성이 있었다. 그렇게 됐다면 '아무것도 못하는 여당'이라는 비난이야 한나라당이 덮어쓰면 그만이지만, 재정 운용 자체의 차질에 따른 피해는 고스란히 국민 몫이 된다.

물론 여당은 진정성을 가지고 야당과 최대한 타협을 꾀하면서 국민을 설득하는 노력도 더 해야 한다. 그러나 우유부단과 무책임성 때문에 아무 일도 제때 못하는 '불임(不妊)정치'는 국민에 대한 배신이요 민생에 대한 배임(背任)이다.

오바마가 한국 정치권에 던진 '참 메시지'

통합에 헌신해야 지도자로 성공 | 지금 이 나라엔 그런 인물 안 보여

이명박, 한나라당 박근혜와 제3의 인물들, 민주당 정세균과 386과 대안 인물들, 이회창, 그리고 장외의 잠룡들. 이들이 버락 오바마 미국 대통령 당선인한테서 영감 같은 것을 얻고 행동에 나선다면 자신들의 정치적 성공뿐 아니라 대한민국을 위해 다행이겠다.

2004년 7월 정치라곤 주(州)상원의원 경험뿐이던 43세의 오바마가 민주당 존 케리 대선후보 출정식(전당대회)에서 분위기 띄우기 연설을 하는 행운을 얻었다. 당시 타임지(誌)가 '녹아웃(KO) 연설'이라고 칭찬한 16분짜리 연설은 4년 4개월 뒤 '미합중국 대통령 오바마'를 낳는 동력이 됐다.

'미국은 하나'라는 단호한 메시지가 미국민들을 감동시켰다. "흑인도, 백인도, 라틴계도, 아시아계도, 우리 모두는 성조기에 충성을 맹세하고 미합중국을 지키는 하나의 국민(one people)입니다." 그러면서 오바마는 "냉소의 정치가 아니라 희망의 정치에 참여하자"고 호소했다. 그의 연설은 핏발을 세우고 악을 쓰며 누군가를 저주하는 것과는 거리가 멀었다.

2008년 11월 이번엔 역사적인 대통령 당선 연설에서 그는 '어떤 것으로도 깰 수 없는 단결'을 주문했다. "오랜 세월 우리 정치를 타락시킨 당파주의, 편협성, 유치함을 다함께 배격합시다. …우리가 올라가야 할 산은 가파릅니다. …세계를 분열시키는 사람들, 나는 그들을 패배시킬 것입니다." 오바마의 승리는 국민통합에 대한 일관된 신념, 그리고 행동으로 입증한 진정성의 산물이라고 할 만하다.

국내로 눈을 돌리면 참 답답하다. 나라가 잘되려면 우선 국가경영의 상부구조가 제대로 작동해야 한다. 정부, 그리고 여야 정당이 동참하는 국회가 바로 상부구조의 몸통이다. 이들이 체제, 법과 제도, 정책을 합리적 효율적 생산적으로 운용해야 시장과 기업을 포함한 민간 각 부문이 원활하게 돌아갈 수 있다. 국태민안(國泰民安)이 거기서 비롯된다. 세계적 혼란과 위기가 덮칠 때는 더욱 그렇다. 하지만 지금 우리 정부와 정치권에선 통합, 협력, 상생의 자세를 발견하기 어렵다.

이 대통령은 주요국 금융정상회의 참석 등을 위해 해외를 순방하며 국제적 리더십을 시험하고 있지만 국정 리더십의 취약성은 극복하지 못하고 있다. 한나라당은 국회 절반의석을 22석이나 웃도는 거대여당이지만 지리멸렬하기 짝이 없다. 내부 분열이 한 요인이다. 대선 경선이 끝난 지 15개월이 되도록 친이(親李)네 친박(親朴)이네 하며 서로를 냉소하고, 다음 대선까지는 4년 1개월이나 남았음에도 일찌감치 세 싸움에 빠져 공동의 목표를 내팽개친 듯 보인다.

민주당은 진정한 국익을 위해 고민하는 모습과 국민을 설득할 대안은 없이 그저 정권 빼앗긴 한풀이에, 반대정권을 부자정권으로 낙인찍고 덜미잡기에 바쁘다. 국민통합 노력은커녕 가진 자와 못 가진 자, 수도권과 지방을 편 갈라 정치공학적 이익을 챙기려는 행태가 뚜렷하다. 만약 오바마가 그런 정치에다 '법 안 지키고 반칙하기'를 밥 먹듯이 했다면 아무리

천하제일의 웅변가라 해도 오늘의 기적은 없었을 것이다.

　김대중 전 대통령은 1996년 정계에 복귀한 뒤 역대 보수정권에 대해 '호남 차별론'을 부각시키며 이를 '흑백 인종 차별'에 비유했다. 그의 표현을 빌린다면, 지금의 민주당이 정권을 탈환하기 위해서는 '백인 표'를 얻어야 한다. 그것은 지역으론 영남 표, 계층으론 강남 표일 수 있다.

　민주당이 지지율 10%대에서 재기해 미국 민주당처럼 성공하려면 이런 표에 정면으로 승부를 거는 오바마 식 '담대한 도전'(Audacious challenge)에 나설 필요가 있다. 그 핵심이 국민통합의 정치다. 민주당이 '태극기에 충성하고, 대한민국의 정체성을 지키려는' 국민을 하나로 묶는 정치를 선언하고 행동할 때 그 가능성은 열릴 것이다. 그리고 이 과정에서 새로운 희망의 리더가 탄생할 수 있다.

　한나라당 사람들은 당내 통합조차 못 이루는 정치로는 국민에게 희망을 줄 수 없다. 분열과 갈등의 중심이 아니라 통합과 화해의 중심이 되기 위해 자신을 비우고 버리는 인물만이 지도자의 반열에 오를 수 있을 것이다. 물론 현직 대통령부터 통합의 리더십을 보여줘야 한다.

화성에서 온 여당,
금성에서 온 야당

공수 교대, 완전히 뒤바뀐 주장뿐 ┃ 공통의 가치 복원해야 윈-윈 가능

정권 교체를 계기로 한나라당은 화성(火星)에서 금성(金星)으로, 민주당은 금성에서 화성으로 이사를 한 듯하다.

노무현 정권 시절 한나라당은 코드인사, 보은인사를 자주 비판했다. 공기업 낙하산인사에 대해 한나라당은 "무자격자 낙하산인사야말로 공기업 부실을 심화시키고 국민경제와 국가경쟁력을 갉아 먹는다"고 질타하며 낙하산인사조사특위까지 만들었다. 그러던 한나라당이 요즘의 낙하산에 대해선 '대통령 철학을 잘 이해하는 사람'이라고 옹호하거나 입을 다문다.

노 대통령이 2002년 대선 때의 언론특보 서동구 씨를 KBS 사장에 임명하자 한나라당은 "특보 출신의 방송사 사장 진출은 언론자유 훼손"이라고 비판했다. 현 정부가 MB캠프 출신을 방송 경영자로 앉힐 때 한나라당이 언론자유 문제를 거론했다는 소식은 들리지 않았다.

민주당의 전신인 새천년민주당과 열린우리당은 김대중, 노무현 대통령의 편파인사를 함께 즐겼다. 여당 시절 이들은 "대통령은 자신과 정치적 견해를 같이하는 인물을 등용해 성과를 낼 책임을 지고 있다"는 어록을 남겼다. 지금 민주당 사람들은 이런 말을 한 것조차 잊은 듯 '이명박 인사 때리기'에 여념이 없다.

요즘 민주당은 방송계 물갈이가 있거나 현 정부가 언론정책을 밝힐 때마다 '방송 장악, 포털 장악, 언론 장악'이라는 말을 쉽게 한다. 노 대통령은 방송을 손에 쥐고서도 모자라 일부 포털과 무가지를 비롯한 유사(類似)언론을 키우고 이용했다. 그러나 지금 민주당의 사실상 모체인 열린우리당은 이를 옹호하기에 바빴다. 그뿐 아니라 열린우리당은 위헌적 신문법을 만들어 비판신문들을 무력화하려 했고, 기자실 대못질 같은 취재 봉쇄를 방관했다.

한나라당은 '쇠고기 촛불시위' 와중에 민주당이 장외를 떠돌자 "국회 등원 거부는 의회정치를 버리는 일"이라고 비난했다. 그런 한나라당도 2005년 말~2006년 초 사립학교법 파동 때 53일간 등원을 거부한 바 있다.

민주당은 수뢰 혐의를 받고 있는 김재윤 의원에 대한 수사를 "야당 탄압"이라고 주장하며 체포동의안 처리를 거부했다. 2004년 선거법 위반으로 수사를 받던 한나라당 박창달 의원에 대한 체포동의안이 국회에 제출됐을 때 열린우리당은 박 의원 체포동의안 처리에 반대한 동료의원들을 '반(反)개혁'으로 낙인찍었다. 이도 모자라 국회법을 개정해 '체포동의안 72시간 이내 표결'을 명문화했다. 이번에 민주당은 이 조항을 스스로 사문화(死文化)해 버렸다.

노 정권 아래서 경제지표가 안 좋게 나올 때마다 한나라당은 "아마추어들이 경제 망친다. 성장 동력이 꺼진다"고 개탄했다. 그러나 요사이 나빠진 경제지표에 대해 한나라당 사람들이 얼마나 진지하게 성찰하며, 근본적 해법을 찾고 있는지 모르겠다. 그런가 하면 민주당은 정권을 내놓아야 했던 자신들의 정책실패와 그 후유증에 대해선 침묵하면서 이 정권의 실책만 과장한다.

정부가 시급한 민생안정 대책용으로 4조9000억 원의 추가경정예산안을 국회에 냈다. 이에 대해 한나라당은 '추석 전 처리'를 외치고, 민주당은 "대폭 삭감해야 한다"며 발목을 잡는다. 지난 정권 때는 한나라당이 추경예산 편성에 제동을 걸었고, 열린우리당은 "한나라당이 경기 활성화의 발목을 잡는다"고 맞받았다.

여야 교체가 공수 교대와 논리 교환을 가져왔을 뿐, 정치권이 초당적으로 함께 추구하는 공통의 가치는 찾아보기 어렵다. '국민을 위한 정치'를 입에 달고 살지만 각자 '지금 서 있는 자리'가 여당이냐, 야당이냐에 따라 가치관을 손바닥 뒤집듯이 바꾼다. 우리 정치인들은 '내 편의 이익이냐, 네 편의 이익이냐'를 잣대로 반대와 배제를 일삼는 무정견(無定見)의 정치를 언제까지 계속할 것인가. 그러면 국민 이익은 누가 챙겨줄 것인가.

미국 언론은 전당대회 바람을 타고 민주당의 버락 오바마를 앞서기 시작한 공화당 대통령후보 존 매케인에 대해 지금도 무당파(無黨派 · maverick)라고 즐겨 호칭한다. 매케인은 주요 현안에서 당 지도부의 생각과 달리 소신에 따른 발언과 투표를 하고, 민주당 의원들과 협력해 국회의 정치적 부패를 공격했다. 그런 소신이 오늘의 매케인을 만들어냈다.

하루아침에 화성당이 금성당이 되고, 금성당이 화성당으로 바뀌는 우리 정치현실에서 매케인 같은 원칙의 정치인이 나타나기는 아무래도 어려울까.

18대 의원들,
17대의 실패가 거울이다

첫 단추 잘못 끼운 가축법 소동 | 코드 입법에 매달려선 성공 못해

가축전염병예방법 개정이 18대 국회 첫 입법과제라니, 아무래도 엉뚱하고 상식 밖이다. 민주당 정세균 대표와 원혜영 원내대표한테 물어보고 싶다. 국민이 광우병 걸린 외국 쇠고기를 먹는 것이 '정말로 가장 걱정돼' 가축법 개정 없이는 국회에 들어가지 않겠다고 했던가. 지금 국민은 투자 부진, 일자리 부족, 과중한 세금, 금융 불안, 구매력 저하, 물가 앙등, 소비 위축, 자영업 줄도산에 시달리고 있다. 그 와중에 민생고가 나날이 심해지면서 생존 자체를 위협받는 국민이 늘고 있다.

이런 경제 위국(危局)에서 벗어나려면 모든 경제사회 주체가 힘을 모으고, 특히 정부가 똑바로 잘해야 한다. 그러나 아무리 옳고 급한 정책도 국회가 제때 법을 만들거나 고쳐줘야 궤도에 오를 수 있다.

민주당이 국회법에 따라 18대 국회 개원시한(6월 5일)을 지키고, 역시 법대로 6월 8일까지 상임위를 구성하는 데 협조했다고 가정해보자. 그런 뒤 임시국회를 속행하며 정부가 내놓은 서민대책, 규제완화책, 투자촉진책의 상당부분을 법 제정과 개폐(改廢)로 뒷받침했다고 치자. 기업, 시장,

민생에 지금보다는 활기가 훨씬 더 돌았을 것이다.

　정 대표는 한때 대기업 상무까지 지냈다. 그리고 원 원내대표는 기업 창업 경험이 있는 데다 민선 부천시장(市長)을 5년 반 연임한 행정가 출신이다. 민주당이 국회에서 건설적 생산적 역할을 한다면 민생 개선에 도움이 될 것임을 두 사람은 잘 알고 있을 터이다.

　그럼에도 민주당은 거의 허구로 드러난 수입쇠고기의 광우병 위험을 근거로 가축법 개정을 18대 국회 첫 과업인양 내세우며 국회 정상화를 석 달 가까이 지연시켰다. 이는 소수 야당으로 전락한 민주당이 '이명박 정권 쓰러뜨리기'를 자신들의 생존법으로 삼은 결과다. 하지만 민주당은 본연의 국회 활동 직무유기를 통해 결국 민생 위기를 확산시키는 잘못을 저질렀다. 그리고 정치적으로는 대의민주주의에 대한 국민의 불신을 증폭시키는 자해(自害)까지 했다.

　'좋은 법을 제때 잘 만들어' 국리민복에 기여하는 것이 국회의 소임이다. 정당들은 그 구성원이다. 국민은 국회와 정당들의 바른 입법을 기대하며 많은 세금을 낸다. 그런데 가축법 개정은 위헌 소지가 있고, 그렇지 않더라도 불요불급(不要不急)할 뿐 아니라, 국제기준과 충돌하며, 법적 안정성과 구체적 타당성을 다 놓치고 있다.

　요컨대 가축법 개정은 국민에게 실질적 이익은 주지 못하면서 법 유지비용만 키울 개악이다. 민주당은 '광우병으로부터의 해방'이라는 일종의 미신을 만들어내 법 개정에 배수진을 쳤고, 한나라당은 국회 가동을 위해 마지못해 타협했다. 이는 한국 정치의 후진성을 거듭 확인시킨 장면이다.

　민주당은 사실상 전신인 열린우리당의 실패에서 아직도 배우지 못하고 있다. 열린우리당은 17대 국회의 다수여당으로서 이른바 '탄돌이' 386세력 주도 아래 무리한 코드입법을 강행하느라 국력을 낭비했다. 과거사법과 신문법 제정, 사립학교법 개정이 대표적이다. 열린우리당은 실익도 없이 '억지 입법'으로 국론만 분열시켰다. 결국 사학법은 재개정됐으며 신문법은 폐기 또는 전면개정이 불가피하다.

열린우리당은 숱한 법률을 제정·개폐하면서도 경제건, 교육이건 민간의 자유와 자율을 신장하고 촉진하는 데는 극히 인색했다. 거꾸로 규제와 통제를 덧입혀 경쟁과 창의와 효율을 억눌렀다. 노무현 정권은 투자 활성화를 입버릇처럼 외치면서도 대기업들이 규제완화 1순위로 꼽았던 '출자총액 제한제도'의 폐지입법은 끝내 거부했다.

노 정부가 제출하고 열린우리당이 적극 밀어붙여 제정한 비정규직보호법은 그럴듯한 명분에도 불구하고 후유증이 오히려 크다. 비정규직의 정규직 전환에 부담을 느낀 기업들이 비정규직을 해고하거나 채용을 꺼려 '서민 고용을 보장한다'는 법 취지와는 달리 오히려 일자리가 줄고 있다.

열린우리당이 경제원리와 시장심리에 순응하는 민생경제 활성화 입법에 매진했더라면 4년도 채 안돼 간판을 내리는 불운은 면했을 것이다. 그리고 정권 재창출에 성공할 기회도 있었을지 모른다. 오늘의 민주당이 열린우리당 코드로 회귀하는 것은 국민을 위해서나 민주당 사람들의 장래를 위해서나 현명한 선택이 아니라는 생각이 든다.

좌고우면하는 한나라당도 열린우리당의 실패에서 배우는 바가 있어야 할 것이다.

대통령과 18대 국회의 궁합

다수의 오만, 소수의 파괴 다 위험 | 앞바퀴 뒷바퀴의 역할 조화돼야

내일(4월 9일) 18대 국회의원 299명이 탄생한다. 이들은 5월 30일 임기를 시작해 4년간 의회정치와 입법(立法)의 주역으로, 나라살림의 조정자로 활동한다. 이명박 정부의 '사실상의 임기'와 거의 맞물린다.

18대 의원들은 이 대통령의 동반세력 또는 견제세력으로서 국운과 민생에 큰 영향을 미칠 것이다. 대통령과 국회의 관계가 좋으냐 나쁘냐에 따라 국민도 웃거나 울어야할 일이 많을 것이다. 이명박 국정과 여의도 정치의 궁합이 어떨지, 이를 예고하는 첫 뚜껑을 3780만 유권자가 연다. 그날이 내일이다.

한나라당은 '정권교체의 대의를 살려 대한민국을 바로 세울 국회가 돼야 한다'고, 통합민주당은 '강한 야당으로 강한 국회를 만들어 일당독재의 위험을 막아야 한다'고 주장한다. 거여(巨與)와 강야(强野) 중에 어느쪽이 좋은 선택일지, 판단은 유권자 개개인의 몫이다.

4·9총선에서 의석 분포가 어떻게 나오건 한 가지는 분명하다. 정쟁(政爭)으로 지새는 국회는 이제 사라져야 한다는 민심(民心)이 절대적이라

는 사실이다. 당연히 18대 국회는 노무현 정부 5년간의 16대 후반 및 17대 국회와 확 달라야 한다.

2003년 취임한 노 대통령은 이듬해 17대 총선에서 '노무현당'이 과반 의석을 차지해야 정권이 완성된다고 봤다. 그래서 민주당을 쪼개 열린우리당을 만들고, 이 당의 승리를 위해 선거 개입을 서슴지 않았다. 다수에 대한 집착이 빚은 탈선이었다.

그러자 한나라당과 노 대통령한테서 버림받은 민주당은 탄핵이라는 극약 대응으로 대통령을 응징하려 했다. 두 당을 합쳐 재적의원의 76%라는 압도적 의석을 갖고 있었기 때문에 꿈꿨던 일이다. 하지만 국민에겐 다수의 오만으로 비쳤고 역풍을 불렀다. 잘한 것도 없는 열린우리당이 과반 의석을 거머쥐었다. 여기서부터는 거꾸로 '다수의 비극'이 시작된다.

이른바 '탄돌이' 의원들은 국회를 낡은 좌파이념의 실험장으로 삼았다. 민생에 대한 참된 고뇌는 없이 다수의 힘으로 국가보안법 폐지, 사립학교법 신문법 과거사진상규명법 제정 등을 개혁입법으로 포장해 밀어붙였다. 이것이 17대 국회 정쟁의 주인(主因)이었을 뿐 아니라 노 정권 실패의 화근이 됐다.

주사파(主思派) 등 386 운동권 출신들이 주도한 17대 국회는 지극히 비생산적이고 과거 지향적이었다. 이들은 대한민국이 세계화 물결 속에서 경제 재도약과 선진화를 이룩할 기회를 가로막았다. 소모형 파괴형 세력은 설혹 다수가 아니더라도 국회를 마비시킬 수 있다. 386의 선배로 비교적 온건한 열린우리당(현 통합민주당) 의원조차 작년 대선 직전 "우리가 야당이 되면 몇십 명만 갖고도 이명박 정권을 초장에 무력화할 자신이 있다"고 말했다. 맹수의 이빨로 초식동물을 물어버리듯 할 거라는 얘기다.

18대 국회가 해야 할 일은 너무나 많다. 온 국민이 세계화의 흐름에 능동적 창조적으로 대응해 선진국의 기반을 닦을 수 있도록 법제도를 선진화해야 한다. 지속성장과 장기적 국민 먹을거리 창출을 위한 산업구조 재편 및 고도화, 신기술과 새로운 비즈니스 모델의 상업화 등을 위해서도 국회가 신속하게 법적 뒷받침을 해야 할 일이 한두 가지가 아니다.

투자건 소비건 돈이 국내에서 잘 돌고 시장 구석구석에 활력이 퍼지도록 돕는 정치가 절실하다. 규제완화, 민영화, 개방의 촉진이 핵심이다. 4, 5년을 더 허송하면 영원히 선진국 대열에 끼기 어렵다. 한미 자유무역협정(FTA)이 양국에서 빨리 비준 발효되도록 행정부와 손발을 맞추고 초당적 대미 의원외교도 펴야 한다.

교육 복지 환경 언론 문제 같은 국내 현안과 대북·대외 관계 재정립 및 국제공헌 문제 등에서도 국익을 위해 국회가 할 일이 산적해 있다. 정쟁과 분란 대신 이런 일에 매진해 '좋은 정치, 생산적인 국회'를 실현할 정당과 의원이 필요하다. 새 대통령과 새 국회는 앞바퀴 뒷바퀴 역할을 해야 마땅하다. 앞바퀴가 수렁에 빠질 것 같으면 뒷바퀴가 제동을 걸고, 앞바퀴가 바른 길로 가면 뒷바퀴가 가속을 붙여줘야 한다.

내일 유권자들의 머리와 발걸음과 손이 참으로 중요하다.

깨어 있는 국민이라야 산다

"더디고 지루하지만 정치를 바꾸는 것은
결국 투표자들의 한 방, 한 방, 또 한 방이다.
이 한 방들이 국민의 삶을 바꾸고,
자식들을 세계에 자랑스러운 한국인으로
키울 수 있는 에너지다."

이 나라를 지킬 마지막 파수꾼은 5천만 국민, 4천만 유권자다. 더디고 지루하지만 정치를 바꾸는 것은 결국 투표자의 한 표, 한 표다. 법과 질서를 지키려는 정권을 만드는 것도, 불법과 촛불을 벗 삼는 정권을 만드는 것도 다수의 민심이다. 안보를 중시하는 정부를 만드는 것도, 안보보다 북한 김정은의 심기를 더 걱정하는 정부를 만드는 것도 국민이다.

　대한민국이 추락하면 우리 국민은 세계 어딜 가나 천덕꾸러기 대접을 받을 것이다. 국민이 애국을 잊어버리면 국가사회의 지속적 발전도, 튼튼한 안보도 기약할 수 없다. '애국'을 '꼴통'으로 여기는 세태는 제 발등 찍기다. 어느 세대에게나 책임의 몫이 있다. 중간세대인 40대는 10년 뒤, 20년 뒤 자신들이 5060세대가 됐을 때를 내다보며 나라를 걱정해야 한다. 무상복지 남발 같은 포퓰리즘 정치를 선호한다면 그리스나 스페인처럼 경제가 파탄나지 않으리란 법이 없고, 젊은 세대가 가장 오래 고생할 것이다. 깨어 있는 국민, 생각하는 국민이라야 구원받을 수 있다.

2012 한국 40대 소고(小考)

민주화 공로–산업화 수혜 세대 | 자식 세대 국가 장래도 내다볼 때

안철수를 천사로 보는 사람도 있고, 금화는커녕 거짓으로 코팅된 엽전이라고 하는 사람도 있다. 박정희를 오직 독재자로 미워하는 사람도 있고, 국민을 헐벗음에서 해방시킨 경제구국의 영웅이라고 칭송하는 사람도 있다. 김대중에 대한 평가도 민주화의 기수, 권력욕의 화신 등으로 갈린다.

전두환에 대해 역사의 죄 말고 경제 업적을 말하면 돌팔매가 날아올지 모르겠다. 하지만 그는 시대의 인재 김재익(1938~1983)을 발탁하고 정치적 역풍을 막아내 한국 경제의 고질이던 두 자릿수 인플레와 국제수지 적자에 마침표를 찍었다. 이 대전환은 오늘날 세계 10위권 경제국가를 가능케 한 기반이 됐다.

그러나 1980년 전두환 신군부 등장 과정의 광주 비극과 5·17 쿠데타는 반정부의 정당성을 키웠다. 그때 대학생들은 '타도 전두환'의 집단 에너지를 뿜어냈고, 사회에 나와서는 국가 중심세력으로 진입하는 에너지로 바꿔냈다. 이들 청년은 1990년대 30대 때부터 정치 경제 사회 문화 각 분야의 전면에 등장해 '386'이라는 이례적인 세대 칭호를 거머쥐었다. 그

대부분이 오늘의 40대다.

올해 4·11총선 유권자 연령 분포를 보면 40대는 882만 명으로 전체의 22%를 차지한다. 그 선배 세대인 50대 이상은 39.2%, 후배 세대인 30대 이하는 38.8%로 엇비슷하다. 정치권이 40대의 풍향에 예민한 까닭은 단지 22%의 결정력뿐 아니라 후배 세대에 대한 영향력도 만만찮기 때문이다. 나와 함께 일하는 50대 초반의 한 논설위원은 "아직도 40대 기분"이라고 하는데, 이 말도 음미해 볼 만하다.

지금의 40대 가운데는 대학 시절 전두환 독재와 맞짱 떠 1987년 6·29 민주화 선언을 이끌어낸 그룹도 있고, 화염병을 피해 도서관에서 영달의 길을 닦았던 그룹도 있다. 후자는 나중에 사회에서 성공하자 운동권에 대한 부채(負債)의식을 드러냈다. 이제 50세로, 386세대의 맏형 격인 80학번 안철수도 그런 고백을 했다.

386은 민주화 훈장 말고 현실의 삶에서도 상대적으로 성공한 세대다. 이들은 한국 정치의 중심에 뿌리를 깊이 내렸고, 자신들의 '도구로서의' 대통령을 만들 정도였다. 경제 쪽에서는 IT 붐의 수혜자이자 선도자로, 기성 재벌 뺨치는 'IT 문어발'도 나왔다. 영화계를 비롯한 연성(軟性) 문화권력이 40대 손 안에 들어간 지도 오래다. 적지 않은 40대는 '단군 이래 최대 호황'이라던 1986~88년의 3저(저금리 저달러 저유가) 호황기에 대학에 다니거나 사회에 진출해 '윤택한 학창시절, 골라잡는 일자리'의 수혜자가 됐다.

40대의 대선배인 70대 이상은 물론이고 5060세대도 개발과 건설에 허리가 휘고, 월남전에서 피 흘리며 경제를 일궈냈다. 일부 40대는 선배 세대를 "쓸어버려야 할 꼴통들"이라며 째려보지만 40대가 음으로 양으로 선배들의 덕을 보지 않았다고 강변할 수는 없다.

물론 한국의 40대 882만 명이 다 행운의 주인공은 아니다. 일자리 불안,

교육비 부담, 자산가치 하락, 턱없이 모자라는 노후 준비 등으로 지친 40대가 많다. 한 40대 초반 논설위원은 "선배 세대가 40대에 이룬 성취에 비해 나는 너무 초라한 것 같고, 앞으로 10년 안에 무엇을 이룰지 회의도 든다"고 털어놓는다.

하지만 2030은 더 막막하고 더 불안하다. 한때 축복받은 X세대로 불렸던 30대는 386 선배들이 깔아놓은 정치사회 이념 프레임 안에서 386 문화의 충실한 소비자 노릇을 했지만 386의 벽에 가로막힌 형국이다. 20대는 정규직의 꿈마저 못 꿀 지경이다. 그 사회경제적 책임의 상당 부분이 김대중 노무현 두 좌파 정권에 있음에도 386은 좌파 코드를 고수하며 2030세대를 대신 희생시키고 있다는 지적도 나온다. 40대는 두 정권을 탄생시킨 주력이었다.

40대 대박 영화감독들은 500만, 1000만 관객을 끌어모으는 한국 영화 성공의 엔진이다. 동시에 투자자본과 스크린을 독과점해 후배 세대의 설 자리를 좁힌다. 40대는 선배 세대에게 거칠게 덤벼 얻어낸 것도 많다. 자신들에 앞서 국가 발전을 감당한 선배 세대의 공도 인정하고 고마워하는 후배, 그리고 후배 세대에게는 기회의 창을 더 넓게 열어주는 넉넉한 선배가 돼줄 수 없을까.

지금은 전두환 시대도 아니다. 40대가 10년 뒤, 20년 뒤 5060이 됐을 때를 넘겨다보며 국가사회의 안정적 운영에 열정을 더 보태기를 나는 바란다. 자신들의 아들딸이 스물, 서른이 됐을 때 오늘의 2030보다는 더 기를 펴고 살 수 있게 해줘야 하지 않겠는가.

정당과 후보의
정체성을 묻는 선거

대한민국을 누가 지킬지 따져야 | 4000만 유권자가 나라 파수꾼

이정희 유시민 심상정 씨가 종북(북한체제 추종)과 종북 반대라는 차이를 덮어두고 만든 통합진보당이 홈페이지 해킹을 당했다. 이정희 대표(전 민주노동당 대표)가 김정일 사망 소식을 듣고 울부짖는 가짜사진이 북한 인공기(人共旗)를 배경으로 뜬 것이다. 누구 짓인지 반드시 잡아내 엄벌해야 할 범죄다. 통합진보당은 "헌정질서 문란, 민주주의 파괴"라고 규탄했다.

구 민노당 중심의 통합진보당이 헌정질서와 민주주의를 걱정한 것은 한편으로 뜻밖이다. 불법폭력 시위를 일삼고, 국회 안에 최루탄까지 터뜨려 의회민주주의를 조롱한 사람들이기 때문이다. 이들은 의원 6, 7명으로 299석 국회를 기능 정지시킨 기록도 많다.

이런 정당이 제1야당 민주통합당과 선거연대를 해 4월의 19대 국회의원 총선거에서 세를 불리고, 12월 대통령선거를 거쳐 정권에 참여하려 한다. 민주통합당은 오로지 후보 단일화로 정권을 탈환하기 위해 통합진보당에 끌려간다.

강철규 민주통합당 공천심사위원장은 총선 후보의 가장 중요한 자격으로 '정체성'을 강조했다. 정치인도 정당도 국가도 정체성은 중요하다. 정

체성이 뭔가. 자체의 색깔을 명징하게 드러내는 '핵심적 가치'일 것이다.

민주통합당 안에는 김진표 원내대표마저도 공천에서 배제하려는 기류가 있다. 그는 성장과 글로벌 개방경제의 중요성을 알고, 자유무역협정(FTA)을 비롯한 대외 통상협력체제가 절실함도 체득한 경제관료 출신 실용주의자다.

이런 사람의 성분을 문제 삼을 만큼 민주통합당의 정체성이 좌(左) 일색으로 강경해지는 것은 통합진보당을 달래기 위한 측면이 있을 것이다. 그러나 민주통합당이 그렇게 해서까지 정권을 잡는다면, 그 정권은 대한민국을 되돌릴 수 없는 지경으로 변질시켜 버리지 않을까 우려된다. 구민노당과 극좌 세력까지 깡그리 동참하는 정권은 지난날의 김대중 정권이나 노무현 정권과도 다른 성격일 수밖에 없다. '뼛속까지 종북'인 세력이 가담하는 정권이 대한민국 정통 정권일 수는 없다.

민주통합당 자체만 보더라도 대한민국의 정통성을 인정하는지 의문이다. 민주통합당은 대한민국 임시정부의 건국정신, 5·18민주화운동 정신, 1987년 노동자 대투쟁의 가치, 국민의 정부(김대중정부)와 참여정부(노무현정부) 개혁, 2008년 이후의 촛불 민심을 계승한다고 강령 전문에 명시했다. 그러면서 1948년의 민주정부 수립을 통한 대한민국 건국에 대해선 일언반구도 남기지 않았다.

대한민국의 정통성을 부정하는 세력은 남한만의 정부가 아니라 남북 통일정부를 수립했어야 한다고 억지를 부린다. 스탈린과 김일성이 먼저 북한 지역에 공산정권을 수립하기로 한 마당에 통일정부를 세우자면 남한이 전쟁을 일으키거나 남한마저 공산화되는 길밖에 없었다. 그런 사정이 뻔한데도, 자유선거를 치르고 유엔이 유일 합법정부로 인정한 대한민국을 '태어나지 말았어야 할 나라' 운운하는 것은 공산화 통일 희망자나 할 얘기다.

집권을 꿈꾸는 민주통합당이라면 지금이라도 대한민국의 정통성에 대한 태도를 분명히 해야 옳다. "또 색깔론이냐"고 받아치는 사람이 있다면 되묻겠다. 색깔론이 왜 문제인가. 대한민국을 부정 폄훼하는 이념 색깔은 대한민국 안보와 5000만 국민의 안녕복리(安寧福利)를 치명적으로 위협할 수 있기 때문에 끝까지 따지고 해소해야 한다. 이 말이 틀리는가. 그러잖아도 북한 김정은 집단이 남한 선거에 가당찮은 개입을 하고 있다.

새누리당은 강령 전문에서 대한민국 건국을 '자랑스러운' 역사로, 자유민주주의 시장경제와 법치주의를 대한민국의 정체성으로 규정했다. 이는 너무나 당연한 역사인식이요 국가관이다. 헌법 속의 대한민국 정체성이 바로 '자유민주주의 시장경제 법치국가'로 요약된다. 그런 점에서 새누리당 정강은 헌법정신을 따르고 있다.

하지만 새누리당이 미덥지 못하다. 자랑스러운 역사, 그리고 세계 중심 국가들이 공유하고 있는 가치관을 새누리당이 지키고 발전시킬 수 있을지 확신할 수 없다. 대한민국의 정체성 위기를 정면 돌파하기 위해 더 많은 국민과 소통하고 열정을 다해 설득하기보다는, 나라가 잘못 기울어도 그저 시류에 영합하고 미봉해 넘기려는 행태가 새누리당을 감싸고 있지 않은가.

올해 총선과 대선은 각 정당과 후보자들의 '행동하는 정체성'을 따지는 선거가 돼야 한다. 대한민국의 정체성을 지켜내기 위해서다. 이 나라의 파수꾼은 결국 5000만 국민, 4000만 유권자다.

30대, 386 선배를 넘어서라

새 일자리 가로막는 고용 기득층 | 서비스산업 규제 타파 요구해야

10·26 서울시장 보궐선거 결과는 20대부터 40대까지가 반여(反與) 성향이 강한 세대임을 확인시켰다. 작년 인구 센서스 기준으로 19~49세 유권자는 62%, 50세 이상 유권자는 38% 정도다. 세대별 투표 성향이 내년 4월 총선과 12월 대선에서도 유지되면 여권은 현재의 틀로는 절망적이다.

선거를 떠나 생각해본다면 20대, 30대, 40대를 2040으로 묶기에는 서로 다른 면이 적지 않다. 40대는 지난날 386으로 불렸던 세대(1960년대에 태어나 1980년대에 대학을 다닌 30대)다. 이들의 10년 후배 세대인 오늘의 30대는 397 같은 숫자를 부여받지 못했다.

2040 중에서도 반여 정서가 가장 강한 30대, 1970년대 생들은 그 전의 모든 세대와 확연히 다른 축복받은 세대로 '신인류, X세대'라 불렸다. 풍요 속에서 청소년기를 보냈다고 할 수 있는 첫 세대로 해외 배낭여행을 줄지어 나갔다. 교실에서 컴퓨터를 처음 사용한 세대로 e-폴리틱스에 맨 먼저 친숙해졌다.

1993년 동아일보 '신세대' 시리즈를 들춰보면, "나는 나다" "세상은 나를 중심으로 돈다" "내게 맞지 않는 것은 틀렸다"라고 했던 세대였다. 하지만 이들은 선배인 386세대가 짜놓은 프레임 안에서 그렇게 외쳤던 감이 있다. 이들이 신문 대신 탐닉한 인터넷 포털, 인터넷 언론은 386세대가 만들어 놓은 것이다. 전교조 교사로, 학원이나 대학 강사로 이들을 가르쳤던 것도 386이다. 지금의 30대는 문화적으로 386세대보다 개성이 강했지만 정치사회 의식은 386의 영향 아래 있었다. 주사파를 비롯한 좌파 386은 자신들의 정치이념을 대중문화에 녹여 당시 20대에게 주입한 흔적이 있다.

지금의 20대는 10대를 외환위기 경제난 속에서 보내 적응력이 강하고, 386은 외환위기 이전에 사회에 안착한 데 비해 30대는 막상 사회에 진출할 때 큰 좌절을 맛보았다. 1997, 98년 환란(換亂)에 이어 '고용 적은 성장 시대'가 덮치자 취업도 결혼도 출산도 쉽지 않았다. 이런 고통은 이명박 정부가 갑자기 안긴 것이 아니라 김영삼 김대중 노무현 정부를 거치면서 이미 심화했다.

노무현 정부 때인 2006년에 등장한 '88만원 세대론'은 이들이 비정규직으로 내몰리는 현실을 압축한 것이다. 이미 유럽에는 '1000유로 세대'라는 말이 먼저 있었는데, 유럽 청년 실업률은 평균 실업률의 2배가 넘는다. 세계 80개국으로 번진 '분노 시위'의 원조 격인 올 5월 15일의 마드리드 도심 솔 광장 시위는 스페인의 청년실업률이 40%인 상황에서 터졌다.

지금 우리 20대, 30대는 정부를 향한 분노만으로 자신들의 문제를 풀 수 없음을 성찰할 필요가 있다. 국내 노조의 기득권이 워낙 철옹성 같아 정규직 해고가 거의 불가능하다. 그럼에도 강성 노조들이 자신들의 이익 확대를 위해 벌이는 정치적 투쟁에 비정규직이거나 실업자인 2030이 동조하는 것은 이상한 일이다.

서비스산업에서도 진입 규제만 확 풀면 '새로운 투자와 질 좋은 일자리'를 만들 수 있는 분야가 수두룩하지만 일자리 기득권층은 자신들이 익숙한 방식으로 자리를 지키기 위해 규제 해제를 한사코 거부한다. 20대, 30대는 그 뒷전에서 버림받고 방황한다.

장수 시대인 데다 부모를 부양하지 않는 세태이다 보니 60, 70세 된 부모들도 늦게까지 재산을 지키려 한다. 부모세대는 40여 년 전 200달러이던 1인당 국민소득을 100배로 높인 자수성가 시대의 주역들이다. 그런데도 이들은 스페인처럼 과잉복지를 누리지 못했고, 오히려 자식을 결혼시킨 뒤 애프터 서비스까지 하느라 허리가 휘었다.

30대가 가장 치열하게 도전하고 극복해야 할 대상은 MB도 부모도 아닌 386 선배 세대일지 모른다. 386은 자신들이 30대일 때 정권을 창출했고, 신세대 문화와 디지털 정치를 설계했으며, 5060 이상으로 각 분야의 주도권을 쥐고 있다. 30대는 '386 운동권 프레임'을 깨고 나와 386과 차별화되는 새로운 비전과 리더십을 보여줄 때가 됐다. 그런 소명의식에 눈떠야 한다.

정치는 빈부격차 완화에 최선을 다해야 한다. 그러나 정치가 미래 세대의 자원까지 마구 앞당겨 쓰고 그 빚을 후세에 떠넘기는 것은 세대 간 정의(正義)에 반한다. 무상(無償)복지가 남발되면 중노년층은 혜택을 누리고 떠날 수 있을지 모른다. 하지만 2040은 100세 이상 살 세대다. 결국 그리스나 스페인 짝이 나면 2040의 고통은 수십 년 연장되고 만다.

北·中·日 한복판
상시 비상상태의 한국

구름처럼 바뀌는 국가간 우열 | 역사의 변곡점, 예고가 없다

1976년 가을은 중국 역사의 한 변곡점이었다. 마오쩌둥(毛澤東)이 9월에 죽고 그의 부인 장칭(江靑)을 비롯한 급진파 4인방은 쿠데타를 계획하다 10월에 체포됐다. 그때 "자본주의의 싹은 결코 받아들일 수 없다"던 장춘차오(張春橋)가 낀 4인방이 득세하고, 덩샤오핑(鄧小平)이 역사의 뒷전으로 사라졌더라면 오늘의 중국은 없었다. 덩샤오핑이 개혁개방, 시장경제, 경쟁시스템을 단행한 1978년 이후 32년이 되는 올해 중국은 국내총생산(GDP) 세계 2위의 자리를 일본한테서 빼앗았다.

2008년 가을도 글로벌 차원에서나 중국으로서나 하나의 전환점이었다. 9월 15일 리먼 브러더스 파산을 신호로 미국발 금융위기가 세계를 덮쳤다. 미국 경제와 금융시장의 모순이 여실히 드러나자 중국은 반사적으로 고개를 더 세웠다. 2006년 봄 후진타오(胡錦濤) 국가주석이 미국에 가서 수모에 가까운 대접을 받았지만 발톱을 감췄던 중국이다. 하지만 지금은 경제와 외교 문제에서 미국과의 샅바싸움 정도는 피하지 않는다.

덩샤오핑은 1997년 숨을 거두기 직전 "향후 50년 안에 절대로 세계의 영도자로 나서지 말라"는 말을 남겼다. 적어도 2040년대 후반까지는 미국과 맞붙어 패권을 다투는 일이 없어야 한다는 뜻으로 '중국의 굴기(崛起 ·떨쳐 일어남)'를 경계한 유언이었다. 그러나 중국이 용틀임을 참기에 50년은 너무 길어 보인다.

미국의 미래예측가 조지 프리드먼은 2년 전의 저서 ≪NEXT 100 YEARS(100년 후)≫에서 세계 권력질서가 구름처럼 바뀌는 장면을 20년 단위로 묘사했다. "1900년 런던은 세계의 수도로 군림하고 있었다. 미래 세계는 평화롭고 부유한 유럽이 지배할 것이란 확신에 차 있었다. 1920년 유럽은 고통스러운 전쟁으로 만신창이가 돼버린 반면 유럽 강호 주변을 맴돌던 미국이 급부상했다. 1940년 독일은 다시 프랑스를 정복하고 유럽 전역을 장악했다. 1960년 독일은 이미 패망해 있었고 유럽은 미국과 소련의 점령으로 쪼개졌다. 1980년 미국은 7년간 지속되던 베트남전쟁에서 패하고 말았다. 2000년 소련은 붕괴돼 있었고, 중국은 사실상 자본주의가 지배하는 나라로 변했다."

1945년 미국의 원자폭탄 2발에 무조건 항복한 일본은 이듬해 미군정(美軍政)의 뜻에 충실하게 따른 속칭 '맥아더 헌법'을 일본국 헌법으로 공포해 오늘에 이르렀다. 일본인들이 굴욕을 가슴에 묻은 채 미국의 안보우산 아래서 부흥에 매진해 독일을 제치고 세계 2위의 경제대국이 된 것은 패전 23년 뒤인 1968년이었다. 그로부터 다시 20년 후인 1980년대 말엔 미국에 대해 '노(No)라고 말할 수 있는 일본'을 외쳤다. 하지만 20여 년이 더 흐른 지금 일본은 중국에도 '노'라고 말하지 못하는 처지가 됐다.

중국은 봄에는 천안함 사태 처리를 놓고, 가을에는 동중국해 섬 몇 개의 영유권을 둘러싸고 한국과 일본의 팔을 차례로 비틀었다. 천안함 문제에서 중국은 북한 체제를 보호함으로써 얻을 자국 이익에 매달려 피해국인 한국을 오히려 압박했다. 일본이 실효적으로 지배하고 있는 센카쿠 열도

(중국명 댜오위다오)에 대해 중국이 "영토 주권에 관한 한 양보란 없다"며 강공을 펴는 것은 '미국의 태평양 지배권에 대한 도전' 성격도 깔고 있다.

중국의 지난해 1인당 GDP는 3678달러로 원자바오(溫家寶) 총리가 23일 유엔 연설에서 말한 대로 '선진국의 10분의 1'에 불과하다. 그러나 2020년경 1만 달러, 2050년경 4만~5만 달러를 목표로 잡고 있다. 지난날 김대중 대통령이 동북아 중심국가론을, 노무현 대통령이 동북아 균형자론을 폈을 때 중국은 우리를 어떻게 봤을까. 이명박 정부도 G20 서울회의 유치를 계기로 '글로벌 경제 리더십'을 강조하지만 중국을 움직이는 일은 경제에서도 외교에서도 갈수록 어려워지고 있다.

그럼 중국은 불패일까. 프리드먼은 "현재의 경제적 역동성은 장기적 성공으로 이어지지 않을 것"이라며 중국의 물리적 고립, 해군력의 한계, 더 근본적으로는 국내적 불안정을 이유로 들었다. 그러면서 21세기 중반에 등장할 미국 이외의 또 다른 강대국 첫 번째로 일본을 꼽았다. 북한은 강대국이기는커녕 빌어먹는 체제이지만 북한의 불안정성은 우리의 가장 긴박한 대응과제다.

역사의 변곡점은 예고가 없으니 대한민국은 '상시 비상상태'일 수밖에 없다. 정부와 국민이 해이하고, 더구나 이리 찢기고 저리 갈려 좌충우돌하면 어느 파도엔가 치명상을 입을 것이다. 그나마 경제력과 국가 핵심 분야의 인적 경쟁력을 최대한 키워야 불안을 줄일 수 있다.

국민은 지긋이 보고 있다

MB 發 세대교체 실험, 1막일 뿐 | 콘텐츠, 아우라, 희생 없인 안 돼

18대 대통령 선거일, 2012년 12월 19일은 아직 2년 4개월이나 남았다. 그런데도 여름 뒤끝의 가을하늘처럼 성큼 다가온 듯 느껴진다. 8일 발표된 개각 때문인가. 8·8 개각은 이명박 제작, 김태호(48) 주연, 이재오(65) 특별출연의 새 정치드라마 하나를 예고했다. 히로인 박근혜(58)가 롱런해온 대선 대하드라마와 팽팽하게 시청률 경쟁을 할지, 싱겁게 종방할지 좀 더 두고 봐야 감이 잡힐 것 같다. 개성 있는 주연급 김문수(59)는 "자고나면 총리라고 나타나는데 검증되지 않고 신뢰할 수 없는 리더십으로 과연 선진국까지 갈 수 있겠느냐"고 포문을 열었다. 이들은 앞으로 2년 남짓 새 대선 드라마 속에서 웃고 울 것이다.

6·2 지방선거 뚜껑이 열리는 순간부터 야당도 재미있어졌다. 김두관(51) 송영길(47) 안희정(45) 이광재(45)가 일약 주연급으로 떴다. 이들의 역할모델 노무현은 10년 전 지지율 1%로 시작해 대박을 터뜨렸다. 그 신화를 함께 만들었던 안희정 이광재는 '모든 게임에선 어떤 결과도 가능하다'는 사례를 직접 추가했다.

1969년 42세의 김영삼이 40대 기수론을 치고 나와 파란을 일으키고, 이에 가세한 김대중이 이듬해 대통령 후보까지 된 것은 요즘 젊은 세대에겐 전설이다. 김영삼은 그로부터 23년 뒤, 김대중은 28년 뒤에야 대통령이 된다. 양김이 60대와 70대가 돼서나마 꿈을 이룬 것은 역사적 공과(功過)를 떠나 한 시대의 걸출한 인물들이었기 때문이다. 결과적으로 양김을 키운 셈이 된 박정희가 나라를 바꾸겠다고 1961년 5·16을 일으킨 것도 44세 때였다.

역사는 반복도 되지만 반전에 반전을 거듭하며 앞으로 나아간다. 노무현 시대는 곧 386의 시대였다. 386은 노무현과 함께 정권을 잡는 데는 성공했지만 '천둥벌거숭이 정치'로 국민을 힘들게 했고, 결국 이명박에게 노장(老壯) 정치시대를 열어주었다.

그러나 이명박 시대를 절반 남기고 치러진 6·2 지방선거는 정권에 대한 젊은 유권자들의 반란 드라마로 끝났다. 민심의 이런 재반전이 총리 김태호를 탄생시켰다. 임태희(54)가 대통령실장으로 '미래를 위한 스펙' 하나를 더 쥐게 된 것도 능력에다 '상대적 젊음'이 보태졌기 때문일 것이다.

한나라당은 6·2 선거에서 졌지만, 완패 상황이었기에 더 빛난 사람은 반(反)한나라당 단일후보 유시민(51)을 제압한 김문수였고, 승리는 힘겨웠지만 아직 젊은 오세훈(49)이었다. 정몽준(59)과 정운찬(64)은 당정에서 잡은 좋은 기회를 살리지 못해 값이 떨어졌다. 그러나 한번 실패가 영원한 패배는 아니고 재기의 기회는 남아있다. 노무현 폐족(廢族)의 부활이 산 증거다.

세대교체 드라마는 여야당 누구에게나 위기도 되지만 기회도 될 것이다. 여권의 김태호, 야권의 김두관 송영길 등이 국민에게 감동을 주지 못하면 2012년을 향한 세대교체극은 조기 종방되고, 선배 세대가 오히려 어부지리를 얻을 수 있다. 김태호가 총리 배역을 맡은 날 내숭 떨지 않고 "차기는 누가 시켜준다고 되는 게 아니다"고 한 것은 민심의 속성이 어떤 것인지, 권력의 정글 속엔 무엇이 꿈틀거리고 있는지 알고 있다는 뜻이다.

30대, 40대 유권자라고 해서 맹목적으로 30대, 40대 지도자를 원하는 것이 아니다. 2007년 대선에선 20대 유권자가 당시 66세의 이명박을 54세의 정동영보다 두 배 가까이 많이 찍었다. 민주당에서는 손학규(63) 정세균(60) 정동영, 그리고 박지원(68)도 각각 자신이 주인공이 될 정치드라마를 쓰고 있을 것이다.

한나라당에서 박근혜는 친이(親李)의 여러 잠룡들에게 포위됐다고 움츠릴 일도 아니다. 1997년 대선을 앞두고 대통령 김영삼과 각을 세웠던 이회창은 이른바 9룡이 겨뤘던 당 경선에서 승자가 됐다. 그가 대통령이 되지 못한 것은 그 다음의 일이다. 김문수 김태호 오세훈 같은 잠재 후보들이 자신만의 콘텐츠, 새로운 시대가치, 스스로 창출한 아우라(aura·기운), 그리고 국가와 국민을 위한 희생을 보여주지 못한다면 박근혜 대세론이 새 막을 열 것이다. 누군가 말했다. "이명박도 가난했고 나도 가난했다, 가난해도 열심히 하면 된다는 식의 낡은 마케팅은 젊은애들을 웃기고 말 겁니다."

반면 박근혜 피로현상이 더 확산되면 박근혜도 묘약이 없어질 수 있다.

퇴계·하서·고봉

"민심은 복종시키는 것이 아니다" | 지역·세대·이념 뛰어넘은 교류

퇴계 이황(退溪 李滉·1501~1570) 선생을 모시는 도산서원(경북 안동)의 김병일 선비문화수련원 이사장이 최근 '상이태수서(上李太守書)' 라는 서간문 하나를 나에게 소개했다. 조선 중기 학자인 하서 김인후(河西 金麟厚·1510~1560) 선생의 글인데, 제목과는 달리 임금의 마음가짐이 어떠해야 하는지를 밝히는 내용이다. 하서는 성균관 문묘에 모셔진 선현 18인 가운데 유일한 호남인이다.

　김 이사장은 올해 하서 탄생 500주년(음력 7월 19일)을 앞두고, 하서를 모시는 필암서원(전남 장성) 유림들과 교류를 하다가 이 글을 접했는데 "시대를 뛰어넘는 내용이라 혼자 보기 아까웠다"며 나에게 보내왔다. 이 글에서 하서는 '백성 편에 서서 백성 속으로 들어가 백성의 마음을 헤아리고 붙드는 일'이 위정자의 첫걸음임을 강조했다. 이게 민주(民主)다 싶다.

　"예부터 백성의 상(上·왕)은 자신의 위엄보다 먼저 백성이 자기와 친하지 못할까 봐 걱정했습니다. 둘째, 민심을 복종시키는 일보다 자기가 백성에게 극진히 하지 못할까 봐 근심했습니다. 셋째, 민심이 악(惡)으로 흐르

는 것을 벌하기보다 본성이 선하다는 믿음을 끝까지 바꾸지 않았습니다. 그래서 사람의 도리로 사람을 다스리면 다스리지 못할 일이 없습니다."

이 글에서 하서는 또 "지위를 믿고 홀로 자존하여 아랫사람이 나를 속이지 않을까 지레짐작하며 밝은 체하면 가까운 자는 아첨하고 속이며, 먼 자는 태만하고 의심하는 법입니다. 이러므로 자존하면 세(勢)가 날로 외로워지고, 독선하면 악이 날로 쌓이게 마련입니다"라고 썼다.

하서는 성균관 유생이던 24세 때 면벽 사색하던 9세 연장의 '늦깎이 유생' 퇴계를 만나 나이도, 출신지역도 뛰어넘는 숙명적 도반(학문의 동지)이 된다. 퇴계는 나중에 하서보다 더 어리고, 출신지역은 물론이고 사상까지 달랐던 고봉 기대승(高峯 奇大升·1527~1572) 선생과 경이로운 교류를 한다. 500년 전 퇴계의 고향 안동과 고봉이 태어난 광주(光州)의 지리적 거리는 오늘날과는 비교가 안 될 정도로 아득했다. 사람의 수명도 지금보다 짧았던 그때의 26세 연령차는 한 세대 이상의 간격이었다. 성리학의 주요개념인 사단칠정(四端七情)에 대한 퇴계와 고봉의 학설은 합치되기 어려웠다.

그럼에도 퇴계는 선비의 최고 권위로 명예가 드높았던 성균관 으뜸벼슬 대사성(大司成)의 자리에 있으면서 과거에 갓 합격한 청년 고봉에게 참으로 정중 겸손하고 삼가는 글을 보내 학문과 세상을 함께 논하기 시작했다. 퇴계 58세, 고봉 32세 때였다. 그로부터 퇴계가 세상을 뜨던 해까지 13년간 두 사람은 편지를 주고받으며 학문, 정치, 시대, 인간에 대해 뜻을 나누었다. 사단칠정을 둘러싸고 끝내 합일하지 못한 논변을 거듭한 기간만도 무려 8년이었다.

이처럼 논리 싸움이 치열했음에도 이들은 서로에 대한 존경과 신뢰를 결코 잃지 않았다. 퇴계는 임금에게 고봉을 중히 쓰라고 천거했고, 고봉은 임금이 퇴계의 낙향을 만류하지 못해 난감해할 때 "지성을 다해 붙잡으시라"고 청원했다. 퇴계 사후 고봉은 '산도 오래되면 무너져 내리고 돌도 삭아 부스러질 수 있지만 선생의 이름은 천지와 더불어 영원하리라는 것을 나는 안다'라고 자신의 문집에 썼다.

둘은 이견(異見)을 밝히되 상대 의견을 존중하는 표현을 쓰고 호칭에서도 예의를 갖추며 품격을 지켰다. 사단칠정 논쟁은 서로의 주장을 조금씩 양보하는 선에서 끝났으나 그 과정의 학문적 성과는 한국 유학의 이론을 풍부하게 했다.

고봉을 모시는 월봉서원(광주 광산구)에서 지난해 봄에 열린 춘향제에는 퇴계의 종손이 초대돼 초헌관(初獻官)으로 맨 먼저 절을 했다. 퇴계 후손들의 모임인 청수회(靑樹會), 고봉 후손들의 모임인 백우회(白牛會), 퇴계 문하의 큰 학자 죽천 박광전(竹川 朴光前·1526~1597) 선생 후손들의 모임인 청죽회(靑竹會)는 매년 버스 한 대로 왕래하며 선비의 도를 되새긴다. 500년의 시간, 영호남의 공간을 뛰어넘는 교류다.

배려와 포용보다 무시와 배척이 판치고, 자신을 낮추고 겸허하기보다 남을 얕보고 오만하기 그지없으며, 인의예지신(仁義禮智信)은 잊은 듯한 오늘의 정치사회를 보면서 잠시나마 퇴계 하서 고봉 같은 큰선비들을 생각하게 된다.

민노총 공무원,
국민이 버려야 한다

일본에선 상상도 못할 정치 탈선 | 피땀 어린 세금 먹고살 자격 없다

우리나라가 주요 20개국(G20) 정상회의를 미국 영국 캐나다에 이어 개최하는 것은 자랑스러운 대한민국 역사가 될 것이다. 북한이 주체사상이다, 강성대국이다 허풍을 떨지만 미국에 체제 보장을 구걸하고 중국의 시혜에 매달리는 것과 극명하게 비교된다. 대한민국은 일부 세력의 폄훼처럼 태어나지 말았어야 할 국가도, 실패한 역사도 아니다. 자유 민주 개방은 축복받은 선택이었다.

그렇다고 샴페인을 터뜨릴 때는 아니다. 무섭게 팽창하며 정치 경제 군사적 영향력을 키우고 있는 중국만 보고 있어도 그런 생각이 든다. 잊지 말아야 할 치욕도 있다. 우리는 1996년 12월 부자나라 클럽이라는 경제협력개발기구(OECD)의 29번째 회원국이 됐다. 하지만 불과 10개월 뒤에 날아든 것은 '선진국 정회원 증명서'가 아니라 '경제 국치(國恥)', 즉 외환위기였다.

국민은 늘 깨어 있어야 하고, 특히 정부는 모든 잠재력을 끊임없이 모아나가야 한다. 바로 이런 점에서 공무원 11만 5000명이 민주노총(민노총) 산하 노조원으로 활동하는 것을 대한민국 국민으로서 용인할 수 없다. 중앙선거관리위원회 공무원 2648명 중 3분의 2가 넘는 1786명이 전국민주공무원노조(민공노) 소속이고, 민공노는 다음 달 민노총에 가입할 예정이다. 민노총 규약 10조에 따르면 선관위노조는 '민노총 선언 강령 결의 준수, 민노총 사업 참여, 주요 회의내용 보고, 맹비와 부과금 납부'를 의무로 해야 한다.

민노총은 총선 대선 등 선거에서 민주노동당을 위해 조직력을 동원해 왔다. 이것도 민노총 사업이라면 사업이다. 민노당 후보부터 민노총 출신이 상당수다. 민노총 산하 선관위노조원들이 중립적이고 공평무사한 선거관리를 할 것으로 믿을 수 없다. '공무원은 국민 전체에 대한 봉사자이며 국민에 대하여 책임을 진다(헌법 7조 1항).' 그런 전제 위에서 '공무원의 신분과 정치적 중립성은 법률이 정하는 바에 의하여 보장된다(7조 3항).'

민노총 조직원이 된 공무원은 정치적 중립성을 스스로 거부했다고 봐야 한다. 민노총 규약을 이행하는 사람들은 국민 전체에 대한 봉사자도 아니다. 따라서 민노총 가입 공무원은 헌법 위반자로, 공무원 신분보장의 대상이 될 수 없다. 민노총은 '노동자의 정치세력화 실현'을 강령에 명시했고, 실제로 반정부 정치세력의 선두에 있다. 그 수하에 들어간 공무원은 노무현 정부 때 제정된 공무원노조법 4조(노조와 그 조합원은 정치활동을 하여서는 아니된다) 위반자들이다. 이미 2006년 민노총에 가입한 노조원 4만 8000여 명의 전국공무원노조(전공노)는 작년에 미국산 쇠고기 수입 관련 행정업무 거부를 선언했고, 대통령 불신임 투표까지 시도했다.

일본은 공무원의 정치행위를 구체적이고 강력하게 차단하고 있다. 일본 국가공무원법은 공무원들에 대해 '국가가 결정한 정책에 대한 시행 방해, 특정 정책의 주장이나 반대, 특정 정당 지지, 특정 내각(정부) 지지나 반대, 이를 목적으로 한 서명이나 시위의 기획·주재·지도'를 엄격하게 금하고 있다. 우리나라처럼 공무원노조 리더가 "정부를 심판하겠다"고 거침없이 외치는 일은 상상하기 어렵다.

국민으로서 인내할 수 없는 행태가 더 있다. 민노총 조직원으로 전락한 공무원들이 행사 중에 "애국할 나라가 아니라서 애국가를 못 부르겠다"며 국민의례 대신 '임을 위한 행진곡' 같은 민중가요로 '민중의례'를 한다는 것이다. 그러면서 '순국선열에 대한 묵념'이 아니라 자신들이 열사라고 부르는 자들에 대한 묵념을 한다니, 대한민국 공무원이 이럴 수는 없다.

이런 '민노총 공무원'을 보고 있자면 정말 우리는 샴페인을 터뜨릴 수 없다는 생각이 굳어진다. 공무원은 법을 집행하는 사람들이다. 이들이 법을 공공연하게 어기는 것을 바로잡지 못하고는 선진국이 될 수 없다. 잠시 국운이 틔는 듯해도 공무원들이 대한민국 정체성을 짓밟으면 결국 나라가 흔들리고 만다.

우리 국민은 피땀 흘려 여기까지 왔다. 대다수 공무원도 그 속에서 함께 울고 함께 웃었다. 그런데 애국할 나라가 아니라고? 국민은 열두 달 중 꼬박 석 달을 세금 내기 위해 일한다. 그 세금으로 영위되는 조직이요, 먹고 사는 사람들이 친북좌파의 전위대 같은 민노총에 돈을 대며 '산 자여 따르라'라고 외친단 말인가. 이런 공무원을 위해 세금을 낼 수는 없다. 정부는 단호해야 한다. 국민도 모질어야 한다. 그래야 나라가 살고 국민이 산다.

광우병 대책회의 vs 영리한 군중

방송 現 체제로 보수정권 포격 | 정치 시위 떠나는 시민 늘어

대선에서 이명박 후보가 당선되고 2주 뒤인 1월 2일, 정연주 KBS 사장은 신년사를 통해 "오만한 권력에 대해 가차 없이 비판해야 한다"고 강조했다. 2003년 노무현 정권의 코드인사로 KBS 사장이 됐고 연임까지 한 그가 두 차례의 취임사와 다섯 차례의 신년사 중에서 '권력 비판'을 공언한 것은 처음이었다. 정권이 바뀌어도 호락호락 물러나지 않겠다는, 신(新) 정권에 대한 도전 선언이었다.

정 사장 휘하의 KBS는 친(親)노무현, 반(反)보수-반한나라당-반이명박, 친북반미로 끊임없이 편파 편향 시비를 낳았다. 2004년 탄핵정국에서 KBS가 보인 '노무현 구하기' 편파방송은 한국언론사에 길이 남을 것이다. 일부 군소신문들도 KBS와 비슷한 성향을 보였지만, 민간신문의 경우는 다양한 사시(社是)나 가치관을 지면에 반영해 독자의 선택 또는 심판을 받으면 된다. 하지만 국민 소유의 전파를 위임받아 독과점 사용하는 공영방송은 공정성 공공성 공익성이 생명이다.

그럼에도 정 사장은 KBS를 좌파 이념의 선전도구처럼 여겼다. 대한민국 역사를 왜곡하거나 폄훼하고, 친북세력과 호흡을 맞추는 프로그램이 '정연주 브랜드'로 인식될 정도였다. 반(反)자유-반시장 사회주의 독재자인 우고 차베스 베네수엘라 대통령을 세계적 리더십 모델인 양 미화한 프로그램도 정연주 시대의 KBS를 상징한다. 정 사장 취임 후 5년간 KBS는 1500억 원의 누적적자를 기록했다. 민간 통신회사는 무인 기지국을 많이 운영하는데, KBS는 연봉 1억 원 안팎의 지방송신소 직원들을 온존시키고 있다. 노동 강도가 센 민간기업이라면 당연히 구조조정했을 창변족(窓邊族) 고임금 임직원이 KBS에는 적지 않다.

보도와 경영 양면에서 문제점이 쌓인 KBS에 대해 감사원이 특별감사를 시작하자 이를 '공영방송 장악 음모'라며 '공영방송 사수'를 외치는 세력이 있다. '광우병쇠고기국민대책회의'라는 이름을 붙인 단체가 어제 서울 도심에서 이 '사수 시위'를 주도했다. 노 정권이 정 사장을 연임시켜 가며 KBS를 친노(親盧) 좌파방송으로 만든 것은 '공영방송 장악'이 아니었고, 지금 감사원이 감사를 하는 것은 '장악 음모'란 말인가. 한마디로 이중 잣대다. 이명박과 한나라당에 정권은 빼앗겼지만 어떻게든 KBS는 좌파 거점으로 붙잡아 두겠다고 말하는 편이 솔직하겠다.

이명박 정부가 MBC를 민영화할 것이라는 소문도 오래됐다. MBC 역시 공영방송으로 분류되지만 노조의 입김이 워낙 강해 '노영(勞營)방송'이라는 별칭까지 붙었다. MBC가 실제로 민영화된다면 지금 같은 경영 및 지배 구조는 유지될 수 없다. 아무튼 이 정부가 MBC를 설건드렸다가 혼쭐이 나고 있다. 미국산 쇠고기의 광우병 위험성을 과장한 PD수첩의 위력이 정권을 뒤흔들 정도다.

이 정부와 이익을 공유하기 어려운 집단은 이 밖에도 많다. 정부는 '교육 자율화와 다양화'를 말부터 앞세웠다가 평등이념으로 한몫 보는 전교조 및 교육계 내부 안주족의 '안티 이명박'을 부채질했다. 민주노총은 이 대통령에게 반격할 기회를 노리다가 촛불시위에 편승해 다단계 총파업을 시도하고 있다.

6월 10일을 피크로 촛불시위 규모가 줄고 있다. 골수친북수구(守舊)좌파 인물들이 '광우병쇠고기국민대책회의'를 좌지우지하고 있다는 사실이 세간에 알려진 것도 한 이유인 듯하다. 평생 친북 운동꾼들이 이명박 정부의 정책을 총체적으로 무력화시키기 위해 사실상 '모든 문제 대책회의'를 가동하고 있음이 분명해진 것이다.

정부는 국민 건강권을 지켜 달라는 보통시민의 소리에 온 힘을 다해 답해야 한다. 생활정의(正義) 차원에서 삶의 질을 추구하는 시민들은 미국의 테크놀로지 전문가 하워드 라인골드가 2002년 저서에서 명명한 스마트 몹스(Smart Mobs · 영리한 군중·온라인과 오프라인을 넘나들며 여론을 형성하는 적극적인 군중)라 할 수 있다. 국민이 선택한 정권을 타도의 대상으로 삼는 세력이 '스마트 몹스'를 끌어들이는 데는 한계가 있을 것이다. 그런가 하면 '미국 쇠고기를 먹는 것은 청산가리를 입에 털어 넣는 것과 같다'는 식의 댓글에 휩쓸리는 사람이라면 진짜 '스마트 몹'이 될 자격이 부족하다.

좌파 궐기,
우파 분열 속의 광우병 괴담

李 정부, 방향 옳지만 방어력 취약 | 정권 핵심들의 정치력 시험대에

이명박 대통령이 취임한 지 오늘로 72일째다. 5년 임기의 3.9%가 경과했다. 마라톤으로 치면 42.195km 중 1.7km쯤 뛴 상태다. 중간평가 운운할 단계는 아니지만 새 정권 내부에서 냉철한 자기점검은 해야 할 상황 같다. 지난 대선과 총선에서 다수 국민은 '노무현 386식 좌파의 길을 버리고 새 길을 열라'고 지시한 것이나 다름없다. 4·9총선 민심의 총체적 분포는 '좌파노선 거부'가 압도적이었다.

이 대통령은 작은 정부, 친(親)기업, 규제완화, 투자촉진, 법치 회복의 방향으로 기수를 분명하게 돌렸다. 경제뿐 아니라 교육에서도 자유와 자율의 원칙을 적용하기 시작했다. 개인의 창의성, 효율, 경쟁력을 높여 성장잠재력을 제고하고 국가 전체의 파이를 키움으로써 민생의 전반적 향상을 꾀하겠다는 전략이다. MB노선은 무엇보다도 국정을 위임한 민의를 따른 것이다.

그럼에도 많은 국민은 "뭐가 달라졌느냐"고 묻고 있다. 워낙 '경제 하나 믿고' 맡겨달라고 한 터라 국민은 단기적 실적 부진에도 불만을 감추지 못한다. 국내외 악재가 구조적으로 겹쳐 정책 운용에 어려움이 많을 것이라는

헤아림보다는 '7% 성장 장담하더니 왜 꼬리를 빼느냐'는 비아냥이 앞선다.

사정이 이럴수록 정부여당이 힘을 모으고 작은 실수도 줄여야 신뢰를 얻을텐데, 부처 간 엇박자에다 당정(黨政) 힘겨루기 양상까지 빚고 있다. '경제 이미지'로 일어선 정권에 경제 리더십이 혼미하고 불협화음이 먼저 들리니 적잖은 국민은 '딴건 보나마나다' 하는 기분이 된다. 에너지, 물가 등의 대책을 다루는 자세와 상상력도 실망스럽다. '새벽정부'라며 바쁘기만 하지, 시장에 대한 이해부터가 부족해 보인다.

대한민국의 정체성이 무너지지 않을까 하는 걱정은 이 정부 출범 이후 많이 가셨다. 이 대통령은 단기간에 군의 위상과 사기를 높이는 데도 성과를 보이고 있다. 군인의 역할과 희생은 지난 정부에서 평가절하됐다. 군인들은 군복을 부끄러워하고, 영토 영해 영공을 왜 지켜야 하는지 의문을 느껴야 했다. 그렇던 군의 자존심과 '강군(強軍)정신'이 되살아나고 있다.

하지만 이 정부는 이런 긍정적인 변화만 흡족해했지, 그 반작용에 대한 원려(遠慮)와 대응에는 방심한 것이 아닐까. 이 대통령은 경제 교육 안보 등 모든 국정을 '실용'이라는 개념 안에서 설명하려 했지만 좌파(순수 이념적 좌파건, 북한 연계적 좌파건)세력은 위기감 속에서 반격의 기회를 엿보고 있었다.

그런 와중에 '광우병 괴담'이 괴물처럼 커졌다. 일부 방송국을 비롯해 변화에 두려움을 느낀 세력, 그리고 이 대통령과 한나라당에 타격을 줘야 반사이익을 얻을 수 있는 세력이 합세했다. 거기엔 좌우가 혼재해 있다. 이 정권이 민심에 둔감한 인사, 파벌갈등을 고조시킨 공천 등으로 신뢰 하락과 리더십 약화를 자초한 것도 '광우병 괴담' 동참 또는 방조세력을 키웠다. '광우병 괴담'에 대처하는 태도와 실력을 보면 이 정부 안에도 지난 정부 못지않게 무책임하고 무능한 고위직이 섞여 있음을 알 수 있다. 4월 18일 한미 쇠고기협상 타결 이후 부처 홈페이지에 공격성 글이 나날이 늘어났음에도 괴담이 진실처럼 굳어버린 5월 2일에야 등 떠밀려 담화문을 발표하는 수준으로는 고난도의 국정 이슈를 감당할 수 없다.

장차관쯤 되면 미국산 쇠고기의 진실뿐 아니라 한미 자유무역협정(FTA)이 불발에 그치면 우리 국민이 두고두고 어떤 손실을 감내해야 하는지, 개방 반대세력의 선동을 압도할 만큼 국민을 설득할 수 있어야 한다. 쓸데없이 바쁜 시늉만 내는 사람들이 아니라 진짜 자신을 던져야 할 때 뒤로 빠지지 않고 뛰어드는 용감한 관료가 필요하다.

박근혜 전 대표는 이 대통령의 경쟁자는 아닐지 모르지만 지금은 협력자도 아니라는 점에서 상당한 '반대세력 효과'를 내고 있다. 이 대통령의 '안보관 불안'을 대선 3수(修)의 명분으로 삼을 만큼 더 우파적인 이회창 자유선진당 총재도 '쇠고기 좌파'와 호흡을 맞추는 모양새다. 이 총재도 이제 이 대통령의 경쟁자는 아니지만 이 정부를 흔드는 데 힘을 보태고 있다.

좌파의 총궐기와 우파의 분열이 동시진행형이다. 이 정권 핵심들의 정치력이 시험대에 올랐다.

유권자 發 정치 개혁의 날

이번 대선, 긍정적 변화 많았다 | 세상은 결국 투표자가 바꾼다

미국 대통령 후보 존 F 케네디와 리처드 닉슨이 1960년 TV토론에서 격돌했다. 유머작가 레니 브루스는 시청자 반응을 간명하게 묘사했다. "케네디 지지자들의 논평은 늘 '닉슨을 골로 보내 버렸어' 라는 식이다. 닉슨 지지자들이 있는 곳에 가면 '묵사발이 된 케네디 꼴이 어때요?' 라고 말한다."

17대 대선 D-1이다. 각 후보가 3700만 유권자의 진짜 '한 방'을 기다릴 차례다. 이명박 후보가 1 대 5로 싸웠다고 개탄할 일은 아니다. 만약 정동영, 이회창, 문국현, 권영길, 이인제 후보 중에 부동의 1위가 있었다면 그가 네거티브 난타의 표적이 됐을 게 뻔하다. 누구에게나 아킬레스건이 있고, 해묵은 재료도 먼지를 털면 근사한 새 타깃이 되는 법이다.

이번이 역대 어느 대선보다도 추악한 선거라는 평가도 있다. 하지만 만인의 축제 같은 화기애애한 페어플레이 대선이 언제 있기라도 했던가. 기억이 무디어져, 지금 상황이 가장 생생할 뿐이다. 1992년 김영삼, 김대중, 정주영 후보가 붙었을 때 양김의 '민주화 동지 관계'는 제각각 내동댕이쳐진 헌신짝 꼴이 됐고, 초원복집 사건 같은 '음모 대 음모'가 판을 쳤다.

1997년 김대중, 이회창, 이인제 3파전 때는 지역감정과 DJP(김대중·김종필) 연합이라는 해괴한 좌우 짝짓기, 그리고 경선 불복이 판을 갈랐다. 5년 전의 노무현, 이회창 결전은 이른바 '3대 의혹' 흑색선전으로 얼룩졌다.

이번 대선은 좌파정권의 속살이 거의 드러난 탓에 일찌감치 우열이 확연했다. 그 점이 오히려 여권을 악에 받치게 했다. 10년 집권이 끝나 가는 상황의 권력 금단(禁斷)현상과 집단적 공포심이 사투 에너지로 변환됐다. 그 집요한 파괴적 공세는 대선이 끝난 뒤에도 멈추지 않을 공산이다. 이회창 후보는 과거 두 번이 너무 억울했다는 피해자 의식과 이번이 정말 마지막이라는 절박한 심정에 쫓기고 있을 것이다. 지난날 국민이 알고 있었거나 믿고 싶었던 이회창의 모습을 스스로 벗어 던진 것은 한 인간의 한계라 할 수도 있다.

이번 대선에선 '정치 개혁' 구호가 실종됐다. 이명박 후보가 가끔 "여의도식 정치를 뜯어고쳐야 한다"고 말한 것이 고작으로, 정치 개혁 공약이 없는 대선은 처음이다. 그러나 정치 공급자들이 뭐라 하건 말건 정치 수요자, 즉 국민이 선거 과정에서 이미 적지 않은 정치 개혁을 이뤄 냈다. 네거티브 공세보다는 미래가치 창출 능력을 보여 달라는, 뺄셈의 정치가 아니라 덧셈의 정치를 하라는 도도한 민심의 표출이야말로 정치 개혁의 뚜렷한 신호탄이다.

이해찬 전 국무총리는 DJ와 노무현 대통령의 공동 후원을 받았고 한명숙, 유시민 씨와 다단계 예선 이벤트까지 연출했지만 신당 경선에서 3위로 패퇴했다. 정치 공급자의 독선에 대한 정치 수요자의 분명한 거부 또한 '손에 잡히는' 정치 개혁이다. 손학규 씨가 여권 경선에서 탈락하고, 5년 전 이회창 후보를 지지했던 유권자 중 다수가 한나라당 후보 지지로 돌아선 것은 정당 민주주의가 뿌리내릴 수 있다는 희망의 증거다.

정동영 후보가 "대통령님, 제가 '목포의 눈물'을 불렀습니다"라며 DJ에게 매달려도 호남 표심이 예전 같지 않고, 영남도 '우리가 남이가' 같은 옛 가락만으로는 통하지 않을 정도가 됐다. DJ가 혼신의 힘을 다해 몰아붙였지만 정동영, 문국현, 이인제 후보 간의 '묻지 마 짝짓기'는 물거품이 됐다.

진정 생산적인 정치인, 국민에게 함께 뛰자며 앞장서 뛰는 정치인이 승리하는 선거가 반복된다면 이보다 확실한 정치 개혁은 없을 것이다. 국민의 이익, 국가의 이익이 어디 있는지 똑바로 읽고 가장 현실적인 수단으로 국익을 창출하려는 정치인과 정당이 국민의 선택을 계속 받는다면 그 자체가 가장 성공적인 정치 개혁이다.

내일의 대선은 유권자발(發) 정치 개혁의 큰 일보가 돼야 한다. 내년 4월 9일의 18대 총선이 또 한 번의 기회다. 더디고 지루하지만 정치를 바꾸는 것은 결국 투표자들의 한 방, 한 방, 또 한 방이다. 이 한 방들이 국민의 삶을 바꾸고, 자식들을 세계에 자랑스러운 한국인으로 키울 수 있는 에너지다.

한 시간의 발품, 그리고 5년

超人 대통령은 없다 | 그나마 '굿 뉴스' 더 만들 후보는?

'이달 중순엔 맑은 날이 많겠고, 기온은 평년(평균 영하 5~9도)과 비슷하겠으며, 강수량은 평년(3~20mm)보다 적겠음.' 기상청이 어제 발표한 예보가 19일에도 맞는다면 대선에는 어떤 영향을 미칠 것인가. 투표보다는 놀러나 가자는 사람이 많을지, 날도 괜찮은데 집에만 있으니 잠깐 찍고 오자는 사람이 많을지….

'하늘'도 투표율의 변수가 되겠지만 선거 종반의 후보 구도와 판세가 더 큰 영향을 미칠 것이다. 보수는 완전 분열된 가운데 여권이 후보 단일화를 이뤄 내면, 범여 선호층이 심기일전해 대역전을 꿈꾸며 투표소로 몰려갈지 모른다. 5년 전의 추억도 생생하다. 노무현 정몽준 단일화가 깨지면서 오전 투표까지 이회창 후보가 앞서 나가자, 노 후보 지지층은 휴대전화와 인터넷을 통해 서로에게 비상(非常)을 걸어 투표율을 끌어올렸다. 반면 이 후보 지지층은 오후에 많이 놀러 가 버렸다. 집념과 방심이 승패를 뒤집어 버렸다.

이번에는 이명박 이회창의 격돌이 여권에 어부지리(漁夫之利)를 안길 것이라는 위기감 때문에 범우파 유권자들이 바빠질지 모른다. 10여 년간 선거 여론조사를 해 온 리서치회사 A 부장은 이번 대선 투표율이 2002년보다 떨어지지는 않을 거라고 내다본다. "호남은 낮아지겠지만 영남은 높아질 것이다. 연령층별 투표 성향도 중요한데 5년 전 27.8%이던 20대 유권자가 이번엔 21%로 줄었다. 이번엔 고연령층 투표율이 그렇게 낮지 않을 것이다."

A 씨는 많은 데이터를 근거로 이런 관측을 하는 것 같다. 그러나 "이번에도 공상(空想)투표만 하고, 실제로 투표장에는 가지 않는 사람이 많지 않겠느냐"는 추측 또한 강하다. 어느 후보나 티가 많아 찍을 마음이 안 생긴다거나, 선거가 싱겁게 끝날 것 같다는 이유들이 열거된다. 우파 사이에선 "보수층은 좌파만큼 악착같지 못하다"는 말이, 좌파 사이에선 "이번 선거는 백약이 무효"라는 말이 흘러나오기도 한다. 1987년 직선제 대선이 부활된 뒤 투표율은 89.2%(1987년 노태우 당선) 81.9%(1992년 김영삼 당선) 80.7%(1997년 김대중 당선) 70.8%(2002년 노무현 당선)로 계속 낮아졌다. 이번에는 60%대가 될 거라는 전망까지 나온다.

물론 유권자의 절반이 기권하더라도 새 대통령은 탄생한다. 하지만 국민이 나라의 진짜 주인이 되려면 행동으로 주권을 행사해야 한다. 기권도 행동이라고 할지 모르지만 이는 어디까지나 선택으로부터의 도피이거나 방관이다. 유권자들이 '선택의 고통'을 감당해야 새 대통령의 잘잘못에 대해서도 당당하게 민의를 결집해 보여 줄 수 있다. 세계 민주주의 역사는 참정권(정치참여권, 투표권) 확대를 위한 투쟁의 역사였음을 상기할 것도 없이, 민주주의는 선거 참여를 통해 완성된다.

국민은 어차피 새 대통령과 함께 5년을 동고동락할 수밖에 없다. 국민 팔자가 대통령 한 사람의 수완에 달린 것은 아니지만 최선이 못 되면 차선을, 그도 못 되면 차악(次惡)이라도 잘 골라야 국민 성공의 가능성도,

가족 행복의 가능성도 조금은 높아진다.

　결함 없는 후보는 없다. '초인(超人) 대통령'을 기대한다면 실망만 커질 것이다. 민생의 모든 문제에 개입해 전천후 해결사가 되겠다는 후보보다 '정부가 하지 않아야 될 일'을 자제할 것 같은 후보가 시장을 통해 경제를 살릴 가능성이 높다.

　대다수 국민에게 이번 대선의 시대정신은 '경제 재도약'이다. 앞으로 5년, 10년 안에 성장의 파이를 최대한 키워 놓지 못하면 당대는 물론이고 고령화가 급속해질 10년 뒤, 20년 뒤의 국민 삶은 더 힘겨워질 것이다. 이는 모든 세대의 발등에 떨어질 문제다.

　또 하나의 시대정신이 있다. 국민통합이다. 지난 5년간 정권이 부채질한 국론 분열과 사회 갈등을 방치하거나 악화시키고는 국민 잠재력과 경쟁력을 결집할 수 없다. 그러면 경제 재도약도 멀어진다. 어느 후보가 가장 통합 지향적인 자질을 지녔는지 관찰해 볼 필요가 있다.

　3767만 유권자 모두가 한 시간의 발품을 팔아 자신들의 내일을 바꿀 선택에 나설 일이다. 보름 남았다.

프로 유권자라야 웃을 수 있다

2002년 대선 재판 가능성 | 6개월 뒤, 국민이 승자여야 한다

김영삼 대통령 비서실장을 지낸 김광일(68) 변호사는 오랜 세월 노무현 변호사와 남다른 인연을 갖고 있었다. 인권 변호 현장의 후견자 같은 선배였고, 정치 입문도 도왔다. 그런 김 씨가 2002년 대선 당시 '노무현이 대통령이 될 수 없는 열 가지 이유' 라는 글을 발표했다.

'그는 돌출적인 행동과 무분별한 발언으로 항상 우리를 불안하게 합니다. 균형 잡힌 정치 감각과 건전한 인격을 갖춘 믿음직한 사람이 대통령이 돼야 합니다.'

'그는 세상 넓은 줄(외교의 냉엄한 현실) 모르는 우물 안 개구리요, 핵 장난의 위험(김정일의 무서운 속셈)을 외면하는 철부지 정치인입니다. 국가안보와 외교를 모르는 자에게 나라의 운명을 맡길 수 없습니다.'

'역사적인 국회 청문회에서 전직 대통령인 증인에게 명패를 던져 깽판을 만든 사실을 기억하면서, 오늘도 깽판 소리를 자주 하는 그가 대통령이 될 경우 감정의 기복에 따라 언제 무슨 깽판을 벌일지 알 수 없습니다.'

김 씨는 당시 민주당의 노 후보를 사이비 인권운동가, 위장 서민이라고도 했다. 5년의 세월이 흐른 지금은 김 씨의 견해에 공감하는 국민이 늘었을지 몰라도 당시엔 이 글이 잠시 화제에 올랐을 뿐이다. 대조적으로 이회창 후보는 이른바 3대 의혹 폭로에 휘말려 상처투성이가 됐다. 그중 결정적인 것이 아들의 병역 비리를 은폐했다는 주장이다. 이 의혹은 병무 브로커 김대업 씨가 제기하고 민주당 핵심 선거 관계자들과 검찰 일각이 증폭시켰다.

대선 후 김대업 씨는 무고 등의 혐의로 징역 1년 10개월의 실형을 선고받았지만, 이 사건에 대해 사과 한마디라도 한 정치인은 없다. 선거운동 기간에 민주당의 설훈 의원은 이 후보 측근이 최모 씨에게서 20만 달러를 받았다고, 전갑길 의원은 기양건설 비자금 10억 원이 이 후보 부인에게 전달됐다고 주장했다. 이 두 가지 의혹도 대선 후에야 사실무근으로 판명됐다.

역사는 반복된다던가. 네거티브 선거전의 추억, 흑색선전의 추억, 음해의 추억이 되살아나고 있다. 12월 19일의 대선을 딱 6개월 앞둔 지금은 한나라당 후보 '양자 대결'을 벌일 이명박, 박근혜 씨가 검증 공방의 집중 타깃이 되고 있다. 우선 서로 물귀신 작전을 펴고 있고, 그 틈을 노려 청와대와 여권이 '남의 밥상'에 재 뿌리기를 시작했다.

이 씨건, 박 씨건 검증의 지뢰밭을 피해 갈 수 없다. 네거티브 공방은 민주 선거의 한 과정이기도 하다. 이런 캠페인은 특히 지지도가 낮은 쪽이 높은 쪽을 공략할 때 유효한 카드다. 쉽게 말해 제 물건이 작을수록, 또는 내세울 물건이 아직 없을 때 남의 물건 흠집 내기가 '적절한 방법(proper course)'이 될 수 있다. 이를 실험하듯 먼저 한나라당 안에서 박 씨 측이 이 씨를 선공(先攻)했고 이어 여권이 이, 박 씨에 대해 번갈아 가며 계산된 수순에 따라 단계적으로 의혹을 터뜨리는 양상이다.

물론 네거티브 공세에도 투명성이 요구된다. 문제를 제기하는 쪽에서 정보 수집 과정의 적법성과 상당한 수준의 거증 능력을 보여야 정당하다. 아무리 상대 후보에게 불리한 내용이라고 해도 지난날 정보기관의 도청 등 국가범죄를 통해 수집한 정보를 폭로하는 것은 불법적 공작정치를 되살리는 죄악이요, 반(反)민주화다. 유권자들은 네거티브 공방의 이런 양면성을 함께 살필 필요가 있다.

어차피 선거 판은 둥글다고 봐야 한다. 이명박 씨는 최고경영자(CEO) 리더십을 높이 평가받는 대신 네거티브의 제1 표적이 돼 있고, 박근혜 씨는 아버지 박정희 시대의 긍정적 부정적 유산을 동시에 안고 있다. 어느덧 범여권에 내려앉은 손학규 씨는 14년 먹던 우물에 침 뱉은 변절자의 멍에를, 이해찬 씨는 노무현 실정(失政)의 공동책임을 질 수밖에 없다.

남은 반년은 길다. 유권자들은 대선 무대 위의 별별 꼴을 다 볼 것이다. 그리고 판단해야 한다. 후보의 과거사를 중시할지, 미래가치를 선택할지는 자유다. 2007년 12월 19일 어느 후보가 웃을지도 관심사지만 더 중요한 것은 1년 뒤, 2년 뒤, 그리고 5년 뒤 국민이 웃을 수 있어야 한다는 점이다. 그러자면 유권자야말로 '프로'가 돼야 한다.

평양을
어찌할
것인가

"한국과 미국을 비롯한 국제사회가
전방위적으로 북한 내부의 변화를 유도해 내는 것이
북한 문제 해결, 특히 핵 해결을 위한
멀지만 가까운 길이다."

북한은 1992년 2월 대한민국과 상호 발효시킨 '남북 사이의 화해와 불가침 및 교류 · 협력에 관한 합의서(남북기본합의서)' '한반도의 비핵화에 관한 공동선언'을 비롯해 1백건이 넘는 남북간 합의를 하나도 지키지 않는다. 그러면서 오로지 김일성 세습왕조체제를 보장받기 위해 2400만 주민을 인질로 삼고, 핵과 미사일 개발의 도박을 멈추지 않는다. 북한의 대량살상무기는 미국 중국 일본이 아닌 5000만 우리 국민에게 가장 큰 위협이다.

평양 왕조집단의 요구를 들어주고 비위를 맞추는 대가로 얻는 평화는 진정한 평화가 될 수 없고, 오히려 핵과 미사일 개발을 도울 뿐임을 김대중 노무현 정부가 입증했다. 왕조 3대 김정은이 불안하게 이끌고 있는 저 평양체제를 어떻게 다루어야 대한민국의 안보를 지키고, 5000만 국민이 발 뻗고 잘 수 있을 것인가. 또 어떻게 하면 북한 주민들을 굶주림과 공포의 지옥에서 벗어나게 할 수 있을까. 궁극적으로 자유민주 평화 통일을 위해 무엇을 준비해야 할 것인가.

문재인 후보의 북한관 노무현과 다른가

盧 '북한 변론에 시간 보냈다' 고백 ｜ 朴·文·安 안보문제 끝장토론 하라

10년 전 노무현 대선후보는 안보관과 이념 검증을 가볍게 통과하고 당선됐다. 장인의 빨치산 전력이 노 후보의 사상과 연관성이 있는지 따져보는 것은 필요한 일이었다. 그러나 이회창 캠프도, 언론도 "그럼 나보고 아내를 버리란 겁니까? 여러분이 버리라면 버리겠습니다"라는 노 후보의 한마디에 검증을 포기해 버렸다.

사상 검증과 이혼은 별개의 문제다. 누구도 노 후보에게 아내를 버리라고 요구한 사람은 없었다. 그럼에도 노 후보는 논점을 교묘하게 비틀어 되받아친 것이다. 이회창 캠프에는 명망가 이론가 교수 율사에 안보전문가라는 사람들이 우글거렸지만 '권력의 김칫국' 마시기에 바빴지, 당연한 검증을 위해 파고들어 땀을 흘린 사람은 없었다. 언론도 "또 색깔론이냐"라는 노무현 진영의 상투적 역공에 검증의 칼을 내려놓았다.

노 후보가 16대 대통령이 된 뒤에 토해낸 말들은 많은 국민의 귀를 의심케 했다. 그는 주한 미군기지를 "간섭과 침략과 의존의 상징"이라 했고 "북한의 붕괴를 막는 것이 한국 정부의 매우 중요한 전략"이라 했다. 또

"존재하지도 않는 북핵 위협론을 중요 정보인 것처럼 퍼뜨리지 말라" (2003년) "북한 미사일 발사를 무력 위협으로 보는 우리 언론이 문제다" (2006년) "평양 가서 핵을 논의하라는 것은 김정일과 싸우고 오라는 얘기다"(2007년)라며 북한의 핵과 미사일 개발을 줄기차게 감쌌다. 대통령 퇴임 후에는 "(재임 중) 개별 정상회담에서도 북한을 변론하는 데 한 시간 이상을 보낸 일도 있다"고 털어놓았다.

그는 2007년 10월 평양을 다녀온 직후 "서해 북방한계선(NLL)이 영토선이라고 주장하는 것은 국민을 오도하는 것"이라고 정당 대표들 앞에서 말했다. 국가보안법에 대해선 "낡은 유물이다. 낡은 유물은 폐기하고 칼집에 넣어 박물관에 보내는 게 좋지 않겠느냐"(2004년)고 했고, 이를 관철하려고 온갖 무리수를 썼다.

이런 안보관 대북관 대미관은 국민의 안보의식과 군의 국방태세를 알게 모르게 무너뜨렸다. 요즘 문재인 민주통합당 대선후보는 이명박 정부를 향해 "평화에 실패하고 안보에 무능한 정부"라고 맹렬하게 비판하고 있다.

그러나 북한은 김대중 노무현 정부 때 핵과 미사일 개발에 날개를 달았다. 핵 실험을 거쳐 핵 보유국임을 선언했고, 미사일 성능과 사거리를 거듭 경신했다. 그리고 대남 무력도발을 멈추지 않았다. 김·노 정부는 북한을 달래기 위한 퍼주기를 계속했다. 김대중 김정일 간의 6·15선언, 노무현 김정일 간의 10·4선언은 남이 북의 '젖소'가 되겠다는 다짐으로 가득 찼다. 북한 정권이 아무리 겁이 없어도 미국 중국 일본 러시아를 향해 핵과 미사일을 사용하는 일은 상상하기 어렵다. 북이 핵이나 미사일 공격을 획책한다면 그 대상은 대한민국과 5000만 우리 국민일 수밖에 없다. 김·노 정부가 북에 순한 양처럼 굴며 퍼주지 않았다면 심각한 경제난에 빠져 있던 저들의 핵과 미사일 개발에도 차질이 있었을 것이다.

북에 의한 천안함 폭침과 연평도 포격이 이명박 정부만의 안보 무능 탓일까. 국군통수권자가 오히려 우리 군의 작전을 방해할 정도로 북의 눈치를 보는 '비겁한 전통'이 뿌리내린 것은 김·노 정부 때다. 간첩 수사마저 청와대와 일부 정치권·운동권의 제동에 걸렸던 시절이다. 국민의 안보 불감증이 깊어지고, 국군조차 적이 누구인지 헷갈리고 만 것이 그때였다.

지난주 문 후보는 "안보는 보수가 잘할 것이라는 생각은 잘못됐다. 안보의 결과만 놓고 보더라도 참여정부(노 정부)가 이명박 정부보다 월등하게 좋았다"고 말했다. 김일성 김정일을 숭배하는 종북세력이 국가 중추기관에까지 대거 진입한 때가 언제인가. 민노총 전교조 내의 종북파가 대한민국 체제를 공격하고, 교육현장에서까지 평화의 미명 아래 안보를 깨도록 방조한 것은 어느 정부인가.

이제 우리 국민은 제2의 노무현을 불러내선 안 된다. 박근혜 후보건, 문재인 후보건, 안철수 후보건 18대 대통령이 되겠다는 인물의 안보관 대북관을 보다 엄정하게 검증해야 한다. 민주당은 종북세력이 똬리를 틀고 있는 정당 및 이른바 원로그룹과 불과 7개월 전에 정책합의를 한 당사자다. '노무현의 도돌이표(반복 부호)'가 아닌지 문 후보를 검증하는 일은 불가피하다.

문 후보와 함께 안보에 관한 끝장토론을 할 것을 박 후보와 안 후보에게도 제안한다. 그 누구도 안보 시험을 면제받고 대통령이 되게 해서는 안 된다. 그러면 국가와 국민이 위험하다.

'안철수의 생각' 안보에 관한 질문

평화체제 위해 미군철수 할 건가 | 이석기를 문제 삼아도 '벌레' 인가

지난주 발간된 대담집 《안철수의 생각》 가운데 안보에 관해 세 가지만 안 교수에게 묻고 싶다.

첫째, 대통령이 된다면 제주 해군기지를 계속 건설할 것인가, 포기 또는 보류할 것인가? 12월 대선에 나서야 하는지, 국민의 판단을 받으려고 책을 낸 인물이라면 구체적으로 답해야 한다. 책에서는 "설득과 소통의 과정이 생략된 채 강행된 강정마을 공사는 무리한 것이었다" "국가적으로 필요한 사안이라도 이해 당사자인 주민들의 의사를 무시하고 밀어붙일 수는 없다"고 했다. 제주 해군기지는 안 교수가 언급한 대로 '김영삼 정부 때부터 20년간 추진된 과제' 다. 그리고 노무현 정부가 환경영향평가, 주민동의 및 여론수렴절차를 적법하게 거쳐 시작한 '안보 국책(國策)' 이다. 안 교수가 강조하듯이 국정에서 '소통과 합의' 는 매우 중요하다. 그러나 주요 사안들은 예외 없이 이해 당사자가 있고 갈등과 마찰이 있다. 자신이 18대 대통령이 된다면 아무리 국익이 걸려 있어도 국민 완전합의가 이뤄지지 않는 국책사업은 다 폐기할 것인가?

둘째, 북한과의 평화체제 구축을 위해 주한미군 철수도 수용할 용의가 있는가? 책에서는 "평화체제를 구축하는 과제도 절실하다" "평화체제를 정착시켜야 북한이 핵에 의존할 명분을 제거할 수 있다"고 했다. 북한은 주한미군 철수를 평화체제 논의의 전제조건으로 못 박고 있다. 안 교수는 "한미동맹은 중요하기 때문에 (한미) 서로를 위해 존속할 수 있는 관계를 만들어야 한다"고도 했다. 그렇다면 미군 주둔과 북한이 요구하는 평화 체제의 조건을 다 충족시킬 묘안이 있는지 알고 싶다. 그는 "핵개발이 미 국의 위협에 맞서 체제를 유지하기 위한 방편이라는 것이 북한의 주장이 기도 하다"고 했다. 안 교수는 북핵 폐기야말로 평화체제 논의의 우리 측 전제조건이라는 사실 정도는 알고 있을 것이다.

셋째, 금강산 관광을 다시 시작해야 한다고 했는데, 박왕자 씨 사살에 대한 북한의 사과와 재발방지 약속을 받아내지 못해도 조건 없이 재개해 야 한다는 것인가? 그는 "이명박 정부는 채찍만 써서 남북갈등이 심화됐 다"고 했다. 북한의 도발 책임이 주로 우리 정부에 있다고 방점을 찍는 듯하다. 아닌가? 북한은 금강산 관광객 박왕자 씨를 등 뒤에서 조준 사격 해 비명횡사케 하고, 천안함을 폭침해 나라의 꽃다운 아들 46명을 수장시 켰으며, 연평도를 포격해 민간 4명의 목숨을 앗아갔다. 오히려 정부가 북 한의 도발에 비실비실 물러나는 비겁한 꼴을 보였기 때문에 5000만 국민 이 북한의 끊임없는 도발 위협에 시달린다는 생각은 안 해 봤는가?

천안함 사건에 대해 안 교수는 "기본적으로 정부의 발표를 믿는다. 다 만, 국민에게 설명하는 과정이 제대로 관리되지 않아 문제가 커졌다. 의 문을 풀어주기 위해 더 많은 노력을 해야 했다"고 밝혔다. 본인이 대통령 자리에 있었다면 어떤 노력을 더 할 수 있었을지 구체적 아이디어를 제시 할 수 있겠는가?

책 밖의 질문 두 개만 더 하겠다. 첫째, 안 교수는 지난해 "안보에 관해서는 보수"라고 했는데, 지금도 자신의 안보 정체성이 그렇다고 말할 수 있는가? 김근식 경남대 교수의 좌파적 인식에 영향을 받았다는 생각은 들지 않는가? '안철수의 생각'을 읽은 일부 보수 논객들은 "안철수는 좌파의 앵무새"라고까지 말하고 있다. 법륜 스님이 이사장인 '평화재단' 관련 인물들, 안 교수를 지지하는 고 김근태 전 의원 측 사람들, 박원순 서울시장의 동지들을 비롯해 국가보안법 폐지론자들, 친(親)북한정권 인사들이 안 교수를 둘러싸고 있다는 관측은 터무니없는가? '안철수의 생각'에는 북한의 왕조화와 3대 세습에 대한 견해가 빠져 있다. 우연인가?

둘째, 안 교수는 이념을 따지는 사람들을 '벌레'라고까지 매도한 적이 있는데 소신에 변함이 없는가? 버젓이 국회의원 배지를 달고 국민을 조롱하듯 웃고 있는 이석기 김재연 등의 종북 행각을 문제 삼거나 걱정하는 국민도 다 '벌레'로 보이는가? 안 교수는 자신이 진보도 보수도 아닌 상식파라고 했다. 간첩이나 종북주의자에 대해 민감하게 생각하는 사람들은 다 비(非)상식파인가? 안 교수는 "한반도 문제는 국제관계와 북한 내부 문제 등을 입체적으로 파악하고 정교한 전략을 짜는 것이 중요하다"고 했다. '건강을 위해서는 식사와 운동에 신경 쓰는 것이 중요하다'는 말보다도 공허한 이런 '안철수의 생각'으로 국민의 판단을 받겠다는 것은 좀 안이하지 않은가?

대한민국에 스파이 대장 있는가

MB 정권, 결정적일 때 정보 실패 | 모사드 "지략 없으면 국민 망한다"

"북한이 큰일 내거나, 북한에 큰일 터질 때 정부가 우왕좌왕하는 것은 필연이다. 정보(情報)에서 판판이 당하는데 어쩌겠나."(국가정보기관 전직 간부)

우왕좌왕은 대응하려고 안간힘이라도 쓴다는 긍정적 의미가 조금은 있다. 국가보위 최고책임자인 대통령부터가 '정보에 대한 통 큰 무능과 둔감'을 드러내는 게 더 문제다. 2006년 7월 북한이 대포동 2호 대륙간탄도미사일(ICBM) 등 미사일 7발을 쏘았을 때 노무현 대통령은 늑장대응을 비판받자 "호들갑을 떤다고 뭐가 달라지느냐"며 화를 냈다. 정보 문외한들을 국가정보원장에 앉혀 테니스나 바둑 취미를 살려줬고, 어떤 국정원장에겐 '사고만 치지 말라'고 했던 대통령이다. 당시 정부는 ICBM과 함께 남한이 사정권인 단거리미사일이 그때 발사될 줄 모르고도 "예상범위에 있던 일"이라며 정보 실패를 덮으려 했다.

이명박 대통령은 김정일 사망 발표 사흘 뒤인 22일 여야 대표들에게 "우리의 정보력은 걱정할 만큼 그렇게 취약하지 않다"고 했다. 원세훈 국정원장은 지난 9월 언론계 사람들에게 "매일 보고서를 천 페이지나 읽는다. 아랫사람들이 의미를 놓친 부분을 챙겨 대통령에게 보고하고 요긴하게 활용한 사례도 있다"고 소개했다. 이 대통령과 원 원장은 '국가정보의 위기'를 못 느끼는 것일까.

19일 북이 특별방송을 하는 순간까지도 정부는 김정일 급사라는 북의 최대위기 상황을 감지하지 못했다. 2시간 전부터 아나운서가 흐느끼고 장송 분위기가 확연했는데도 정보기관은 비상벨을 울리지 못했다. 북한의 막후를 읽어낼 능력도, 매뉴얼에 따라 상대를 분석해낼 기본기도, 주적(主敵)의 일거수일투족을 놓치지 않겠다는 집념도 의심할 만하다. 미국도 몰랐는데 뭘 그러느냐고 한다면 대한민국의 정보 자주(自主) 포기요, 조금 빨리 알았다고 달라질게 있느냐고 한다면 막대한 세금 써가며 정보기관을 운영할 필요가 없다.

천안함이 폭침당해 장병 46명을 희생시킨 것도 정보실패에서 비롯됐다. 연평도 포격을 당하고 허둥댄 것도 같다. 천안함 폭침은 북한 잠수정이 기지에서 사라진 것을 영상정보(이민트·image intelligence)로 확인하고도 둔감하게 흘려버리지 않았다면 모면할 수도 있었다. 연평도 상황은 북한이 포격을 예고한 전화통지문 신호정보(시진트·signal intelligence)가 있었고, 북쪽 개머리해안에 포 다리를 세운 방사포가 사진 영상정보로 확인됐음에도 안이하게 해석해 초기 대응에 실패했다.

작년 3월 26일의 천안함 비극은 최종 상황만 보면 순간적으로 당한 것이지만 정보의 관점에서는 조짐이 장기간 이어져왔다. 2009년 11월의 대청해전 이후 북한군이 보인 일련의 움직임이 그랬다. 특히 작년 1, 2월 북한군의 1, 2차 성전(聖戰)선언을 우리 쪽은 너무 가볍게 봤다. 서해의 수심 얕은 해역에선 잠수함정 공격을 못할 것이라는 통념도 허를 찔렸다. 정보는 상상하기 어려운 일도 상상해야 하는 영역이다.

시진트·이민트 같은 과학정보만으로는 알기 어려운 부분을 수집하고 해석하는 것이 인간정보(휴민트·human intelligence)다. 북한은 공포로 무장된 체제라는 점에서 우리의 대북 인간정보 능력을 키우는 데는 어려움이 많다. 하지만 그것이 힘들다고 방치하고, 흔한 공무원처럼 국내활동에 매달린다면 정보기관의 정체성을 팽개치는 것과 같다. 이스라엘 정보기관 모사드는 '지략이 없으면 국민이 망한다'는 모토로, 국가지략의 중심에는 모사드가 있다는 자부심으로 일한다.

우리 정보기관에도 책무의식이 강한 요원들이 많다고 믿는다. 그러나 정보기관이 제대로 서려면 대통령부터 정보의 중요성을 뼛속까지 인식해야 한다. 그리고 정보기관이 국가에 충성할 수 있도록 인적 조직적 체계를 바로잡아야 한다. 요원들이 본래의 역할과 직무에 충실한 한, 정치적으로 희생시켜선 안 된다. 실패한 공작이라도 국익을 위한 것이라면 당사자를 보호해야 한다. 정치권과 국민도 정보요원들이 정체성을 잃지 않도록 때로는 감시하고 때로는 응원해야 한다.

정보기관 책임자의 최종적 실체는 '스파이 마스터'다. 그럼에도 역대 대통령은 그런 비상(非常)한 일을 전문성 없는 심복들에게 맡기고, 국가가 아닌 자신에 대한 충성을 기대했다. 평화 치적이 절실했던 대통령이 운명적으로 북한을 냉정하게 대할 수 없는, 오히려 북한에 영합할 인물을 그 자리에 앉히기까지 했다. 그런 사람들이 스파이 대장 역할을 똑바로 할 리가 없다.

지금 대한민국에는 스파이대장다운 정보기관장이 있는가.

46용사에게 더 죄스럽다

천안함 비극 2년, 가면 벗는 종북 | '평화 마취' 깨야 진짜 평화 지킨다

2년 전 북한 어뢰의 천안함 폭침으로 46용사를 잃고도 대한민국 국회는 군사대응력 강화를 위한 국방개혁법안을 상정조차 안 했다. 그 사이에 북한은 대륙간탄도미사일(ICBM)로 전용할 수 있는 장거리 로켓 '광명성 3호'를 개발해 발사 준비에 들어갔다.

북이 핵무기와 그 운반체인 미사일을 착착 개발할 수 있도록 자금을 대준 꼴이 된 좌파 정권의 후예들은 이 순간 제주 해군기지 건설을 저지하기 위해 총력전을 펴고 있다. 이들에겐 국가 안보보다 해안 바위가 더 소중하다.

후보 시절 "남북관계만 잘되면 나머지는 다 깽판 쳐도 좋다"고까지 했던 노무현 대통령이 재임 중에 "제주 해군기지는 국가안보를 위한 필수요소"라며 건설계획을 확정했던 바로 그 기지다. 민주통합당 한명숙 대표와 이해찬 상임고문은 5년 전인 당시 국무총리와 전임총리로 노 대통령 못지않게 제주 기지의 불가피성을 역설했다.

한 대표는 작년 5월 23일 태극기를 밟고 몇 발짝 걸어 노 전 대통령 추모비에 하얀 꽃을 바쳤는데, 이 때문에 국기(國旗) 모독 시비를 불렀다.

한 대표의 행동도 문제지만 그날 초대형 태극기를 서울 한복판 덕수궁 앞 길바닥에 깔아놓고 추모행사를 주도한 세력의 의도부터 뚫어봐야 한다.

종북세력이 우리 민족의 한 상징인 태극기를 땅바닥에 펼쳐놓고 만인의 더러운 구둣발로 짓밟게 하는 것은 북한 김일성이 태극기를 남한에 '빼앗긴' 사실과 무관치 않다고 나는 본다. 광복 후 김일성은 소련 스탈린의 지시를 받으며 남북 분단을 고착화하는 과정에서 태극기를 자기네 것으로 챙기지 못하고 남측에 안겨준 뼈아픈 실수를 했다. 태극기를 국기로 아끼지 않고, 애국가 대신 이상한 행진곡을 부르는 소위 진보정당 사람들이 18대 국회를 만신창이로 만든 것도 모자라 내달 11일의 19대 총선에서 더욱 약진할 기세다. 이들은 '종북 국회, 종북 정권'을 꿈꾸고 있는 듯하다. 그 선두에서 활짝 웃고 있는 이정희 통합진보당 대표는 북한의 6·25 남침조차 인정하기를 거부한다.

진보당이 만삭에 평양까지 가서 북한노동당 창당 기념일에 제왕절개수술로 아이를 낳은 여성을 국회의원 비례대표 예비후보에 넣은 것은 우연이나 실수가 아니다. 대한민국 해군을 해적(海賊)이라고 부른 여성들도 진보로 분류된다. 이역만리 인도양 해상에서 소말리아 해적의 인질로 잡힌 삼호주얼리호 선원 20여 명을 목숨 걸고 구해낸 해군 청해부대 대원들이 자신의 아버지 오빠 남동생이라 해도 '해적'이란 말을 입에 올릴지 알고 싶다.

대한민국은 1953년 정전 후 60년간 부분적으로 '구멍'이 뚫리긴 했지만 큰 틀에선 안보를 지켜냈다. 그해 이승만 대통령의 리더십 아래 체결된 한미 상호방위조약이 결정적 역할을 했다. 우리 국민은 우수하지만 한미 동맹이 없었다면 북한의 위협에 시달리느라 세계 10위권의 경제 강국을 만들지 못했을 것이다. 1955년 65달러이던 1인당 연간소득을 2만 달러까지 올려놓은 기적은 자유민주주의 개방시장경제 체제를 선택한 데다 한미 동맹 울타리 안에서 경제건설에 매진했기에 가능했다.

종북·반미·반정부로 국기(國基)를 흔들고 있는 세력도 동맹 안보와 경제 도약의 단맛을 한껏 빨아먹으며 발 뻗고 잔다. 그럼에도 이들은 6·25전쟁의 김일성 책임을 인정하지 않고, 시대착오적인 세습독재 왕조체제를 추종하며, 천안함 폭침이 북한 소행이라는 사실을 한사코 부인하고, 북한이 한국을 마음대로 주무르는 데 방해가 되는 미국을 주적(主敵)으로 몰고, 주한미군 철수와 한미 자유무역협정(FTA) 폐기를 획책한다. 북한은 무슨 짓을 해도 자기네 편을 들어주며 남남 갈등을 키우는 종북세력이 있기에 도발 유혹을 더 느낀다.

10년 전 두 여중생이 주한미군 장갑차에 치인 교통사고로 숨졌을 때 전국을 반미 촛불시위장으로 만들었던 핵심 세력은 2년 전 순국한 해군 46용사를 위해선 촛불도, 한 송이 꽃도 들지 않았다. 닷새 뒤 26일, 천안함 비극 2주년에 이들이 어떻게 하는지 똑똑히 한번 볼 것이다. 46용사와 이들의 시신을 수습하다 순직한 한주호 준위도 굽어보리라.

도발하면 몇 배로 응징당하는 대가를 반드시 치르게 해야 북의 버릇을 고칠 수 있다. 평화를 지킬 능력과 정신을 가다듬지 않은 채 '비굴한 평화라도 전쟁보다는 낫다'는 말의 마취에 빠져 있다가는 다시 우리 젊은 이들을 잃고, 나라마저 위태롭게 할 수 있음을 정부와 군은 물론이고 온 국민이 성찰할 때다. 46용사와 한 준위에게 거듭 죄스러운 시간이다.

무바라크와 김일성 왕조 3대

이집트의 창에 어른거리는 북한 | 강한 듯한 독재, 갈땐 한 방에 간다

민주주의 발상지요 서양문명의 큰 뿌리였던 고대 그리스. 2500년 전에 그 철학적 기초를 세운 소크라테스, 플라톤, 아리스토텔레스는 여전히 인류의 스승으로 살아있다. 그런데 정작 그 후예들은 지금 나라살림을 파탄내고 국가부도의 고통에 신음하고 있다.

이집트는 이미 5000년 전에 문명의 절정기를 누렸고 4600년 전에 피라미드를 쌓기 시작했다. 2000년도 더 전의 그리스계 이집트 여왕 클레오파트라는 아직도 사랑과 전쟁의 로망으로 세계인의 상상 속에 살아 있다. 그러나 진짜 살아 있는 이집트 대통령 무바라크는 '독재 타도'를 외치는 국민저항 앞에서 퇴진의 벼랑 끝으로 내몰리고 있다.

무바라크는 미국의 중동정책에 협조하는 대가로 군사 경제 원조를 받으면서 한편으로는 북한 정권과 친밀하게 지냈다. 이집트는 이미 나세르 집권 때인 1963년에 북한과 수교(한국과 이집트는 1995년 수교)했다. 두 나라 관계는 특히 군사적으로 거의 동맹 수준에 이르렀다. 북한군은 1973년 4차 중동전쟁 때 이집트 편에서 이스라엘군과 공중전을 벌였는데, 당시 이집트 공군참모총장이 무바라크였다. 그 후 이집트는 북한에 스커드 미사일 여러 발을 주었으며, 북한은 이를 개량 양산해 중동에 역수출하고 대남(對南) 실전배치도 했다.

무바라크는 평양의 김일성 김정일 부자를 보고 용기를 얻었는지 차남 가말(48)을 후계자로 세우는 준비를 몇 년 전부터 해왔다. 그러나 권력세습설이 떠오른 2004년 이집트에서는 무바라크 부자를 겨냥한 '키파야(Kifaya · 이제 그만!)운동'이 고개를 들었다. "20여 년의 장기집권으로 충분하니 더는 안 된다"는 뜻의 시위 구호였다.

김일성과 친하게 지낸 루마니아 독재자 차우세스쿠(1918~1989)는 김일성을 '민족의 태양'으로 떠받드는 평양 사람들의 우상숭배를 부러워한 나머지 '김일성 주석궁'보다 더 화려한 '차우세스쿠 궁전'을 부쿠레슈티에 짓고, 아들 니쿠에게 권력을 이양할 계획을 추진했다. 이 궁은 세계에서 두 번째로 큰 건물이 됐지만 차우세스쿠는 궁이 완공되기도 전에 시민혁명을 불러들였고, 혁명이 일어난 지 열흘도 안돼 부인과 함께 체포돼 국민경제파탄 및 대학살 죄목으로 총살형에 처해졌다.

김일성 김정일 부자는 차우세스쿠 일가의 비참한 최후를 비롯해 동유럽 공산정권의 붕괴 도미노, 서독의 동독 흡수통일 등을 보면서 오금이 저렸을 것이다. 그래서 이들 부자는 한편으로는 '남북 화해 불가침 교류협력에 관한 합의'를 얻어내는데 매달렸고, 그 막후에서는 핵개발에 모든 것을 걸다시피 했다.

1990년대 후반 김정일은 주민 수백만 명을 굶겨 죽이는 '체제 재앙'을 맞았지만 오로지 권력 유지만을 위해 현대 세계에 유례가 없는 공포정치와 함께 3대 세습을 강행하고 있다. 체제의 완전한 실패로 주민들을 죽음으로 내몬 1996~99년의 이른바 '고난의 행군'은 한국에 김대중 정부가 들어선 지 22개월 뒤인 2000년 1월 '구보(驅步) 행군'으로 바뀐다. 한숨

돌렸다는 뜻이다. 그리고 노무현 정부 때까지 김정일 집단은 핵개발 자금과 시간을 남측으로부터 넉넉하게 제공받았다.

혹자는 이집트처럼 휴대전화도, 페이스북·트위터·유튜브 같은 소셜네트워크서비스(SNS)도 없는 북한에서 주민들이 세계를 알기는 어려울 것이라고 말한다. 더구나 불온한 눈빛만 보여도 가족까지 몰살시켜버리는 북한에서 민주화의 꽃이 피기는 힘들 것이라고 비관한다.

그러나 아무리 모진 김정일 집단도 2400만 주민의 눈과 귀를 완전히 틀어막지는 못할 것이다. 이집트 이동통신회사 오라스콤은 2008년 12월 지분 75%로 '고려링크'를 설립해 북한에서 휴대전화 서비스를 시작했다. 그 가입자는 어느덧 30만 명을 넘어섰다. 이는 김정일 정권에 양날의 칼이다.

북한 주민들 사이에서 한국 유행가가 불리고, 일부 여성들이 송혜교 헤어스타일을 흉내낸다는 얘기는 북한 주민들이 귀와 눈을 막고 있지 않다는 뜻이다. 노무현 정부가 대북(對北) 심리전을 중단하기 전, 우리 군이 철책선 너머로 확성기 방송을 했을 때는 귀순하는 북한군도 적지 않았다.

민주주의는 때로 혼란스럽고 취약점을 보이지만 국민이 자유선거를 통해 선택한 정부는 독재정권보다 훨씬 강하다. 독재체제는 철통같지만 무너질 때는 한 방에 간다. 공포의 보안기구나 군부 같은 체제유지 장치는 한순간에 체제를 뒤엎는 수단으로 바뀔 수 있다.

2011년을 북한 민주화 원년으로

"민주국가 간에는 전쟁이 없다" | 북한 민주화와 핵개발의 시간싸움

1950년 홍안의 18세에 6·25전쟁에 참전한 미군 병사 루돌프 러멜은 1951년 1·4후퇴 때 불타는 서울 거리를 헤매던 고아들의 모습에 충격을 받아 인류를 전쟁 참화에서 구하는 연구에 평생을 바치기로 결심했다. 그는 정치인도, 현장 평화운동가도 아닌 학자로서 '전쟁과 평화에 관한 연구' 업적으로 1996년 노벨평화상 최종 후보에 오른 평화 연구의 세계적 권위자다.

러멜은 인터넷 홈페이지(www.hawaii.edu/powerkills) 표지에 이렇게 적었다. "형제여 말해주게. 독재자들은 왜 사람을 죽이고 전쟁을 일으키는가? 영화를 위해, 물질을 위해, 신념을 위해, 증오를 위해, 권력을 위해? 그렇다. 하지만 그들은 할 수 있기 때문에 저지르는 것이다."

2002년 ≪러멜의 자유주의 평화이론≫이라는 책을 썼던 이상우 전 한림대 총장은 러멜의 방대한 연구 결과를 두 문장으로 요약했다. "자유의 확산만이 평화를 가져오는 길이요, 사람이 사람을 죽이는 인민대학살을 막는 길이다. 민주주의 국가간에는 전쟁이 일어나지 않으므로 전제(專制) 정권의 민주화만이 전쟁 예방의 바른 길이다."

1950년 김일성은 스탈린과 마오쩌둥(毛澤東)의 지원을 받아 6·25전쟁을 일으켜 남북 합쳐 500만 명의 사상자를 냈고 삼천리강토를 폐허로 만들었다. 스탈린은 소련의 집단농장을 추진하면서 계획적으로 기아 정책을 동원해 1932~33년 2년 사이에 우크라이나 농민 800만 명을 굶어죽게 했다. 중국계 작가 장룽(張戎)은 2005년에 낸 ≪마오쩌둥-알려지지 않은 이야기≫ 제1부 제1장 첫 문장에서 마오를 "평화 시에 7000만 명이 넘는 사람들이 죽은 데 대한 책임을 져야 할 인물"이라고 규정했다.

김정일은 1990년대 경제실패와 식량난, 배급중단으로 북한 주민 수백만 명을 굶겨 죽였다. 그리고 김일성 김정일 부자가 자신들의 공산독재 통치, 아니 개인독재 통치를 지속하기 위해 정치범 수용소에 가둬 죽인 동포만도 100만 명에 이를 것으로 추정된다. 러멜은 2004년에 낸 ≪전쟁과 데모사이드, 이제 그만≫이란 책에서 '데모사이드' 즉 시민학살을 이렇게 정의했다. "정부가 강제노동으로 사람을 죽게 만들거나 기아상태에 빠뜨려 아사(餓死)를 유발하거나, 전시라고 무차별로 폭탄을 퍼부어 비무장 민간인을 죽이는 것은 데모사이드다."

정진석 추기경은 이런 김일성 왕조 집단의 반(反)인륜 패륜 정치, 그리고 '자유와 진리와 생명 없는 북한'을 안타까워했다. 이에 대해 정의 구현을 표방하는 일부 사제가 "(정 추기경이) 골수 반공주의자의 면모를 과시하고 있으니 이는 교회의 불행"이라고 공격했다. 나는 이들의 주장을 '정의 모독'이라고 생각한다.

김정일의 목표는 개인독재를 유지하고 권력을 아들 김정은에게 세습해 죽어서도 아버지 김일성과 함께 보호받는 데 있다. 주민의 삶은 안중에도 없다. 김정일과 그에 충성하며 이익을 나눠 먹는 군부, 당, 보안기구의 특권층은 '개혁과 개방'을 죽음의 지름길이라 생각하며, 핵 보유를 통한 '세계의 깡패 짓' 말고는 살아갈 방도가 없다고 본다. 핵무기 보유를 기정사실로 만들어 미국과 외교관계를 맺고 평화체제를 구축하며, 남한은 오로지 경제적으로 자기들을 뒷받침하는 존재로 전락시키는 것이 저들의 기본전략이다.

이런 김정일 집단을 방임하고, 돕기까지 하는 것은 민족과 인류에 대죄를 짓는 일이다. 김일성 왕조의 개인지배 세습독재체제가 영속한다면 남한은 끊임없는 전쟁 위협에 시달릴 것이다. 더 심각한 것은 수년 안에 핵 공포가 현실화하리라는 점이다.

북한의 정권 변경 말고는 대안이 없어 보인다. 김정일 자연사 이후의 상황 대응도 중요하지만, 북한 내부의 민주화와 자유 확산이 더 급하다. 물론 강압적 감시체제 아래서는 쉽지 않은 일이지만, 한국과 미국을 비롯한 국제사회가 전방위적으로 북한 내부의 변화를 유도해 내는 것이 북한 문제 해결, 특히 핵 해결을 위한 멀지만 가까운 길이다.

대한민국을 지키려는 지도자와 국민이라면 북을 어떻게 다룰지 근본적 발상전환을 하지 않을 수 없다. 이미 많이 늦었지만 지금이라도 '김정일-김정은 이후의 북'을 위한 담대한 도전에 나서야 한다. 그 위험과 비용이 만만치 않더라도 이대로 '핵을 완성한 북'을 기다리고 있을 수만은 없다. 북한 민주화를 위한 '진정한 햇볕정책'이 필요하다. 그래서 2011년을 북한 민주화 원년으로 만들자고 대한민국과 국제사회에 제안한다.

시간은 김정일 부자 편이 아니다

국군의 별들이여, 명예를 세우라 | 韓美의 단호함이 승부 가를 것

김정일 집단이 한 번 더 무력 공격을 해온다면 그때는 김일성 동상 하나쯤은 박살날 것이다. 북의 도발 수준과 내용에 따라서는 김일성 미라가 누워 있는 금수산기념궁전을 날려 버릴 수도 있다. 이명박 대통령과 대한민국 국군이 다짐한 '자위권 행사'가 그 정도는 돼야 전쟁 억제력을 발휘할 수 있다. 이 같은 대응이야말로 전면전으로 가는 길이 아니라 전면전을 막는 길이다. 약한 놈한테 강하고, 강한 놈한테 약한 게 저질 폭력배의 DNA다.

국군 장군들이 '똥별'이라는 야유의 대상이 되고, 김관진 국방장관이 그런 별들의 우두머리일 수는 없다. 천안함, 연평도 가지고도 모자라 또 당한다면 관련 책임자들의 계급장에서 별을 줄줄이 떼 내고 반드시 이등병으로 강등시켜야 한다. 그러지 않고는 국가의 운명도, 5000만 국민의 자존심도 지킬 수가 없다.

대한민국 대장 한민구 합참의장, 황의돈 육군총장, 김성찬 해군총장, 박종헌 공군총장, 정승조 한미연합사 부사령관, 박정이 육군 1군사령관, 김상기 육군 3군사령관, 이철휘 육군 제2작전사령관…. 이들은 별 넷이 되기까지 사관생도 시절부터 40년 세월을 군에 바쳤고, 전문성과 경륜을 쌓았다. 이 평생군인들이 병든 김정일, 애송이대장 김정은을 당해내지 못한다면 대한민국 안보에 희망이 없다.

군대를 국영기업체라 부르고, 대장 중장 소장을 사장 전무 상무 취급해도 무감각할 만큼 우리 군이 명예심을 송두리째 내팽개치지는 않았을 것이라고 나는 확신한다. 아직도 우리 군에는 수많은 한주호가 있다고 믿는다. 한 준위는 육신은 갔지만 그 눈빛과 호국정신은 국민 가슴속에 살아 꿈틀거리고 있다.

이 대통령도, 김 장관도, 한 의장도 분명 알고 있을 것이다. 보통 국민들이 "어떻게 이렇게 당할 수 있느냐"고, "정신력이 왜 이 모양이냐"고, "무슨 겁이 그리도 많으냐"고, "그동안 세금이 모자라 대포가 고장 났느냐"고, "군을 확 뜯어고치라"고 호통치고 있음을! 50대의 한 공무원은 나에게 이렇게 말했다. "한민구 합참의장에게 흰머리 새카맣게 염색해서 더 강인한 모습으로 국민 앞에 서라 하십시오"라고.

나이 60을 바라보는 민간인이라면 은빛 머리카락이 '로맨스 그레이'란 말처럼 멋있을 수 있지만, 육해공군의 작전을 통합 지휘하는 합참의장의 머리카락이 허여니 노약해 보여 싫다는 것이다. 장군의 흰 머리카락은 강한 지휘관답지 않다는 생각이 꼭 옳은지는 모르겠다. 하지만 국민이 군을 바라보는 눈은 이처럼 절실하다.

연평도 상황을 지켜본 많은 내 주변 사람들은 청와대와 우리 군이 천안함으로 그토록 처참하게 당하고도 '바뀐 게 없고, 정신 못 차렸다'고 분노했다. 11월 23일 북한군이 연평도를 향해 첫 포를 쏘고부터 1시간 뒤까지 김태영 국방장관은 국회에 붙잡혀 있었다. 그리고 국방부를 거쳐 청와대로 들어간 것은 전시 상황이 시작된 지 2시간 뒤였다.

국회의원들이 따뜻하게 난방되는 의사당에 앉아 군 수뇌들을 아무 때나 불러대고, 걸핏하면 군 기밀을 까발리고, 군의 명예와 지휘자 체통까지 여지없이 짓밟고, 군에도 국민에게도 도움 되지 않는 현장시찰 한답시고 작전이나 방해하는 행태 역시 이참에 사라져야 한다. 정치인들은 북의 도발 앞에서 남북 양쪽을 향해 목청을 높이지만 그때뿐이다.

물론 군은 정치권의 속성을 탓하기 전에 자기 책임부터 다해야 한다. 북이 또 도발해 온다면 김관진 장관은 국회나 언론 신경 쓰지 말고 자위권 행사의 완벽한 성공에 모든 것을 던져야 한다. 청와대와 군의 호흡이 맞아야 하지만, 군은 때리고 청와대는 말리는 듯한 모양새도 때론 필요하다. 군이 지레 말려주십시오 하는 모습이야말로 최악이다.

남북 격돌 상황에서 우리 쪽만 보면 허점이 너무나 커 보이지만, 김정일 집단도 속이 타들어가고 있을 것이다. 이판사판 막가파식으로 나오는데도 한국과 미국이 자신들에게 떡을 주며 달랠 생각은 않고, 끝까지 버릇을 고쳐놓겠다고 벼르고 있으니 저들도 답답하지 않을 수 없다. 대한민국 정부와 군, 그리고 5000만 국민이 각오를 다잡고 정면대응하면 저들에게도 꽃놀이패는 없다. 김정일의 시간은 몇 년 남지 않았고, 한국과 미국이 단호함을 견지하는 한 김정은 세습도 쉽지 않다. 김정은은 주민에게 3년 내에 쌀밥에 고깃국 먹게 할 것이라는 약속을 자력으로는 지키기 어렵다.

지금부터야말로 시간을 '김정일 김정은 편'이 아니라 '대한민국 편'으로 돌려놓을 때다. 이를 위해 우리 국민의 참을성도 요구된다.

이번에도 북한 세습을 도울 것인가

1990년대 北을 위기에서 구한 南 ┃ 한민족 모독을 지켜만 보자?

이명박 정부가 북한의 3대 세습 과정에 어떻게 대응할 것인지 분명하지 않다. 대통령은 어떤 그림을 갖고 있는지, 정부의 궁극적 목표는 무엇인지, 대북 상황 관리의 리더십과 시스템은 확고하고 치밀하게 작동하는지, 자유민주 체제로의 통일을 위한 다각적 조직적 실질적 노력은 심화되고 있는지, 이도 저도 없이 지켜볼 뿐인지. 1980년대와 90년대 초, 김정일 체제로의 2대 세습 안착을 방조한 셈이 됐던 패턴을 반복할 것인지.

김정일 김정은 부자가 세습의 대내외적 역풍을 뚫기 위해 기도할 모험에도 대응해야 한다. 북한 급변사태가 아니라 남한 급변사태를 획책하는 극단적 도발까지 대비해야 한다. 설혹 북한 급변사태가 김 부자의 자책에 의해 현실화되더라도 미국의 등 뒤에서 중국의 선처만 기다려서는 상황을 우리 편으로 만들기 어렵다.

시계를 1980, 90년대로 잠깐 되돌려보자. 1988년 2월 취임한 노태우 대통령은 1987년 11월 대한항공(KAL)기 폭파사건을 자행한 북한에 적극적인 유화책을 폈다. 88 서울올림픽을 2개월 남짓 앞두고는 북한과의 적대

관계 청산을 천명한 7·7선언을 했다. 이는 북방정책의 확대와 올림픽의 성공을 위해 북의 도발에 면죄부를 준 것이었다.

북한이 대남 대화에 매달린 것은 1990년이었다. 당시 북한 수령 김일성과 장남이자 후계자 김정일은 절박했다. 적화 대상인 한국은 경제가 비약적으로 발전한 데다 올림픽의 성공 등으로 국가 위상이 크게 높아졌다. 1989년 베를린 장벽이 붕괴돼 서독이 동독을 흡수 통일한 것을 비롯해 동유럽 공산독재정권이 줄줄이 무너졌다. 1990년 9월에는 북한의 절대적 후견자였던 소련이 한국과 수교했다. 김일성 부자는 위기 탈출을 위해 한국으로부터 기본적인 정권 안전을 보장받는 것이 급했다.

이 같은 배경 속에서 1990년 9월 제1차 남북 총리급 회담이 열렸다. 양측은 1991년 12월 5차 회의에서 남북 화해 불가침 교류협력에 관한 기본합의서를 채택했고, 1992년 9월 정식으로 발효시켰다. 노태우 정부는 이를 큰 치적으로 자부했다. 남북 양측이 이 합의를 성실하게 준수했다면 김대중 김정일 간의 6·15선언이나 노무현 김정일 간의 10·4선언보다 훨씬 호혜적인 내용이라 할 수 있다.

그러나 북한은 남북 화해 협상을 하던 바로 그 무렵 핵무기 개발에 본격 착수했다. 그리고 기본합의 내용을 시도 때도 없이 위반했다. 올해 3월 26일의 천안함 폭침은 그 결정판이다. 북한은 1990~92년 한국과의 대화 국면, 그리고 1994년 미국과의 제네바 합의로 시간을 벌면서 핵 개발에 몰두해 2006년과 2009년 두 차례 실험을 했다. 이제는 수소폭탄 개발까지 호언한다.

1990년대 초 남북 총리급 회담의 실무자로 참여했던 어느 인사는 최근 이렇게 말했다. "당시 북한은 경제적으로나 국제적으로나 코너에 몰렸기 때문에 대남 관계를 안정화시키는 합의가 필요했습니다. 역대 남북 대화

중에서 북한이 가장 절박하게 합의를 애걸했던 회담이었습니다. 우리는 그런 점을 활용해 북한을 더 밀어붙여 동서독 방식처럼 구체적 사업실행에 관한 합의를 이끌어냈어야 했습니다. 그런데 우리 쪽은 분위기에 너무 들떠 있었습니다."

남쪽이 대화에 취한 사이 김일성 김정일 부자는 권력 승계 작업도 마무리해 1993년 4월 국방위원장 자리를 인계인수함으로써 2대 세습을 완성했다. 그리고 김일성은 이듬해 7월 사망했고, 그로부터 16년이 흐른 지금 김정일 김정은 간의 3대 세습극이 1막을 열어젖혔다.

김정일은 22세이던 1964년에 조선노동당에서 공직생활을 시작하고, 32세이던 1974년에 후계자로 공식 지명됐으며, 그 후 20년 가까운 권력 장악과정을 거쳐 세습을 완결했다. 이런 세습이 21세기 문명시대에 '코리아'로 불리는 한쪽 체제에서 연출된다는 사실은 남북과 지구촌의 8000만 한민족을 더없이 부끄럽게 만드는 민족 모독이다.

김정일 김정은은 무엇보다 2400만 북한 주민을 능멸하고 있다. 병든 김정일이 영양과잉 상태의 3남 김정은을 당대표자회와 열병식에 데리고 나와 혈족통치를 이어가려는 모습은 한편으론 안쓰럽다. 하지만 그가 주민들을 아들의 1000분의 1만이라도 걱정해 왔다면 주민들의 고통이 이 지경은 면하지 않았겠는가 싶어 분노가 치민다. 북한 주민은 좋은 체제 아래에서라면 한국의 5000만 국민 못지않게 꿈을 이루고 풍요롭게 살았을 우수한 한민족의 일원이다.

더구나 김정일 김정은 부자는 '민족끼리'를 외치던 그 입으로 '김일성 조선'을 받들라고 강요한다. 대한민국은 이들의 세습을 어떻게 할 것인가.

남북의 숙명, 현상유지는 없다

10년 안보 해이에 발목 잡힌 나라 | MB마저 단추 잘못 채우면 벼랑에

김대중 노무현 이명박 정부를 보더라도, 전(前) 정부를 탓하지 않는 현(現) 정부는 없는 것 같다. DJ는 전임 김영삼 정부가 텅 빈 달러 곳간을 물려줬다고 거듭 강조했다. 자신이 YS 정부의 금융개혁, 노동개혁, 기업 구조조정을 발목 잡아 외환위기를 부채질한 점은 반성하지 않았다.

노무현 대통령은 경제정책이 빗나갈 때마다 DJ 시절의 과도한 부양책 부작용을 탓했다. 자신이 경제를 이념화하고 시장경제를 고장낸 데 대한 성찰은 없었다.

요즘 MB 정부에서는, 공공연하게 말하진 않지만, DJ와 노무현 집권기에 군(軍)이 너무 망가졌다고 개탄하는 소리가 새나온다. 좌파정권 10년 사이 군대뿐 아니라 국가 전체의 안보체제와 의식이 심하게 이완된 것은 사실이다. 그러나 현 정부가 안보기반 복원에 상당한 성과를 내지 못했다면 '책임의 대주주'가 될 수밖에 없다. '각계에 좌파의 뿌리가 너무 깊다'는 탄식이나 경제 살리기가 급해 안보 챙기기에 허점이 있었다는 변명은 안 통한다.

3·26 천안함 사태는 현 정부를 '비상 경제정부'에서 '비상 안보정부'로 바꾸다시피 했다. 그럴 수밖에 없도록 천안함 사태는 충격적이다. 한

국의 1200t급 초계함이 두 동강 나기 불과 이틀 전 월터 샤프 주한미군사령관은 미 의회에 출석해 '지도부 교체 등 북한의 급변사태' 가능성을 강조하고 있었다. 또 사건이 터진 3월 26일은 한미 연합야외기동연습인 독수리훈련을 하던 중이었다. 훈련은 실전에서 이기기 위해 하는 것인데, 미7함대 소속 이지스 구축함까지 투입된 훈련 와중에 '암수(暗數) 공격' 한 방에 당했던 것이다. 그것도 민군(民軍)이 함께 살아가는 백령도 남쪽 대한민국 영해에서다. 이대로라면 북의 급변사태 이전에 남의 안보 급변사태가 또 생기지 말란 법이 없다.

'천안함 이후' MB 정부가 펼칠 안보정책은 2년 10개월 남은 임기 중은 물론이고 5년, 10년 뒤의 안보에까지 영향을 미칠 것이다. 과거 정권들의 5년, 10년, 15년, 20년 전 대북정책이 바로 오늘의 남북관계 상황에 파장과 명암을 드리우고 있는 것과 마찬가지다. 따라서 이 정부의 안보정책은 천안함 사태 수습 차원을 넘어 그야말로 국가와 민족의 먼 장래까지 통찰하고서 전개해야 한다. 안보정책에는 군사력 강화, 국민통합 및 안보의식 제고 같은 국내 측면과 대북정책, 대주변국 외교 같은 대외 측면이 망라되는 것은 물론이다.

천안함 사태 수습과정을 지켜보던 이종석 씨가 "문제의 본질은 정권의 무능력이다"라고 주장했다. 그는 지난 정부 때 노무현 대통령의 절대적 신임을 받으며 대북정책을 주물렀던 장본인이다. 현 정부와 군의 사태 수습 능력에 문제가 있다 하더라도 이 씨 자신은 노무현 정부가 남긴 안보 취약화 유산에 대해 먼저 반성해야 할 사람이다. 노무현 정부는 2004년 6월 12일 남북 장성급회담 실무접촉을 통해 '서해 북방한계선(NLL) 해상의 무력충돌 방지와 군사분계선 일대의 선전활동 중지 및 선전수단 제거'를 북측과 합의했다. 이런 합의를 주도한 사람이 당시 국가안전보장회의(NSC) 사무차장이던 이 씨였다.

이 합의 가운데 'NLL 해상 무력충돌 방지'는 한 달 뒤 북한 경비정 등산곶 684호가 NLL을 침범해 우리 함정과 교전함으로써 깨졌다. 결국 우리 측이 압도적으로 유리했던 심리전만 중단하는 결과가 됐다. 당시의 합의 때문에 우리 병사들은 군사분계선 부근에 설치했던 '자유대한' 팻말까지 뽑아야 했다. 우리 군의 대북심리전은 북이 가장 싫어하던 것이었다. '적이 가장 원하는 일을 우리가 하지 않는 것이 이기는 길'이라는 관점에서 노무현 정부는 어리석었거나 일방적으로 친북을 한 것이다.

2000년 6·15선언과 2007년 10·4선언은 우리 헌법과 배치되는 북의 통일방안을 인정하고, 대한민국의 국가정체성을 훼손했다는 점에서 더 큰 문제를 남겼다. MB 정부가 원론 차원이라 할지라도 이 두 선언을 존중한다고 공식 표명하는 것은 심대한 문제를 안고 있다.

이명박 정부는 '천안함 이후'의 대북정책 단추를 과연 어떻게 잠글 것인가? 그 첫 단추부터가 참으로 중요하다. '역사적'이라고 할 만큼 중요하다. 그저 '스테이터스 쿼(Status Quo·현상유지)'를 꾀하며 상황을 미봉하려 한다면 끝까지 선수(先手)는 북에 주고 후수(後手) 두기에 허덕이는 형국이 될 것이다.

천안함 사태야말로 '남북 간의 현상유지란 숙명적으로 불가능하다'는 경험칙에 중대한 증거를 추가한 사건이다. 현상유지를 넘어서서 북한을 다룰 수 있는 역사의식, 통찰력, 지략이 대통령과 그 참모들에게 절실하다. 대북정책에서 더는 실패와 후회를 남기지 말아야 한다.

중국은 일등 국가 자격 있나

영향력에 걸맞은 도덕성 결여 | 반인륜 범죄자 포용, 문명사 역행

4월 언젠가 한 정부당국자가 "오바마 후진타오 김정일과의 게임이다. 김정일의 가장 아픈 데를 찔러 굴복시켜야 한다"고 말했다. 천안함 사태 대응에 관한 얘기였는데 "후진타오와는 신뢰관계가 어느 정도 생겼지만 북한 문제를 놓고 상대하기엔 쉬운 관계가 아니다"라고도 했다.

정부 내 온건파는 "여러 수단을 생각해볼 수야 있겠지만 가장 현실적이고 합법적인 것은 유엔 안보리를 통한 제재"라고 운을 뗀다. 사실상 그 방법 말고는 없다고 선을 긋는 사람도 있다. 그러면서 "미국 일본과의 확고한 공조는 물론이고 중국이 훼방을 놓지 않도록 해야 한다"고 강조한다. 결국 중국이 열쇠를 쥐고 있다는 소리다.

이명박 대통령은 4일 전군 지휘관회의 연설에서 "사태가 터지자마자 남북관계를 포함해 중대한 국제문제임을 직감하고 국제협력을 통해 원인을 밝힐 것을 지시했다"고 밝혔다. 원인 규명의 객관성을 높이기 위한 국제협력체제 가동은 잘한 일이다. 그러나 원인을 분명히 한 뒤에까지 국제공조에만 매달려 안보의 자주성을 발휘하지 못한다면 '겁 많은 나라'로

업신여김을 당할 것이다.

3일 한반도선진화재단과 동아일보사가 개최한 '천안함 후속 과제' 좌담회를 지켜본 안병태 전 해군참모총장은 '유엔을 통한 제재'에 회의적인 의견을 피력했다. 그는 "중국과 러시아가 우리 뜻에 동의하겠는가. 유엔 제소가 오히려 우리의 행동 유연성 확보를 방해하면서 시간만 끌고 유야무야되지 않겠는가"라고 반문했다.

바로 그날 김정일이 선글라스를 끼고 다리를 절며 중국 다롄에 나타났다. 김정일이 압록강 철교를 넘어 중국에 들어간 시각은 이 대통령이 중국 상하이로 날아가 후진타오 국가주석과 정상회담을 가진 때로부터 불과 60여 시간 뒤였다. 후 주석이 이 대통령에게 "천안함 침몰사고 희생자와 희생자 가족들에게 위로와 위문의 뜻을 표한다"고 말하고 있을 때 김정일은 중국 나들이 가방을 싸고 있었던 셈이다.

중국은 북한뿐 아니라 베트남 미얀마 짐바브웨 같은 나라도 원조하면서 영향력 확대, 자원 확보 등의 국익을 추구한다. 서방 선진국이나 국제통화기금(IMF)은 어떤 나라를 지원할 때 민주주의 인권 반부패 같은 가치를 추구하지만, 중국은 오히려 '내정 불간섭'을 앞세워 독재정권의 환심을 사고 있다.

2월 미국 외교전문지 '포린 폴리시' 인터넷판에 이런 글이 실렸다. "미국이 중국에 잘해주면 중국도 호혜평등으로 나올 것으로 기대해 왔지만 아니다. 중국의 정책결정은 아주 간단한 사실에 기반을 둔다. 중국 정부는 자국 이익에 따라 행동한다는 것이다." 이 잡지는 "북한이나 이란의 핵 프로그램, 인권문제 할 것 없이 중국은 자국 이익에서 벗어나는 일은 조금도 하지 않았다"고 꼬집었다.

중국은 700여 년간 이어졌던 고구려 역사를 중국 역사의 일부로 편입시키려는 이른바 동북공정을 폈다. 그리고 북한에 대해서는 사실상 종주 국이라고 해도 과언이 아니다. 김정일이 평양에 파견된 중국인들에게 아 부하는 모습만 보더라도 북한의 대중(對中) 종속성을 한눈에 알 수 있다.

김일성 김정일 세습부자가 '주체사상' 운운하면서 실제로 해온 일은 '미국에 체제안보 구걸하기, 중국에 경제적 연명 앵벌이하기'였다. 그리 고 '민족끼리'를 합창하자며 자행해온 짓은 2400만 주민에 대한 반인륜 적 폭정과 남한에 대한 반복적 도발이었다.

프랑스의 대표적 좌파 시사주간지 '르 누벨 옵세르바퇴르'는 이미 2000년에 김정일을 '세계 6대 반인륜 범죄자' 중 두 번째로 지목했다. 김 정일의 악업은 그 후 10년간 더욱 지울 수 없이 많이 쌓였다. 국제형사재 판소(ICC)의 조약 미비 탓에 그를 '반인륜 범죄자'로 기소하기 어렵다 하 더라도 그의 반인륜 범죄 혐의는 차고 넘친다.

작년 12월 양제츠 중국 외교부장은 2010년 외교의 중점을 '국제체제 전반에 걸친 개혁'에 둘 것이라고 밝혔다. 중국이 세계질서 재편의 주도 권을 잡겠다는 포부였다. 그 직후인 올해 초 중국 국방대 교수 류밍푸는 '중국몽(中國夢)'이란 책에서 "21세기엔 미국에 이어 중국이 일등국가 우승국가가 될 능력과 자신이 있다. 미국만이 일등국가가 될 권리가 있는 것은 아니다"라고 외쳤다.

21세기 인류문명이 아무리 후퇴하더라도 반인륜 범죄자를 포용하는 나 라가 일등 국가로 인정받을 수 있겠는가. 중국은 세계에 공자 사상을 열 심히 전파하면서, 김정일도 끌어안는 이상한 나라로 남을 것인가.

천안함 저 너머

非대칭의 남북 두 국방위원장 | 李대통령 안보 리더십 시험대에

북에만 있는 줄 알았던 국방위원장이 남에도 있는 걸 요즘에야 알게 된 국민이 없지 않을 것 같다. 아닌 게 아니라 김학송 국회 국방위원장이 요 며칠 날렸다. 천안함 침몰 이후 그는 국민의 알 권리를 채워주는 동시에 결과적으로 북에 유용한 군사정보도 많이 제공했다. 여당 소속이지만 역시 정치인이라 영토 영해 영공이 뚫리면 책임을 면치 못할 군 수뇌들보다는 스트레스가 덜한 모양이다.

National Defense Committee로 영문 표기되는 국방위 소속 여야 의원들이 김태영 국방부 장관 등을 추궁하고 정치공세까지 벌이는 모습을 보고 있자면 이들이 과연 국가방위와 국민안전보장에 보탬이 되는 역할을 하고 있는지 솔직히 의문이다. 국방위만의 문제는 아니지만, 특히 '북한 무관론' 부터 펴는 일부 의원의 태도는 맹목적이어서 이들의 안보관이 새삼 궁금해진다. 책임의식이 없어선 안 될 정치인들이 무책임한 것은 인터넷 군중이 무책임한 것보다 훨씬 악성 무책임이다.

원인의 실체는 불명인데 가설 위에서 과잉 논란을 벌이다 보니 본질을 벗어나 말꼬리를 잡게 되고, 그 꼬리를 머리인 양 흔들어대는 결과가 빚어진다. 군은 해명을 하지 않을 수 없으니 북에 노출하지 말아야 할 군사기밀까지 건드리게 된다.

육군참모총장 출신인 이진삼 의원은 천안함 침몰 이틀날 국방위에서 "모두 취침하는 동안 한 병사가 무슨 폭탄을 갖다 놓고 장난을 치지 않았다는 보장이 없다"고 말했다. 일말의 가능성이야 보통 국민도 상상해봤을 테니 이 의원이 실언한 것은 아니다. 하지만 부적절했다고 나는 본다. 이 의원이 그러자 합동참모본부 정보작전처장인 이기식 해군 준장은 "탄약에 TNT를 장착해 터뜨린다면 가능성도 있다"며 그 부분도 조사하겠다고 답했다.

세계가 주목하는 '진짜' 국방위원장은 북에 있다. 그 김정일 위원장은 요즘 중국 방문 문제로 교란술을 부리고 있다. 차제에 우리가 새겨봐야 할 점은 북의 절대권력자가 18년째 '국방위원장' 직함을 갖고 있다는 사실이다. 북은 지난해 개정한 헌법 100조에 '국방위원장은 조선민주주의인민공화국의 최고령도자이다' 라고 더 확고히 명시했다.

선군(先軍)사상 운운하지만 요컨대 군국(軍國)이다. 우리 민족을 제멋대로 '김일성 민족' 이라 하고, 노동당 규약의 적화(赤化)통일 목표를 지운 적이 없는 이 전제집단은 핵무장으로 민국(民國) 아닌 군국을 완성하는 데 몰두하고 있는 것이다.

그런데 남은 어떤가. 저런 북을 머리에 이고 살면서도 어떻게 하면 우리 군을 더 책임감 있고, 더 영리하고, 더 강한 안보 보루로 만들어 나갈지에 대한 국민적 공감대는커녕 정부와 정치권이 고뇌하는 모습조차 보기 어렵다. 경제적으로 더 잘살고 최신무기를 더 수입했다고 해서 이길 수 있는 것은 아니다. 영양상태가 아무리 좋은 청년도 이판사판으로 독기를 내뿜는 깡패를 못 당한다. 개인도 사회도 국가도 정신력이 풀리면 결국은 걷잡을 수 없이 무너진다.

북은 남쪽이 스스로 노출하는 정보를 손바닥에 올려놓고 다음 수(手)를 짜고 있을 텐데 남은 김 위원장의 방중 시점 하나도 갈피를 못 잡는다. 진부하지만 손자병법은 지피지기백전불태(知彼知己百戰不殆)라고 했다. 상대를 알고 나를 알아야 위태로움을 줄일 수 있다. 안타깝게도 천안함 침몰 이후의 국내 정황은 '진실보다는 믿고 싶은 것만 신봉했던' 2년 전 광우병 촛불사태 때처럼 흘러가는 일면이 있다.

물론 대통령과 군부터 정치적 고려나 면피·면책을 염두에 두고 진실을 가공하려 해선 안 된다. 일부 야당과 친북세력은 천안함 상황을 북이 만들었을 가능성에는 무조건 눈감으려고 안간힘을 쓰면서도 중대한 안보적 사태임을 부정하지는 못한다.

해군이 '작은 상황'에 대처하는 SOP(Standard Operation Procedure·표준작전체계)는 있는데 '이번처럼 큰 상황'에 대한 SOP는 없어 혼선이 있었다는 정부 일각의 자체평가가 사실이라면 걱정스럽다. 우리는 어느 날 갑자기 천안함 사태와는 비교가 안 될 전면적 상황을 맞을 수도 있다. 천안함 저 너머 북의 어리석지만 충격적인 도발, 아니면 급변사태라고 하는 대요동까지 상정해야 한다.

어떤 종류의 안보 상황이건 말로 하는 대응태세, 종이 위의 개념계획대로 대처할 수 있을지 미덥지 않다. 천안함 사태는 이 대통령이 경제대통령이기 전에 군 최고통수권자로서 안보대통령이 돼야 한다는 점을 환기시켰다. 그리고 이 대통령은 지금 안보 리더십을 시험받고 있다.

북은 바뀌지 않았습니다

핵 빠진 대화 모드 '앙꼬 없는 찐빵' | 국민도 '원칙 견지' 인내심 보여야

박지원 임동원 정세현 제씨가 김대중 전 대통령 서거 직후 사(私)채널로 북한에 조문을 요청했다면 실정법에 저촉된다. 법 위반을 떠나서도 정부의 권위를 떨어뜨리고 대북 입지를 흔드는 경솔한 행동이다. 정부는 '신고 없이 북에 부고를 냈다'는 선에서 개인이 아닌 김대중평화센터에 주의 조치만 했다. 엄하게 따지면 '조문을 방해한다'는 식의 악선전에 휘말릴 수도 있어 그랬는지 모르지만 미봉은 미봉이다.

햇볕정책 조연들의 요청이 없었다면 김기남 노동당 비서를 비롯한 조문단은 안 왔을까. 대화 모드로 전환할 절호의 기회를 북이 그냥 흘려보냈을 것 같지는 않다. 어떤 명분과 형식을 빌려서라도 남측의 서거 정국을 이용하러 왔을 것이다.

북 조문단을 맞은 것은 우리 정부로서도 나쁠 건 없다. 그들은 남측의 정부가 아닌 구우(舊友)들과 의기투합했지만, 와서 보고는 세상이 바뀌었음을 실감하지 않았을까. 돈을 대도 댈 사람은 옛 친구들이 아니라 이명박 정부이고, 이 정부는 과거 10년의 두 정부와는 아무래도 다르다는 점

을 확인했을 법하다.

이 대통령을 비롯한 정부 당국자들도 그들을 훑어볼 기회를 가진 셈이다. 북측의 유화 제스처가 근본적이고 전략적 차원의 변화와는 거리가 멀다는 사실을 당국자들은 간파했을 것이다. 목구멍까지 숨이 깔딱할 지경이라 당장 고비를 넘길 돈을 빼먹기 위해 기술적 전술적 차원의 변화를 보이고 있음을 정부가 모를 리 없다.

김정일 위원장을 다급하게 만든 것은 '퍼주며 달래기'가 아니었다. 북으로 들어가는 돈줄을 끊는 유엔결의 1874호, 이 결의 이행에 대한 미국의 강력한 리더십 발휘와 중국의 동참, 한미 간의 긴밀한 정책 공조가 북을 숨 막히게 한 것이다. 한미를 이간질하며 통미봉남(通美封南)하려다 미국이 막히니까 남한을 뚫어 위기를 모면하려는 계산도 훤히 읽힌다.

현대아산 개성공단 주재원을 넉 달 이상 억류하고는 숙식비 명목으로 2000만 원을 받아내고, 석방 대가로 옥수수 가루나마 몇 십억 원어치 챙긴 그들이다. 이처럼 염치고 뭐고 없을 만큼 비참한 사정이 대화 모드, 유화 제스처의 뒷모습이다.

그럼에도 북은 핵 포기를 통한 근본적 활로 개척에는 마음이 없다. 정부는 김기남 등에게 '근본적 타개를 진지하게 생각해보라'는 메시지를 던졌는지 모르지만, 이들이 평양에 돌아가 김 위원장에게 제대로 보고나 했을지 의문이다.

한국도 미국도 북한 비핵화를 부동의 목표로 삼는다면 대화 부재에 안달할 것이 아니라 북의 내성(耐性)과 나쁜 버릇만 키울 일을 하지 말아야 한다. 북이 사고를 치면 당근을 주며 달래는 것이 공식이었던 시대로 되돌아간다면 이 대통령도, 버락 오바마 대통령도 결국 실패하고 말 것이다.

물론 대화는 해야 한다. 그러나 북이 대화 국면을 주도하고 나올 때 더 냉정해야 한다. 김기남 일행이 고개를 숙였다고 이에 고무되지는 말 일이다. '순한 양' 같은 표정을 짓는다 해도 당장 돈이 급해 그런 거다. 허겁지겁 다가가 호락호락 다룰 상대가 아니다.

북의 유화 제스처에 경계심을 보이며 근본적 대응을 얘기하면 남한 내 친북세력은 '냉전적 태도'니, '민족통일 역행'이니 덮어씌운다. 하지만 이들이 알고 인정해야 할 것이 있다. 북이 핵문제를 남북 협상 테이블에 올려놓기를 철저히 거부한다면 민족끼리의 진정한 상생도, 평화적 통일도 선전선동 구호일 뿐이다.

핵문제를 뺀 채 대화하고 도와주고 뒤통수 맞고, 대화하고 도와주고 뒤통수 맞기를 얼마나 더 반복할 건가. 지난날 그러는 사이에 북은 보란 듯이 핵실험을 거듭했고, 우리 국민은 그 핵을 이고 잠자리에 들어야 할 운명이 됐다.

북이 핵을 버리면 2300만 주민에게 희망이 생긴다. 한국도 국제사회도 북의 정상국가화를 적극 도울 것이기 때문이다. 김정일 정권의 연명만을 도우려는 세력이 아니라면 한미 정부가 북에 대한 '핵 불용' 정책을 일관성 있게 끌고 갈 수 있도록 응원해야 옳다. 금강산이 그리울지라도 관광객 박왕자 씨를 사살한 북이 진상규명, 재발방지, 신변보장을 당국 간 합의로 명시하지 않는 한 국민부터가 관광 재개를 거부해야 북을 변화시킬 수 있다.

정부는 국가 안보, 즉 자자손손 국민의 생명이 걸린 대북정책마저도 인기를 잣대로 조정하려 해선 안 된다. 집단적 정책 판단이 순간순간의 정치사회적 분위기에 휩쓸리기 쉬운 여론 향배에 따라 덩달아 춤춘다면 무책임하고 위험하다.

국민이 DJ를 위해 있나

북에 속고 또 속은 DJ와 노무현 | 국론 분열 선동, 김정일이 웃는다

2차 핵실험 다음 날인 5월 26일부터 북한 전역에서 성공자축 군중대회가 잇달아 열렸다. 거기서 많은 연설이 있었는데 "핵 시험의 성공으로 강성 대국의 대문을 열어젖혔다"는 내부 세뇌와 적들에 대한 비난이 난무했다. 최태복 노동당 비서는 평양대회에서 "미 제국주의자들과 일본 반동들, 그에 추종하는 남조선 보수세력의 악랄한 공화국(북한) 적대시 정책으로 나라 정세가 날로 긴장되고 있다"고 주장했다.

하지만 북은 '이명박 정권의 냉전적 대북정책이 핵실험을 불러일으켰다'는 소리는 차마 하지 못했다. 이 같은 논평을 내놓은 것은 오히려 남한의 민주당이었다. 한미에 책임 뒤집어씌우기를 상습적으로 하는 북한 노동당보다 남한 민주당이 한 수 더 뜬 거다.

한국 제1야당이 이런 억지를 부리던 5월 25일 세계 6대주(大洲) 각국은 북의 핵실험을 일제히 비판했다. 한반도에서 2만 km 떨어진 지구 정반대편의 아르헨티나 브라질 칠레도 예외가 아니었다. 이들 나라는 설혹 북이 핵무기를 사용하더라도 피해가 없을 먼 곳에 있다. 그런데도 브라질은 항의

표시로 5월 말로 예정했던 평양 주재 대사관 공식 업무 개시를 미루었다.

좌파정부가 집권하고 있는 다른 나라들도 '북한의 핵실험이 남한의 냉전적 정부 탓'이라는 말은 하지 않았다. 중국 러시아, 그리고 역시 공산당이 지배하는 사회주의국가 베트남도 오로지 북의 핵실험 자체를 문제 삼았다.

북은 노무현 정부 때인 2006년 10월에 1차 핵실험을 했다. 이는 1992년 남북 총리가 서명한 한반도 비핵화 공동선언을 파기한 행위였다. 이 실험에 이르기까지 많은 기간이 필요했을 것이므로, 북은 김대중 정부 때도 비핵화 공동선언을 조롱하고 있었음이 틀림없다. 그런데도 DJ는 "북은 1994년에 핵을 포기했다"고 주장했고, 북이 핵을 개발하면 "내가 책임지겠다"고 했다. 그가 북핵에 대해 국민 앞에서 했던 수많은 말들은 다 빗나갔다. 무지의 소치였건, 어떤 의도에 따른 것이었건 정말 책임을 통감해야 할 DJ다.

지난달의 2차 핵실험 위력은 1차 때의 최소 몇 배, 최대 수십 배로 추정된다. 이런 '진화'가 2006년 10월에서 2009년 5월 사이에 이루어졌다면 그 31개월 중 16개월은 노 정부 때였고, 15개월은 현 정부 때에 해당한다. 그런데도 1차 핵실험 딱 1년 뒤인 2007년 10월 평양을 방문한 노 대통령은 핵에 대해 한마디도 않은 채 북에 '퍼주기 어음'만 잔뜩 끊어줬다. 그것이 10·4남북공동선언이다.

공동선언 전날인 2007년 10월 3일 북은 6자회담에서 '올해 말까지 3개 핵시설을 불능화(不能化)한다'는 '비핵화 2단계 행동계획'에 합의했다. 하지만 이는 시간 벌기를 위한 북의 사기였다. 결국 DJ-노무현으로 이어진 두 좌파정권은 북에 속고 또 속았다. 지금에 와서 모든 화살을 이명박 정권에 돌리고 있으니 역시 낯이 두껍다.

북은 그제 평양에서 유엔의 제재결의를 규탄하는 10만 군중대회를 열었다. 이날은 1999년 북의 도발로 제1연평해전이 발발한 지 10주년이 되는 날이고, 2000년 김대중 대통령과 김정일 위원장이 6·15남북공동선언을 한 지 9주년이 되는 날이었다. 해전을 지휘했던 박정성 전 2함대사령관은 "선제 사격을 절대 금지한 DJ의 작전 지침 때문에 자위권을 행사할 수 없었다"고 10년 전을 회고했다. 반대편에서 DJ는 MB 정부가 6·15선언을 이행하지 않아 안보위기가 심화됐다며 정권 타도까지 선동하고 있다.

북은 6·15선언 2년 뒤인 2002년 6월 북은 또다시 연평해전을 도발했고, 윤영하 소령을 비롯한 우리 장병 6명이 전사했다. '이제 전쟁은 없다'는 DJ 정권의 세뇌 속에서 안보태세가 풀어진 탓이 컸다.

지금 북은 세계를 상대로 위험하기 짝이 없는 핵·미사일 게임을 벌이고 있다. 4월의 로켓 발사 때만 해도 제재 결의에 반대했던 중국과 러시아까지 2차 핵실험에 분노하며 강화된 제재에 동의했다. 그러자 북은 DJ 정부 말기인 2002년에 부인했던 고농축우라늄(HEU)을 이용한 핵 개발까지 공개하고 나왔다. 2002년 당시 DJ 정부 일부 인사와 좌파세력은 '미국이 북을 압박하기 위해 HEU 의혹을 만들어냈다'며 북을 비호했다.

DJ와 그 추종세력은 북이 이미 다 깨버린 6·15선언 하나에 매달려 '이것만 살리면 남북관계는 만사형통'이란 식으로 국민을 오도하며 적전 국론 분열을 꾀하고 있다. 도대체 누구를 위해 그러는가. DJ를 위해 나라가 있고, 국민이 있단 말인가.

부자 형과 깡패 동생

수류탄 까면 다 죽는다 | 안보관리 시스템 허점 보여

"거지가 거지답게 손을 내밀고 달라 해야 주지요! 이제 그렇게 만들겠다는 겁니다." 좌파정권은 입도 뻥긋하지 않던 말을 이명박 정부 고위인사가 했다. 작년 4월 초였다.

그로부터 1년도 더 흘렀지만 그제의 이른바 '개성 접촉'은 북을 거지다운 거지로 만드는 데 성공하지 못했음을 보여줬다. 한 전문가는 어제 아침 전화로 분통을 터뜨렸다. "이것들이 도대체 뭔데 오라 가라 합니까. 합당하고 국제관례에 맞는 언동이 아니면 상대하지 말아야지, 질질 끌려가기만 하니 딱하고 갑갑해요."

정말이지 우리에게 북은 도대체 뭔가. 잘사는 형한테 손 내미는 못났지만 착한 거지 동생은 아니다. 한배를 타고 났지만 수류탄에 독극물까지 몇 개 들고 설치는 깡패 동생이다. 어느 금융계 인사는 며칠 전 "이런 관계일수록 파국만은 피해야 한다. 바로잡을 건 잡아야지만 대북 정책에 완급 조절이 필요하다"고 말했다. 운명적 관계라, 언제일지는 모르지만 진정한 민족공동체의 완성까지를 시야에 넣고 상대를 바라보지 않을 수 없다.

금융인의 걱정대로 수류탄을 까고 독극물을 풀면 부자 형네는 난리도 아닐 것이다. 하지만 이 지경에 이르면 깡패도 죽은 목숨이다. 형이 세계에서 통용되는 방식으로 단기간에 돈을 꽤 벌 만큼 똑똑한데 동생인들 바보일 리 없다. 자본주의 아닌 사회주의, 개방 아닌 폐쇄, 민주 아닌 세습 전제(專制)의 길로 잘못 들어가 경제에 실패하고 깡패가 됐지만 죽으려고 그러는 게 아니라 살려고 그 짓을 한다.

그런데 요즘 호전적 도발 언행이 도를 넘고 있다. 북은 김대중 노무현 정부를 거치면서 핵과 미사일 같은 대량살상무기(WMD)를 증강했고 이명박 정부 들어서도 속도를 내고 있다. 이게 밑천인 것 같다.

형네는 10년간의 친(親)깡패 정권이 담장을 튼튼히 하기는커녕 오히려 허무는 짓을 많이 했다. 노 정권은 북이 핵개발에 매진하던 와중에 전시(戰時)작전통제권을 한미 공동행사에서 한국 단독행사로 전환하는 데 몰두했고 결국 뜻을 이루었다. 그때 노 대통령이 외치던 자주국방론은 과연 누구를 위한 것이었는지 지금도 의문이 풀리지 않는다.

월터 샤프 주한미군사령관은 2012년 전작권이 전환된 뒤에도 미국의 한국에 대한 '핵우산' 공약은 확고하게 유지될 것이라고 어제 한 연설에서 말했다. 물론 그러기를 바라고 믿는다. 북의 핵무기는 우리의 재래식 군사력, 경제력, 기술력을 뛰어넘는 위협이기 때문에 우리는 1차적으로 미국의 핵우산에 의존해야 한다.

하지만 미국의 핵우산이 한미상호방위조약에 명시돼 있는 것은 아니다. 양국 당국자 간의 구두 공동성명으로 확인되고 있을 뿐이다. 이명박-오바마 정부 간의 동맹 업그레이드 작업이 의미 있는 성과를 내야 한다. 이를 위해서는 우리도 미국에 줄 것은 줘야 한다.

지난날 조지 W 부시 정부 일각에서는 노 정권을 이적(利敵) 집단 정도로까지 인식했다. 노 정권이 밀어붙인 전작권 전환과 한미연합사 해체 합의는 당장에도 우리 안보에 불안요인으로 작용한다. 샤프 사령관은 어제 "북은 사전 경고 없이 남을 선제공격할 수 있는 상태"라고 했다. 물론 한미군은 대응태세를 갖추고 있다지만, 전작권 전환(분리)을 위한 준비도 동시에 하고 있어 연합대응에 허점이 나타날 수 있다는 우려도 군사전문가들 사이에서 나온다.

국방부와 군 내부에는 전작권 전환 작업을 통해 진급, 보직 등에서 혜택을 볼 수 있는 사람들이 있는 모양이다. 이들은 북의 WMD 문제가 해소될 때까지라도 전작권 전환 보류를 추진하자는 의견에 펄쩍 뛰며 반대한다.

노 정부는 '개성공단에 우리 국민이 인질로 잡히면 북한 당국의 협조를 얻어 해결한다' '북한이 붕괴되면 기다리며 북측과 함께 해결방안을 협의한다' 같은 말도 안 되는 내용을 대책이라고 준비했다. 그럼 MB정부는 실질적이고 구체적인 대응책이 있는가. 국민은 그럴 것이라는 충분한 믿음을 갖지 못하고 있다.

당장 세계 94개국이 참여하고 있는 대량살상무기 확산방지구상(PSI) 참여 여부도 북의 흔들기에 말려 장고(長考)모드에 들어갔다. 25일째 개성공단에 억류돼 있는 A 씨의 안전을 걱정하는 것은 맞다. 하지만 저들은 언제든지 제2, 제3의 인질을 만들 수 있는 집단이다. 그럼 정부는 북의 인질카드가 나올 때마다 속수무책으로 있을 것인가.

PSI 참여 문제에 관한 정부의 오락가락 행보는 청와대를 비롯한 정부 전체의 종합적 안보관리 체제의 허점을 드러낸 것이다. 앞으로 더 많은 난제들에서 체계적 대응을 보여주지 못하면 국민의 안보 불안이 더 증폭될 우려가 있다.

김 위원장,
착한 주민 그만 울리시오

개성 깽판 치면 근로자만 배곯아 | 핵만으론 3대세습 힘들어

개성공단의 북한 근로자들 사이에 '초코파이 계(契)'라는 게 있다. 남한 기업이 1인당 하루 4개까지 초코파이 간식을 준다. 대다수 근로자가 안 먹고 갖고 나간다. 여러 명이 순번을 정해 한 사람에게 몇십 개를 몰아줘 가족이 나눠 먹고 친지에게 선물도 하게 한다. 라면이 나올 때면 국물만 마시고, 불어터진 면발이지만 싸들고 가는 근로자가 많다. 착한 사람들이다. 배고픈 부모, 처자식, 형제가 눈에 어른거려 면발이 목에 넘어가지 않는 것이리라.

3만 9000명 가까운 북한 근로자가 개성공단에서 일하고 있다. 2005년 7000여 명에서 꾸준히 증가했다. 처음엔 주로 개성 주민이었으나 점차 먼 곳에서 통근하는 근로자가 늘고 있다. 출퇴근 버스 211대가 운행되고 있는데 개성만 벗어나면 버스가 못 다닐 좁은 길이 많다. 일부 근로자는 버스길까지 몇 십리를 걷느라 하루 출근에 4시간, 퇴근에 4시간을 써야 한다.

꼭두새벽부터 험한 길을 걷고 타고 해 공장에 도착하면 물로 배를 채우고 일을 시작한다. 점심이 당연히 꿀맛이지만 북측이 밥 공장에서 만들어주는 도시락의 양이 최근에 줄었다. 북의 경제사정을 반영하는 듯하다.

그래도 남측 기업이 제공하는 국과 반찬 덕에 개성공단 근로자 혈색은 고참일 수록 좋다. 기본급에 가급금(加給金)을 보탠 월급 70~75달러에서 큰 몫을 당국이 떼어가지만, 그래도 개성공단은 북 주민들에게 특급 중의 특급 일터다.

북 인권에 대해 거의 침묵했던 국가인권위원회(위원장 안경환)가 탈북자들을 상대로 최근 8개월간 조사한 실태를 어제 발표했다. 노무현 정부에선 안하던 일이다. 아무튼 이번 조사결과 '굶어 죽은 사람을 본 적이 있다'는 응답자가 58%나 되고, 46%는 '배급이 이루어지지 않았다'고 답했다. 사람을 굶기는 것이야말로 세상에서 가장 모진 고문(拷問)이다.

김정일 국방위원장이 세계의 산해진미를 즐긴다고 꼬집을 생각은 없다. 그가 마음만 고쳐먹으면 북 주민들의 굶주림을 많이 덜어줄 수 있다는 얘기를 하고 싶을 뿐이다. 개성공단만 하더라도 현재의 1단계에서 2단계로 계획을 진전시키면 근로자를 10만 명 이상으로 늘릴 수 있다. 계획을 3단계까지 확대하면 더욱 많은 일자리가 생긴다.

이명박(MB) 대통령의 대북정책은 '비핵 개방 3000'으로 요약된다. 북의 핵무기 완전포기가 최종 목표지만, 그 이전에도 대북 경협을 않겠다는 게 아니다. 북이 대화에 나오면 당장 쌀과 비료도 줄 생각이다. MB정부는 북이 핵 포기의 마지막 목표에 동의하는 시점을 본격 경협의 출발점으로 삼는다. 개방이란 것도 현 단계에선 3통(通), 즉 통신(通信) 통행(通行) 통관(通關)을 조금씩 하자는 정도다. 그러면 주민 1인당 연평균 소득이 3000달러에 이르도록 돕고, 국제사회의 다각적 지원을 이끌어내겠다는 얘기다.

이에 대해 남한의 종북 세력뿐 아니라 제1야당인 민주당조차 "MB가 비핵을 앞세우는 것은 결국 대북 화해협력을 않으려는 속셈"이라고 주장한다. 그럼 북의 비핵화를 정부와 국민이 포기해야 한다는 소리인가.

김대중(DJ), 노무현 정부 10년간은 북이 해달라는 대로 끌려가 김 위원장의 주머니를 채워주고 핵 개발, 핵의 운반체인 미사일 개발, 공군력 강화를 도왔다. 노 정부 때, 북 주민이 굶주리는 가운데서도 북한군은 첨단화 작업을 했다. 남측이 듬뿍 준 현금이 어디로 갔겠는가.

MB정부는 이런 '묻지 마' 현금 퍼주기를 줄이는 대신 경협을 제도화하려는 것이고, 북측은 이를 뒤집으려고 협박공세의 극한까지 가겠다는 태세다. 하지만 김 위원장은 남한 국민이 대선에서 왜 이명박 후보를 택했는지 알아야 한다. 경제를 살리라, 그리고 북에 끌려만 다니지 말라는 거였다. 정권의 성격을 보더라도 MB는 DJ처럼 휘하 장병의 전사(戰死)에도 아랑곳없이 북의 비위나 맞추는 그런 대통령이 될 수가 없다.

북이 한사코 핵을 고집하면 남쪽도 괴롭지만, 김 위원장도 백성을 굶기는 판에 핵무기만 갖고 세습왕조를 3대까지 탄탄히 다지기 힘들 것이다. 영육(靈肉)도, 권력도 한순간에 사라지는 법이다. 그 전에 김 위원장이 진정 '인민'을 위하는 길로 들어서기를 권고한다.

Part 03 역시 자유시장 경제가 답이다